协同 探究 共生

丰台区学习共同体项目研究课堂教学案例

小学卷

杨晓辉◎主编

中国言实出版社

图书在版编目(CIP)数据

协同 探究 共生：丰台区学习共同体项目研究课
堂教学案例：小学卷、中学卷 / 杨晓辉主编. -- 北京：中国
言实出版社，2024. 12. -- ISBN 978-7-5171-4993-4

Ⅰ. G632.421

中国国家版本馆CIP数据核字第2024M3F103号

协同 探究 共生

责任编辑：王君宁　史会美
责任校对：王建玲
封面题字：顾明远

出版发行：中国言实出版社
　　　　　地　　址：北京市朝阳区北苑路180号加利大厦5号楼105室
　　　　　邮　　编：100101
　　　　　编辑部：北京市海淀区花园北路35号院9号楼302室
　　　　　邮　　编：100083
　　　　　电　　话：010-64924853（总编室）　010-64924716（发行部）
　　　　　网　　址：www.zgyscbs.cn　　电子邮箱：zgyscbs@263.net

经　　销：新华书店
印　　刷：徐州绪权印刷有限公司
版　　次：2025年4月第1版　　2025年4月第1次印刷
规　　格：710毫米×1000毫米　　1/16　　32.5印张
字　　数：380千字

定　　价：98.00元（全2册）
书　　号：ISBN 978-7-5171-4993-4

编委会

序 | 走向协同共生的教育新生态

当今时代的教育变革，正经历着从知识本位向素养导向的深刻转向。在人工智能重构人类认知方式、社会复杂性日益加剧的背景下，教育如何突破传统课堂的桎梏，构建师生共同成长的生态土壤呢？《基于协同探究的课堂教学改革实践》和《协同　探究　共生——丰台区学习共同体项目研究课堂教学案例》以丰台区多所学校的实践探索为样本，系统呈现了学习共同体理念在本土化实践中绽放的智慧之花。书中记录的不仅是课堂转型的路径，更折射出对教育本质的深刻追问：当课堂从"教"的场域转向"学"的共同体，教育的形态将发生怎样的质变？

"协同""探究""共生"三个关键词，恰似支撑教育新生态的三维支柱。

协同，意味着打破师生、生生、师师之间的单向度关系，构建平等交互的网络。在丰台区"学习共同体"学校的课堂中，教师不再是知识的垄断者，而是学习的设计师与协作者；学生不再是沉默的接受者，而是通过伙伴关系的建立，成为彼此的学习资源。这种协同不是简单的分组讨论，而是通过倾听关系的深度培育，让每个声音都被听见、每个思维的火花都能在群体智慧中激荡。

探究，指向学习本质的回归——将课堂转化为问题驱动的思维场域。书中详述的挑战性问题设计策略，彰显着教育者的匠心：真正有价值的问题不是标准答案的诱饵，而是能点燃认知冲突、激发思维纵深发展的火种。当学生为解决问题而检索、辨析、重构知识时，学习便超越了机械记忆，升华为素养养成的真实历程。

共生，则是这场变革的终极旨归。它既包括师生在课堂对话中的共同成长，也涵盖教师群体通过专业共同体的互助迭代，更指向学校管理机制对教学创新的制度性支持。这种共生关系的确立，使教育不再是零和博弈的竞技场，而是生命相互滋养的生态花园。

细览书中案例，处处可见教育者对这三个维度的创造性诠释。在创设心理安全环境的探索中，教师通过"容错机制"和"等待的艺术"，重构了课堂文化的基本语法；在教师学习共同体建设中，观课、评课从评判走向"焦点学生观察"，实现了教研范式的革命性转变；在学校管理层面，弹性化的评价体系与赋权型的管理模式，则为课堂变革提供了制度性保障。这些实践背后，贯穿着共同的教育哲学：真正的学习发生在关系网络中，发生在思维碰撞中，发生在主体间的相互唤醒中。

当前，中国基础教育正经历着新课标落地与核心素养培育的双重挑战。丰台区基于协同探究的课堂教学改革实践启示我们，教育改革不仅需要顶层设计的引领，更需要基层智慧的创造性生发。本书的价值，不仅在于为区域教学改革提供了可操作的行动指南，更在于它证明了：当教育者以协同突破孤立，以探究超越灌输，以共生替代竞争，每一间平凡的教室都有可能成为孕育未来公民的精神摇篮。这种转型或许艰难，但正如书中所记录的，当教师学会蹲下身子倾听，当学生眼中闪烁探究的光芒，教育便已悄然抵达它最本真的样态。

目　录

《铁杵成针》教学设计

北京市丰台区第五小学　沈常欣

一、教学背景分析

《铁杵成针》是统编版语文教材四年级下册第六单元第18课《文言文二则》中的第二则。课文语言凝练、意蕴丰富，展示了我国传统文化中勤奋学习、持之以恒的精神，揭示了只有坚持不懈地勤奋学习，才能取得成就的道理。本单元的人文主题为"成长"，本篇课文李白从放弃学业到回去完成学业的成长变化非常明显，与人文主题密切相关。

在学情调研中，学生提出了"为什么老媪不去买一根针？""铁杵真的能磨成针吗？""这个故事是真的吗？"等问题。所以对于成语故事的意义和价值也值得让学生去体会。

二、教学目标及重难点

（一）教学目标

1.采用多种形式正确、流利地朗读小古文，读准节奏，熟读成诵。

2.灵活运用学过的方法，理解每一句话的意思。

3.品读关键词句，体会铁杵成针蕴含的坚持不懈的道理，感悟李白从看到悟再到做的自我成长过程。

4.体会成语故事的价值，感受中华传统文化内涵。

（二）教学重点

正确、流利地朗读小古文，灵活运用学过的方法，理解文意。

（三）教学难点

体会铁杵成针蕴含的坚持不懈的道理，感悟李白从看到悟到做的自我成长过程，体会成语故事的价值，感受中华传统文化内涵。

三、教学过程

课前

老师特别喜欢一个诗人，我出线索，你们猜猜他是谁。

（1）他是唐代诗人；（2）他的诗歌豪迈奔放、想象奇特；

（3）他是浪漫主义诗人；（4）他被人们称为"诗仙"。

背诵李白的诗：《静夜思》《古朗月行》《赠汪伦》《望庐山瀑布》

板块一：解释题目，通读古文

（一）谈话导入，解释题目

1.谈话导入

通过课前的小热身，老师知道你们对大诗人李白的成就十分了解。

他才华横溢。著名作家余光中先生这样说他："酒入豪肠，七分酿成了月光，余下的三分啸成剑气，绣口一吐，就半个盛唐！"可以说，李白的诗作代表了大唐诗作的顶峰！在很多人心中，他也是中国最伟大的诗人。

相传，李白小时候学习并不认真，十分贪玩，是什么改变了他呢？今天我们就来学习《铁杵成针》。

2. 解释题目

大家见过铁杵吗？铁杵：用来舂米或捣衣的铁棒。舂米：将谷类放入容器中，用铁杵用力捣，外壳和米就脱离了。舂米和洗衣服都需要用这样一根粗粗的铁棒。成：磨成。"铁杵成针"就是——把铁杵磨成绣花针！

（二）多方式读，读准读通

1. 教师范读

先听老师来范读课文，注意，听清字音和停顿，可以边听读，边在书上标一标。准备好了吗？

2. 全班齐读

字音和停顿都掌握了吗？和 PPT 对照一下，咱们一起读读。

【设计意图】通过课前的交流和上课伊始的谈话让学生清楚李白在中国诗坛上的地位，引出相传李白小时候十分贪玩的传说，形成对比，激发学生学习兴趣。借助图片和生活经验理解题目意思，在教师范读后全班齐读，逐步入课。

板块二：巩固方法，疏通文意

（一）关联所学，方法回顾

我们从三年级开始学习小古文，这是我们接触的第六篇了。相信你们一定都有读懂的好办法，谁来说说？

预设：结合注释、结合语境、组成词语、迁移旧知、联系生活、查字典……

（二）出示任务，交流互学

1. 学习任务

灵活运用学过的方法，弄懂每句话的意思。

> 学习提示
> 灵活运用学过的方法，先自己思考每句话的意思，拿不准的地方在组内交流。

（1）尝试自学理解；

（2）同伴互学补充；

（3）班级群学分享。

请一个小组在大字报上进行批画，随学生汇报，明确字义和方法。

处理重点：

世传——世代相传（组词）

读书山中——在山中读书（调整语序）

弃——放弃（组词）

过——路过（组词）

是——这（注释）

逢——碰到（语境）

老媪——老奶奶（旧知）

方——正在（注释）

欲——想要（语境）

感其意，还卒业——（注释）

2. 疏通文意

同桌两人，一人一句，再把课文的意思串联起来说一说。

3. 不加标点，理解意思读

再读，把古文读出自己的理解。

> 磨针溪在象耳山下世传李太白读书山中未成弃去过是溪逢老媪方磨铁杵问之曰欲作针太白感其意还卒业

能读吗？古文可是没有标点的，但仍然要读出韵味和节奏。谁来挑战一下？其他同学可以小声跟读。

【设计意图】理解文章意思是小古文学习的基础。《铁杵成针》是学生小学时期学习的第六篇小古文，也是《文言文二则》中的第二则，学生已经积累了一些疏通文意的方法。本课尝试放手，让学生在自学的基础上，通过小组内互相学习和全班交流补充的方法，自主疏通文意。在大字报上进行批画能清楚呈现自学、互学情况，也便于补充。当学生理解古文意思后，提升难度，尝试朗读没有标点的小古文，根据理解断句，检查学生对句意的理解。

板块三：深刻理解，感悟成长

（一）关注成长，引发思考

1.回顾单元导语

单元主题是"深深浅浅的脚印，写满成长的故事"。同学们，你们看到了李白的成长了吗？从哪看出来的？

预设：从"弃去"到"还卒业"。

2.引发思考

学习任务

是什么原因让李白有了这么大的变化？默读课文，抓住关键字词，仔细思考。

（1）个人自学；

（2）小组互学。

（二）交流讨论，发现成长

1.全班交流

预设：

"逢"——李白看到老媪在磨铁杵，被她的意志感动了。（看）

"感"——把那么粗的铁棒磨成针是一件需要毅力、持之以恒才能完成的事情，李白不仅看到了老媪在磨铁杵，也想到了自己的学业，遇到了困难不算什么，只要坚持下去，肯下功夫就能完成。（悟）

相机引导：感什么意？（板书关键词：目标　坚持不懈　有毅力）

"还"——李白感悟后，付出了行动，回到山中去读书，完成了学

业。（做）

2. 梳理总结

再来说说你们的发现，李白发生巨大变化的原因。

总结：从看，到悟，再到做，这就是李白成长的三部曲。读小古文，不仅读懂了意思，还读懂了成长的密码，这样的学习太有价值了！

3. 出示古文读

就让我们带着这样的成长收获，一起再读读课文吧！这是《方舆胜览·眉州》中的原文（PPT），不但没标点，还是竖排版，大家能行吗？

【设计意图】本单元的人文主题是"成长"，此版块聚焦李白的成长，抓住关键词，发现李白从"看"到"悟"到"做"的成长三部曲。在全班的交流讨论中，深刻体会李白到底"悟"到了什么，进而深刻感受铁杵成针的故事价值。

板块四：真假解疑，聚焦价值

（一）辨析真假，提升思维

1. 自由发问

课文学到这里，还有什么问题吗？对小古文还有什么不理解的地方吗？可以大胆问出你的问题！

预设：

为什么老媪不去买一根针？

文章写的是磨针，为什么题目是成针？

铁杵真的能磨成针吗？

是呀，你们认为这件事在我们现在看来，不太合理，可能是假的，

也可能没发生在李白身上，文中哪个词证实了？（世传）

2. 挑战解决

那咱们一起想一想：为什么一个说不清真假的故事，竟然会流传七八百年，被后人津津乐道，我们现在还要学习呢？

小组交流后发言。

预设：

（1）告诉人们做事要持之以恒这样一个道理。

（2）李白知名度高，可信度高，能接受。

总结拓展：是啊，故事的真假并不重要，重要的是一代代后辈，看到"铁杵成针"这个成语，就会想到李白这个人，想到他汲取力量改变自我这个故事，想到做事要持之以恒这一深刻道理。这个成语后来也演变成了俗语"只要功夫深，铁杵磨成针"，和歇后语"铁杵磨成针——功到自然成"。

流传故事，就是传承精神，这也是成语的价值所在呀！

3. 填空读

来，让我们一起熟读成诵，把这个道理印在心里吧！（挖空读）

　磨针溪，_____。世传_____，未成，_____。过是溪，_____。问之，曰："_____。"太白_____，_____。

（二）联系生活，寓意运用

1. 活学活用

现实的学习中，你有没有"已弃去""欲弃去"的经历呢？学完今天的故事，你"感其意"了吗？谁来说说。

2. 看图背诵

课堂最后，我们再看着图来背一背课文，边背诵边感悟铁杵成针的意思，感悟李白的成长，感悟成语的价值！

【设计意图】在学情调研中，很多学生都关注到了故事的合理性，提出一系列疑问。为了解决学生的真问题，课堂上设置了辨析故事真假环节，使学生明白成语故事能给人启迪的价值。最后让学生联系生活经验，谈本节课的学习收获，使学生对所学内容产生情感共鸣。

《两小儿辩日》教学设计

北京市丰台区第五小学　赵晨芳

一、教学背景分析

（一）教材分析

统编版语文教材六年级下册第五单元围绕"科学精神"这个主题编排了《文言文二则》《真理诞生于一百个问号之后》《表里的生物》《他们那时候多有趣啊》四篇课文，重在培养学生的科学精神。《两小儿辩日》呈现了两个小孩对日常生活中司空见惯的现象的独特解释，展现了两小儿善于观察、勤于思考的科学精神。

本单元的语文要素是"体会文章是怎样用具体事例说明观点的"，旨在引导学生初步了解论说类文章常见的表达方法，培养学生不仅要敢于表达自己的观点，还要有理有据地论证观点。《文言文二则》一课中，《两小儿辩日》引导学生思考两个小孩的观点，以及他们说明自己观点的理由。教学中可以通过多种形式的朗读，增强学生的文言语感，引导学生体会人物的观点和论证的方法。

本单元口语交际"辩论"，让学生围绕生活中容易产生分歧的问题，展开辩论，提高学生条理清楚、有理有据表达自己观点的能力，引导学生学会多角度思考问题、全面看待事物。这为《两小儿辩日》教学活动开展提供了生活情境的依托。

《两小儿辩日》全文共分为七个自然段，篇幅短小，故事简单，构思却颇具匠心。开头以无名小儿与"圣人"孔子对举，其地位和学问的对比本应高下立现，但作者通过一个"辩"字为后文制造了悬念。文章随后以人物对话的方式，讲述了两小儿各自的观点和依据，紧扣"辩"字，有观点，有事实依据，增强了论辩性。

（二）学情分析

教师设计课前预学单，学生借助学习文言文的几种方法——看注释、查资料、联系上下文、联系生活实际、反复诵读——提前预习课文，六年级的学生已经初步具备学习文言文的基本能力。此外，学生善于运用网络、空中课堂等资源进行学习，基本能够做到读通、知义。

学生在课前提出质疑，基本指向相同的问题：两小儿的观点到底谁对，孔子为什么不能决也？由此可见，学生觉得两个小孩说的都有道理，却忽略了进一步思考，即两小儿观察事物的角度不同，都有观点和依据做支撑，故而孔子无法判断。教师以此开展教学，解决学生实际问题的同时，落实本节课语文要素——体会两小儿是如何有理有据地说明自己观点的。

二、教学目标及重难点

（一）教学目标

1.通过不同形式朗读，以及借助辩论手卡中的表格提取信息，理解两小儿各自的观点，知道他们说明观点的依据。

2.尝试就"辩日"的话题，结合课文内容及查找的资料，有理有据地说明自己的观点。

3.感受两小儿善于观察、勤于思考的科学精神，明白学无止境的道理。

（二）教学重点

借助表格提取信息和不同形式朗读的方式理解两小儿各自的观点，知道他们说明观点的依据。

（三）教学难点

尝试就"辩日"的话题，结合课文内容及查找的资料，有理有据地说明自己的观点。

三、教学过程

（一）猜字游戏，激趣导入

1.猜字：象形字"辩"，说明观点及理由；

2.解释"辩"字及课题意思；

3. 明确辩题。

【设计意图】通过猜字游戏，引导学生有理有据地说出自己的观点，并聚焦"辩"字，为课堂后面的尝试辩论做好准备。

（二）创设情境，辩斗朗读，感受"辩"趣

创设情境：发生在先秦的这个故事，吸引了孔子和他的弟子们，也深深地影响着我们。今天，我们就一起穿越回 2500 年前，举办一场穿越辩论赛，请你化身为《两小儿辩日》中的两小儿，你将如何进行辩斗呢？请同学们先尝试用原文辩论——读准字音，读通句子，读出节奏，再用自己的话辩斗——用学过的方法理解意思。

> 协同学习提示
> 1. 聚焦两小儿对话，先借助辩论手卡独立思考。
> 2. 有想法后，小组内可以变换组合，尝试辩斗。

预设：

1. 用原文辩斗——强调字音和断句的问题，提示语调语气。

> 日初出／大如车盖，及日中／则如盘盂，此不为／远者小而近者大乎？
> 日初出／沧沧凉凉，及其日中／如探汤，此不为／近者热而远者凉乎？

（注意："为"字的读音。）

2. 翻译原文，用自己的话进行辩论——提示重点字义。

（1）出示图片，理解"车盖""盘盂"；

（2）去：距离——联系上下文。

　　汤：热水——借助课下注释。

小结：古汉语中有一些词语的意思，到了现代就发生了变化，虽然

字形相同，词义用法却不同，这样的词要多留心关注积累。

【设计意图】读中体会，读中感悟，引导学生运用所学方法自主了解课文意思。教师提示学习文言文的方法，并于关键处点拨重点字音词义，加深理解。

（三）聚焦质疑，明晰关键，体悟"辩"理

孔子是春秋时期著名的思想家、教育家，位列世界十大文化名人之首，被后世尊称为"孔圣人"。

出示学生质疑：这样一位大学问家孔子却对两个无名小儿的辩斗"不能决也"，这究竟是为什么呢？

> 协同学习提示
> 1. 结合课文内容，借助辩论手卡中的表格进行深入思考；
> 2. 请找出两点以上的理由。

预设：

1. 研读对话，厘清观点，剖析依据。

人物	观点	现象和依据
小儿甲	日始出时去人近	日初出大如车盖　近者大
	日中时远	及日中则如盘盂　远者小
小儿乙	日初出远	日初出沧沧凉凉　远者凉
	日中时近	及日中如探汤　近者热

（1）他们说的话都有道理。

（2）他们都有自己的观点，同时又能说明各自的理由。

2.厘清观点和依据，发现规律。

（1）两小儿分别是从太阳的大小和凉热两个方向思考问题，在说明自己观点的同时，举例说明生活中观察到的现象，有理有据。

（2）两小儿从不同的角度思考一个问题，他们的观点都有事实和常理依据作为支撑，所以他们各有各的道理，不能说服对方。

（3）科学发展的限制，当时科学认识比较有限。

【设计意图】从学生的实际问题入手，聚焦两小儿辩日的内容，厘清两小儿的观点和依据，解决"为何孔子不能决"的问题，在问题探究中明细关键，体悟"辩"理。

（四）关联资料，今为古辩，培养思辨思维

当今时代科学技术飞速发展、日新月异，请你继续穿越，带着你们的理解和现代人的科学知识，再次化身两小儿进行辩斗，你又将如何展开辩斗呢？

> 协同学习提示
> 1.联系资料，梳理辩词，并简单记录在辩论手卡中；
> 2.根据评价表，评选小组最佳辩手。

【设计意图】通过再次化身两小儿继续进行辩论，引导学生借助资料，为自己的辩论观点补充依据，并有理有据地表达观点，提升表达能力，培养思辨思维。

（五）作业设置，引导科学探究

"孔子不能决"，"汝能决否？"提出疑问，关联单元导读，为学生

播下科学探究的种子。课后，同学们可以就辩日的话题继续进行科学探究，形成研究报告或形成自己的观点，有理有据地讲给家人听。

总结：科学发现的机遇，总是等着好奇而又爱思考的人。希望同学们善于观察，勤于思考，发扬科学精神，积极探究，成为小小科学家，同时，也要能有理有据清晰地表达自己的观点，成为辩论小能手。

【设计意图】以学生最感兴趣的问题结尾，回归学生的真问题，引导学生持续探究，渗透科学精神的同时继续落实语文要素。

四、教学反思

（一）辩论会情境贯穿，多种形式辩斗，充分进行语言实践

本节课创设了穿越辩论会的情境，让学生化身两小儿进行辩斗，激发学生的学习兴趣。学生在生生辩斗、师生辩斗、全班辩斗中入情入境，兴味盎然，逐步辩出文言韵味，辩出辩斗意味。引导学生在积极的语言实践中学习探究，落实单元语文要素的学习。

（二）聚焦真实问题，小组协同探究，提升思维能力

课堂上聚焦"为何孔子不能决"的学生真实质疑，充分给予学生思考探究的空间。通过小组协同交流学习明白辩论之理，学习辩论，提升表达能力。同时通过关联课外资料，采用今为古辩的方式，来培养思辨思维。学生在协同学习中，深入理解课文，提升思维能力。

（三）设疑收束全课，形成课堂延伸，激发科学探究热情

课程最后通过"孔子不能决"，"汝能决否？"提出新的疑问，通过布置科学研究报告并讲给家人听的作业，为学生播下科学探究的种子，激发学生继续探究的热情，同时锻炼学生的口语表达能力。

《珍珠鸟》教学设计

北京市丰台区草桥小学 王 辉

一、教学背景分析

（一）教学内容分析

小学语文教材中，描写动物的文章几十篇，大都是让学生了解动物的特点，理解作者喜爱动物的思想感情。但《珍珠鸟》一课，表现出来的思想情感却极为复杂和微妙，不易被学生真正把握到。因此教师在阅读教学中，要充分激发学生的阅读兴趣，鼓励学生个性化的理解和感悟，从而把握课文的精神实质。

（二）学习者分析

五年级的学生已经具备了一定的阅读能力，能够把握文章的内容，体会文章表达的思想感情。通过一段时间的培养，学生也具有了一定的小组合作探究能力，并初步养成了思考、分享、倾听、记录的良好习惯。这篇文章的学习中，学生可能会忽略对句子、词语的深刻解读，会对"信赖，往往创造出美好的境界"这句话的含义不能完全理解，因此，课堂上应注重对重点语句和关键词语的解析，并引导学生联系生活实际体会其表达的深层次含义及情感。

二、教学目标及重难点

（一）教学目标

1. 有感情地朗读课文，积累好词佳句。想象人与小鸟友好相处的情景，体会作者是怎样写的。

2. 联系课文内容和生活实际理解"信赖，往往创造出美好的境界"这句话的含义。

3. 了解原本怕人的小鸟竟然在"我"肩头睡着了的原因，能体会到人与小鸟逐渐亲近的变化过程，体会作者的情感是怎样表达的。

4. 通过批画，理解文本，在小组内交流，倾听，记录，来捕捉作者朴实文笔背后的细腻感情线，并整体感知文章的结构。

5. 角色转换，假如你就是那个小雏，进行仿写。

（二）教学重点

了解原本怕人的小鸟竟然在"我"肩头睡着了的原因，体会到人与小鸟逐渐亲近的变化过程，体会作者的情感是怎样表达的。

（三）教学难点

联系课文内容和生活实际理解"信赖，往往创造出美好的境界"这句话的含义。

三、问题设计

基础性问题：

原本怕人的雏儿竟然在"我"的肩头睡着了，这是什么原因呢？

挑战性问题：

1. 一人读"我"的做法，一人读"鸟"的表现，你们又有什么新的发现？把这些发现总结在你们组的学习单上。

2. 作者笔尖一动，流泻下一时的感受：信赖，往往创造出美好的境界。此时此刻，你们肯定也有自己的感受，请把你的一点体会、一点感受、一点滋味写在学习单上。

四、教学过程

板块一：聚焦问题，引发思考

上节课，我们已经初读了《珍珠鸟》，文章描写细腻，意境深远，同学们提出了很多不懂的问题，经过小组内的研究讨论，你们解决了很多的问题，但是还有几个问题没有解决。王老师把你们的问题进行了梳理，我发现你们最聚焦的问题就是：原本怕人的雏儿竟然在"我"的肩头睡着了，这是什么原因呢？

板块二：精读感悟，悟情悟理

（一）思中悟情（推进一）

1.孩子们，为了探究我们共同的疑问，让我们一起带着问题再次读读文章，一边读一边做批注，记录下你的想法。有了想法后，与小组成员进行交流。

（1）读书、画批。

（2）和伙伴分享自己的阅读体会。

（3）把自己认同的观点补充在书上。

2. 公共发表观点并补充，倾听并记录自己认为有启发的发言。（提示大家用不同颜色的笔区分来画）

巧搭鹰架：嗯，有的小组已经注意到从时间的变化上来思考了……

【设计意图】学习方式上，从各自独立到重视活动性；教学方式上，从讲授到触发。本问题是基础性问题，能够让所有学生动起来，在书上有所发现；同时本问题也是伸展性问题，学习力高的同学可以在原文基础上有所总结，提升对文章的理解。

（1）小组交流。

（2）全班分享、大字报上进行批注。

（3）互相补充。

（4）质疑。

（5）记录。

（6）完成学习单第一题："我"是怎样逐渐得到珍珠鸟的信赖的？

由学生自由表达，发现文中雏鸟与我的行为，在大字报上展示出来，再不断回归文本或由教师引导发现文中的感情线。（重点指导）

预设：

学生可能会抓住以下几句来理解：

① "我不管它。这样久了，打开窗子，它最多只在窗框上站一会儿，决不飞出去。"

② "它先是离我较远，见我不去伤害它，便一点点挨近，然后蹦到我的杯子上，俯下头来喝茶，再偏过脸瞧瞧我的反应。我只是微微一笑，依旧写东西。"

③ "我不动声色地写，默默享受着这小家伙亲近的情意。"

④ "我伏案写作时，它居然落到我的肩上。我手中的笔不觉停了，生怕惊跑它。待一会儿，扭头看，这小家伙竟趴在我的肩头睡着了。"

评价：你找得真好，那我们试想一下，这小家伙从作者那里得到了什么样的情感才能在他肩头睡着呢？

预设：信赖。

评价：读书就是这样，从那些含义丰富的词语、句子中间，体会言外之意，言外之情。

在这个阶段，学生将自己找的段落画下来，并且在教师引导下形成总结：那你画的段落，体现出了雏鸟和作者之间是什么情感状态呢？（学生无法给出，教师提示）或：你看看他们组多棒，不仅画了句子，还总结出了一个词语"试探"，帮助大家理解当时雏鸟和作者的关系，真棒。或：你看看，这小鸟都敢啄作者的笔了，真是"胆大包天"了，说明当时小雏鸟对作者很……记录下来。

发表时，评价记录的同学。

【设计意图】抓住重点字、词、句，找出雏鸟对于作者慢慢由胆怯变为信赖的过程。在此阶段，学生可能是片段的感悟，不能将感情线贯穿在一起，通览全篇。这次的交流，是学生与文本的第一次交流，学生与伙伴的深入交流，有助于接下来的通篇理解。

（二）读中悟理（推进二）

刚才同学们的交流都特别的棒！不但认真研读了课文，还联系了生活，发挥了想象，使我们与雏儿和作者的内心走得更近了。

读中悟：

同学们的画批真的很棒——清楚明白：红色的笔标出的是作者的做法，蓝色的笔标出的是小鸟的表现。

同桌两人互读：一人读"我"的做法，一人读"鸟"的表现，你们又有什么新的发现？把这些发现总结在你们组的学习单上。

【设计意图】读中悟。记录、归纳、提升、小结。

预设：

（1）在学习单上一边写小鸟，一边写人。

（2）"我"的行为，引起鸟的变化。（尊重—自由—宽容）

（3）小鸟对"我"的感情是逐步深化的。（怕—试探—信任—依赖—信赖）

教师串联：边串联边圈画，提示学生跟着圈画。（孩子们，跟着老师一起把这些表现变化的关键词圈出来）

总结语：你们的发现真好，老师要记录下来（对应着写，有感情线的变化）。没错，就是这样，作者就是通过自己不断给小鸟自由、空间、尊重与宽容，珍珠鸟才会不断地从开始的胆怯到最后的信赖，看来，信赖的力量真是强大啊！

【设计意图】通过第二次回归文本，梳理文章感情线，总结文章重难点，点出文章中心，学习文章对应的写法。

板块三：联系生活，加深理解

1. 在你的生活中有没有彼此之间因信赖创造出美好境界的事例呢？

2. 其实，美好的境界不仅存在于人与动物之间，也存在于人与社会、人与自然、人与人之间。（播放 PPT）

板块四：读写结合，延伸"信赖"内涵

作者笔尖一动，流泻下一时的感受：信赖，往往创造出美好的境界。此时此刻，你们肯定也有自己的感受，请你把你的一点体会、一点感受、一点滋味写在书上。

学生写、读、评价。

假如你就是那只小雏儿，当你回忆起和"我"交往的某个难忘情景时，你有什么特别想说的？

学生小练笔。

1. 伙伴分享，每组选出一名写得有特点的、有创意的、有想法的代表发言。

2. 全班交流。

3. 课下，学习单都贴在扎板上展示。

【设计意图】通过读写结合的方式，深化学生对信赖的理解，培养学生书面语言表达的能力。

今天，我们一起走进了冯骥才先生的书房，感受到了信赖创造出的美好境界。其实，只要心中有爱，在世界的每一个角落，都能在自由的天空下创造出更加美好的境界。

五、教学反思

1.学生结合文本资源，围绕核心问题进行思考和讨论。确保学生有足够的时间进行小组讨论，并鼓励他们提出自己的见解。

2.以生为本，通过批注和小组交流，让学生从不同角度深入理解文本。

3.教师提供一些引导性问题，帮助学生更好地理解文本。

4.将文本内容与学生的实际生活经验联系起来，加深理解。

5.读写结合，延伸"信赖"内涵。

6.需要改进的地方：

（1）教师可以指导学生如何进行有效的互读，比如注意语气、情感的表达等。

（2）可通过写作练习，让学生表达自己对"信赖"这一主题的理解和感受。

六、板书设计

珍珠鸟

怕—试探—信任—依赖—信赖

尊重—自由—宽容

附：学习单

学习单

一、"我"是怎样逐渐得到珍珠鸟的信赖的？

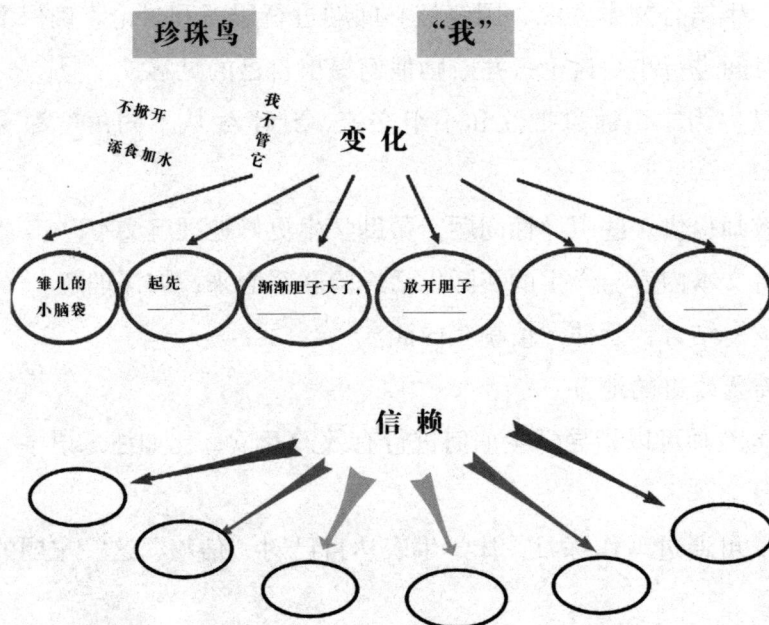

珍珠鸟	"我"

不掀开
添食加水

我不管它

变　化

雏儿的
小脑袋

起先
＿＿＿

渐渐胆子大了，

放开胆子
＿＿＿

＿＿＿

信　赖

二、假如你就是那只小雏儿，当你回忆起和"我"交往的某个难忘情景时，你有什么特别想说的？

_____

_____

_____

《田忌赛马》教学设计

北京市丰台区草桥小学　海　阔

一、教学背景分析

（一）指导思想和理论依据

《义务教育语文课程标准（2022 年版）》在"课程目标"中指出，思维能力是指学生在语文学习过程中的联想想象、分析比较、归纳判断等认知表现，主要包括直觉思维、形象思维、逻辑思维、辩证思维和创造思维。思维具有一定的敏捷性、灵活性、深刻性、独创性、批判性。有好奇心、求知欲，崇尚真知，勇于探索创新，养成积极思考的习惯。

同时，新课标明确提出了"思辨性阅读与表达学习任务群"的概念，指出，本学习任务群旨在引导学生在语文实践活动中，通过阅读、比较、推断、质疑、讨论等方式，梳理观点、事实与材料及其关系；辨析态度与立场，辨别是非、善恶、美丑，保持好奇心和求知欲，养成勤学好问的习惯；负责任、有中心、有条理、重证据地表达，培养理性思维和理性精神。

本单元对应 2022 版课标总目标中的第（7）条目标，希望通过三篇课文的学习，让学生乐于探索，勤于思考，初步掌握比较、分析、概括、推理等思维方法，辩证地思考问题，最终创编出一个探险故事，有理有据、负责任地表达自己的观点，养成实事求是、崇尚真知的态度。

（二）教学内容分析

《田忌赛马》是统编版小学语文教材五年级下册第六单元的第二课，该组课文以感受"思维的火花"为主题。《田忌赛马》是一篇历史故事，讲述了战国时期，齐国大将田忌经常与齐威王及贵族们赛马，孙膑发现他们的马脚力都差不多，而且都能分成上中下三等，便建议田忌合理安排不同等级的马的出场顺序，从而使田忌在与齐威王的对阵中获胜。这个故事告诉人们，遇到问题要像孙膑一样先认真分析观察到的实际情况，再选择合适的对策，以达到预期的目的。本文教学的意图，一是让学生继续学习分析人物的思维过程，加深对故事的理解，积累讲故事的方法；二是感受古人的智慧，搜集谋略故事，在众多智者的故事中探究、归纳、抽象出解决问题的思路。

（三）学习者分析

学生在学习《草船借箭》一课时积累了借助排兵布阵图读懂诸葛亮的神机妙算的学习经验，在《自相矛盾》一课中借助思维图示还原了路人的思维过程，为学习本课打下了基础。

本篇历史故事比较有趣，学生学习兴趣较为浓厚。五年级的学生，已经具有了一定的逻辑思维能力，可以通过课文中的关键语句，推理出人物的思维过程，但是需要借助一定的思维工具，才能使思维外显出来。所以，学生理解"大家的马脚力相差不多，而且都能分成上中下三等"以及发现这句话背后的玄机是本节课的难点之一。

二、教学目标及重难点

（一）教学目标

1. 能借助文字和赛马图，推想孙膑帮助田忌赢得比赛的思维过程，经历观察现象、分析问题、解决问题的过程，加深对课文的理解。

2. 创设情境讲故事，讲出人物的思维过程，注意思维的灵活性。

3. 激发学生的阅读智慧故事的兴趣，感受传统文化，传承传统文化。

4. 体会成语故事的价值，感受中华传统文化内涵。

（二）教学重点

1. 能借助文字和赛马图，推想孙膑帮助田忌赢得比赛的思维过程，经历观察现象、分析问题、解决问题的过程，加深对课文的理解。

2. 创设情境讲故事，讲出人物的思维过程，注意思维的灵活性。

（三）教学难点

能借助文字和赛马图，推想孙膑帮助田忌赢得比赛的思维过程，经历观察现象、分析问题、解决问题的过程，加深对课文的理解。

三、教学过程

板块一：借助情节图，回忆故事

同学们，昨天我们初读了课文，你们还记得这篇课文讲了怎样的一个故事吗？谁来用自己的话讲一讲这个故事。

评价：你的故事讲得真完整，讲清楚了事件的起因、经过和结果。

【设计意图】回忆课文内容，为推演思维做准备。

板块二：创设情境，讲述故事

> 很快到了比赛日，孙膑把田忌请到一边，悄悄地把办法告诉了他。

田忌最终赢得了比赛，其实对于比赛结果，孙膑早已胸有成竹，但是一直没有把计策告诉田忌，直到比赛前才告诉他，那么孙膑是如何把计策告诉田忌的呢？我们来还原一下当时的场景，两个伙伴之间演一演。（请两组同学）

预设：田将军，您可以这样和齐王对阵：用下等马对齐威王的上等马，用上等马对齐威王的中等马，用中等马对齐威王的下等马，这样我们输一场赢两场就能赢得比赛。

追问：田将军，这计策你明白了吗？有什么疑问吗？（追问合作的小伙伴）还有哪位田将军也有疑问呢？

预设：

（1）你怎么就能保证这个计策一定能让我赢呢？

（2）你是怎么想到这个计策的？

（3）你这个计策是依据什么制定的？

田将军问得好！孙膑制定这个计策的依据到底是什么呢？请同学们打开书，默读课文，看看能不能找到些蛛丝马迹，把你们认为最重要的线索画出来，有了想法后与伙伴交流。

板块三：结合文本，还原思维

（一）摆赛马图，理解观察

聚焦第 2 自然段孙膑的观察

> "孙膑看了几场比赛后发现大家的马脚力相差不多，而且都能分成上中下三等。"

①用自己的话解释孙膑的发现。

追问：什么是马的脚力相差不多？

预设：速度差不多。

追问：是所有的马速度都差不多吗？

②摆赛马图。这句话看起来很简单，但是解释起来还是挺难的、颇有深意，暗藏玄机，咱们也来解一解这玄机。师说明：假设田忌的 3 匹马和齐威王的 3 匹马同时站在起跑线上，一声令下，这 6 匹马同时跑向了终点，如果齐威王的上等马跑到终点了，依据你对这句话的理解，其他 5 匹马会在跑道的什么位置呢？请你先自己思考然后和小组伙伴一起摆一摆。

③展示学生作品。

摆法1：　　　　　　摆法2：　　　　　　摆法3：

  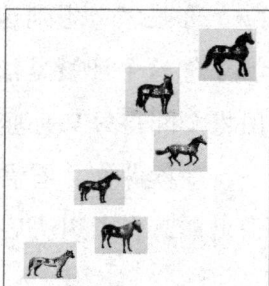

我们来看，这几种摆法都体现出了什么？

预设：体现出了大家的马脚力相差不多。

追问：又有什么不同呢？

预设：有些组没有摆出等级差距。

追问：需不需要摆出等级呢？

预设：需要，因为文中说了能分成上中下三等。

明确：马的脚力相差不多指的是同等级的马速度相差不多，而不同等级之间还是存在差距的。

同学们，你们的发现特别有价值。这也正是孙膑看到的！但他不只在看，还分析出了田忌的马的优势，你们看出优势了吗？静心思考，和小组伙伴交流你的想法。

（二）分析优势，明白计策

1. 进行汇报

①同等级只有劣势，换个角度跨等级比。

田忌的马的优势：虽然田忌的上等马不如齐威王的上等马，但是他的上等马比齐威王的中等马和下等马要快。

虽然田忌的中等马不如齐威王的中等马，但是他的中等马比齐威王的下等马要快。

追问：我们是怎么找到田忌的马的优势的呢？

明确：跨等级去比。

②下等马的优势又是什么？

虽然田忌的下等马是最慢的，但是它可以消耗掉齐威王的上等马。（原来下等马的优势是废掉齐威王的上等马）都是输，原来的输没有价值，现在的输却有了价值。

③思考问题时，优势中有劣势，劣势中也会有优势。

明确：常规想法都是同等级去比，田忌的马只有劣势，只能输。但是孙膑打破常规思维，采取跨等级比的思路，就在劣势中找到了优势，想到了能赢的办法。孙膑正是通过这番观察、分析才发现了玄机。（板贴：观察现象、分析优势）

此时我们再来看看这场上的局势如何？

预设：田忌必定能赢。

2. 分角色朗读

是呀，此时的孙膑信心满满，胸有成竹，我们一起来读一读他和田忌之间的对话。

> "将军，我有个办法，保证能让您在赛马时获胜。"
>
> "你是说换几匹更好的马？"
>
> "一匹也不用换。"
>
> "那怎么能有赢的把握呢？"
>
> "将军请放心，按照我的主意办，一定能让您赢。"

找两组同学来读，请其他同学进行评价。（谁来评一评他们读的怎么样？）

指导：读出孙膑的信心满满，读出田忌的疑问多多。

（三）还原场景献计策，起计策名

> 很快到了比赛日，孙膑把田忌请到一边，悄悄地把办法告诉了他。

1.表演（将军……）

现在孙膑能回答田将军的问题了吗？他会怎么对田将军说呢？小组伙伴再来演一演。

（关注：是否说出了观察和分析）

2.给计策起名

孙膑讲得头头是道，田将军听后不禁称赞："此计甚妙，只是不知道这一计为何名呀？"你们快来帮孙膑想一想，把你们想到的计策名称写在蓝色卡纸上。（准备勾线笔）

预设：舍车保帅、以小胜大、以弱胜强、先输后赢、输一赢二……（三局两胜、逆袭）

看一看这些计策名称，哪个是你们没想到的？可以提出自己的问题。

同学们都抓住了这个计策的精髓起了名字，其实在《三十六计》中也提到了这样的计策，就是"李代桃僵"。

课件出示：此计用在军事上，指在敌我双方势均力敌或者敌优我劣的情况下，用小的代价换取大的胜利的谋略。

（四）引发思考，感受写法

同学们不仅讲出了故事，还讲出了孙膑的思维过程，真是太精彩了！这么精彩的内容课文中为什么不把它写出来，而只是用了这句话一笔带过了呢？

> 很快到了比赛日，孙膑把田忌请到一边，悄悄地把办法告诉了他。

预设：

（1）如果这里写得很清楚，后面再写就有些重复了。

（2）不写出思维过程，更能够突显孙膑的智谋过人。

（3）这样可以引发读者的思考，这恰恰是谋略故事的价值——读出但是不写出。

同学们可以在布局谋篇上向这篇文章学习。

（五）解决问题，加深理解

孙膑的计策依据我们都已经了解了，田将军可还有不明之处？可以再来问问孙膑。

1. 掌握计策核心

预设：齐威王一定会这样出马吗？万一齐威王也改变马的出场顺序怎么办？

> 如果齐威王第一次没有用上等马，会怎么样？
> 你是怎么知道齐威王出马的规律？
>
> 如果对方第一回合不用上等马呢！
>
> 有几个写几个
> 如果第二场就看出我们的破绽了呢？也如何应对？

怎么知道对排出马的顺序
对方出马不一样怎么办

预设：就算齐威王改变了顺序也不要紧，只要保证田忌的上等马对齐威王的中等马，田忌的中等马对齐威王的下等马，田忌的下等马对齐威王的上等马就可以保证 2∶1 取胜。

评价：只要掌握跨等级比的核心就可以了，随机应变。但前提条件必须是齐威王先出马，田忌后出马。（后发制人）

2. 加深对孙膑的理解

你是怎么知道齐威王马的出场顺序的？

怎么知道对排出马的顺序
对方出马不一样怎么办

如果齐威王第一次没有用上等马，会怎么样？
你是怎么知道齐威王出马的规律？

但是你说孙膑怎么就知道齐威王会这样出马呢？

明确：孙膑不仅在观察马，也在观察齐威王的出马规律。

评价：孙膑看的这几天，肯定发现了齐威王的出马习惯，他习惯按照上中下的顺序出，所以孙膑才会想出了这样的对阵办法。孙膑不仅在看马，也是在看人的出马规律，这就叫作"知彼知己，百战不殆"。

（六）创设情景，说服大臣（总结反刍）

孙膑凭借细心观察、巧妙分析，最终制定了策略。齐威王看到了孙膑的才华，准备任命他为军师，部分大臣却认为孙膑仅凭一场比赛不可担此重任，如果你是齐威王，你怎么说服大臣们？

> 诸位爱卿，
> 我们看马只单单盯着自己这一方的马，而孙膑（看的内容）
> 我们想赢只想着换马，而孙膑（想的思路）
> 我们的心思是想每场都赢，而孙膑（视野格局）

评价：为大将者不能只顾一时得失。

我们面对问题从没想过变换思路，总是墨守成规，可是孙膑却打破常规（创造性思维）。

孙膑的确有过人之处，任命他为军师当之无愧。在这个故事中孙膑发现了别人发现不了的，赢得了比赛；齐威王发现了别人发现不了的，得到了人才，从而使齐国走向昌盛。可见这观察、分析的重要性。

板块四：拓展阅读，谋略故事

中国历史上像这样的谋略故事还有很多，如《围魏救赵》《马陵之战》《空城计》《赤壁之战》等。

课下同学们可以搜集自己感兴趣的智慧故事，下节课我们来讲一讲。可以借助图示的方式把思维背后的玄机讲出来，让别人听得更清楚。

让我们一起：讲智慧故事，与智者同行！

四、板书设计

16 田忌赛马

分析图　　　　　　　对阵图　　　　　　　计策名称

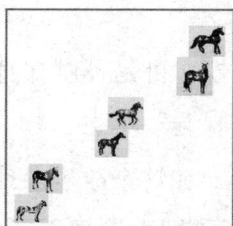 

观察现象—分析问题—解决问题

五、作业与拓展学习设计

（1）推荐阅读《三十六计》中的故事，体会思维过程。

（2）把喜欢的智慧故事生动地讲给大家听，讲出其中人物的思维过程。

六、特色学习资源分析、技术手段应用说明

（1）结合文本资源，利用思维工具，让思维外显。

引导学生理解课文中的关键语句，通过摆赛马图，了解孙膑的思维过程，经历孙膑发现问题—分析问题—解决问题的过程，感受孙膑的智慧。

（2）以生为本，以学生的问题为主线，展开教学。

重视课前调研，了解学生的真实问题，以知识建构理论为支撑，以学生的问题为主线，展开教学。

（3）创设情境，角色代入讲述故事，外显思维。

本节课创设了"孙膑赛前讲计策""齐威王说服大臣"等情境，让学生在情境中利用"讲"的形式，将思维通过语言外化出来。

七、教学反思

（1）学生能够在故事情境中借助"赛马图"积极思考和探索，运用比较、概括、推理等方法推演孙膑的思维过程，与伙伴一起讲（演）故事，讲出思维过程。

（2）本节课激发了学生对谋略故事的兴趣，课下主动去阅读《三十六计》，主动讲谋略故事。

（3）课堂环节安排上需要调整一下，应该集中解决学生对于孙膑策略的问题，这样课堂节奏会更紧凑。

《慈母情深》教学设计

北京市丰台区草桥小学　陈丽丹

一、教学背景分析

（一）单元（或主题）教学设计说明

父母之爱是人类最伟大的爱，感恩父母是我们一生的使命。在 2022 年版课程标准中"课程实施"部分的"教学建议"中指出："教师应理解核心素养的内涵，全面把握语文教学的育人价值，突出文以载道、以文化人。把立德树人作为语文教学的根本任务，清晰、明确地体现教学目标的育人立意。引导学生在学习语言文字运用的过程中，逐步树立正确的世界观、人生观、价值观。"

2022 年版课程标准"发展型学习任务群"中的"文学阅读与创意表达"任务群学习内容中提到学生要"阅读反映少年成长的故事、小说、传记等，交流自己获得的启示；学习运用细节描写等文学表现手法，描述自己成长中的故事"。

依据本单元文本特点，在教学设计时注重主题情境的创设，在具体情境中开展文学阅读和创意表达活动，引导学生感受文学之美，表达自己的独特感受，促进学生的精神成长。

（二）文本分析

《慈母情深》是统编版小学语文教材五年级上册第六单元的第一篇课文。单元主题是"舐犊之情"。教材围绕这一主题共安排了两篇精读课文《慈母情深》和《父爱之舟》以及一篇略读课文《"精彩极了"和"糟糕透了"》。这些课文有的写了无私的母爱，有的写了深沉的父爱，还有的写了父母对孩子不同的爱的方式，展现了父母与孩子之间的点点滴滴，字里行间蕴含着真挚的情感，能引起读者的共鸣和思考。

本单元的语文要素是"体会作者描写的场景、细节中蕴含的感情"。这一语文要素在一到六年级教材中做了有层次的安排。

册序	单元	阅读训练要素
二年级上册	第七单元	展开想象，获得初步的情感体验
四年级下册	第一单元	抓住关键语句，初步体会课文表达的思想感情
四年级下册	第三单元	初步了解现代诗的一些特点，体会诗歌表达的情感
四年级下册	第四单元	体会作家是如何表达对动物的感情的
五年级上册	第一单元	初步了解课文借助具体事物抒发感情的方法
五年级上册	第四单元	结合资料，体会课文表达的思想感情
五年级上册	第六单元	体会作者描写的场景、细节中蕴含的感情
五年级下册	第一单元	体会课文表达的思想感情
六年级上册	第三单元	体会文章是怎样表达感情的

从以上表格中，我们可以看出统编教材将"体会作品思想感情"这一阅读训练要素集中安排在小学的中高段。本单元提到的方法其实是与

四年级下册第一单元一脉相承的，因为对"场景、细节"的捕捉就势必需要找到与之相关的语句，这些也正是读者体会文本思想感情的重要语句。五年级下册是综合运用以上方法来体会作者想要表达的思想感情，六年级下册提出了更高的要求，不仅要能体会思想感情，还要知道文章是如何将这感情表达出来的。

针对这一语文要素，《慈母情深》要求学生边读边想象描写的场景、细节，体会字里行间蕴含的母爱；《父爱之舟》让学生说出作者梦中出现的难忘的场景，体会深切的父爱；《语文园地》"词句段运用"的第二题要求学生在体会情感的基础上进一步了解场景描写的作用。

本单元的习作要求是"用恰当的语言表达自己的看法和感受"。针对如何表达自己的想法和感受，统编版教材从三年级上册第七单元开始，分别安排了十多次有目的的训练，涉及的写作文体是多样的，由此也能看出这一表达训练要素在小学习作中的地位非同一般。

本单元的习作重点聚焦在"用恰当的语言表达自己的看法和感受"。"恰当的语言"就包含了本单元的阅读训练要素"体会作者描写的场景、细节中蕴含的感情"中提到的场景、细节的描写。正所谓：场景融情，细节见情。

册序	单元	表达训练要素
三年级上册	第七单元	留心生活，把自己的想法记录下来
四年级上册	第八单元	写一件事，能写出自己的感受
四年级下册	第一单元	写喜爱的某个地方，表达出自己的感受
四年级下册	第八单元	按自己的想法新编故事
五年级上册	第一单元	写出一种事物，表达自己的感情
五年级上册	第六单元	用恰当的语言表达自己的看法和感受
五年级下册	第二单元	学习写读后感
五年级下册	第八单元	看漫画，写出自己的想法

续表

册序	单元	表达训练要素
六年级上册	第三单元	写生活体验，试着表达自己的看法，表达看法
六年级上册	第六单元	学写倡议书
六年级上册	第七单元	写自己的拿手好戏，把重点部分写具体
六年级上册	第八单元	通过事情写一个人，表达出自己的情感
六年级下册	第三单元	选择合适的内容写出真情实感

单元的口语交际主题是"父母之爱"，训练要素是"选择恰当的材料支持自己的观点。尊重别人的观点，对别人的发言给予积极回应"。

"评价父母表达爱的方式"，评价的前提是对父母之爱有自己的理解，自己在现实生活中对父母之爱也有一定的体会，这与本单元的"舐犊之情"主题密切相关。训练要点"选择恰当的材料"很好地承接了习作中的"恰当的语言"。

（三）学情分析

我校一直把感恩教育作为德育工作的重点。从理解对方的付出到体会对方的愿望再到付出回报的行为，让学生在主题活动中真正懂得感恩、学会感恩。

情感方面：五年级的学生，对身边的人和事已经开始有了自己的理解和判断，但这些理解和判断往往都是感性的、情绪化的和自我的。对父母的关爱，大多孩子会因为习以为常而没有用心感受和体会，甚至偶尔还会对父母有抱怨。

语言表达方面：学生能够写出倾诉内容，但是内容往往比较概括。没有借助场景、细节描写来表达自己的情感。这就需要我们在课堂上提供表达支架，帮助学生恰当进行表达。

二、教学目标及重难点

（一）单元目标及整体教学结构图

单元主题	主题：舐犊之情　　　　单元大任务：《我想对您说……》		
学习任务	**任务一：初识父母之爱** 交流生活中父母表达爱的不同方式以及自己的理解和看法。	**任务二：细品父母之爱** 跟随作家的语言，抓住场景、细节等描写，感受浓浓的母爱和深沉的父爱。	**任务三：表达爱的理解** 《我想对您说……》

口语交际 《"精彩极了"和"糟糕透了"》		《慈母情深》 浓浓的母爱		《父爱之舟》 深沉的父爱		习作：《我想对您说》	
教学问题链	**学生活动链**	**教学问题链**	**学生活动链**	**教学问题链**	**学生活动链**	**教学问题链**	**学生活动链**
问题1:你怎么看待以上事例中爸爸妈妈的做法?生活中遇到类似的事情时，你是怎么做的，又是怎么做的? 问题2:"精彩极了"和"糟糕透了"分别体现的是怎样的爱?父母对巴迪的诗为什么会有不同的看法? 问题3:结合巴迪长大后对这件事的看法，再谈谈你的体会。	活动1:阅读学生课前搜集的事例，以及教材中的事例，发表自己的观点表达。 活动2:阅读《"精彩极了"和"糟糕透了"》并谈谈自己的看法。 活动3:结合巴迪长大后的看法，联系自己谈谈体会。	问题1:文中哪些句子让"我"鼻子一酸"? 问题2:看着板书上的内容，想一想少梁晓声鼻子一酸的到底是什么? 问题3:看看之前的"鼻子一酸"的小练笔需要怎样修改，想加点什么?	活动1:联系挑画相关语句，伙伴交流。 活动2:给板书内容分类并选择相应内容说清自己的想法。 活动3:修改自己的小练笔。	问题1:如果你是导演，把课文"深沉的父爱"为主题拍一个以"深沉的父爱"为主题的短片你会选择哪个场景? 问题2:文中没有父亲语言的描写，你的短片中是否需要加入一些父亲的语言来体现父爱? 问题3:课文为什么以"父爱之舟"为题?	活动1:选择要拍摄的场景，并说明理由。 活动2:小组讨论，全班分享。 活动3:结合课文内容谈自己的理解。	问题1:回看自己观察记录的爱的瞬间的照片，最让你感动的是什么?为什么? 问题2:你想对照片、视频中的人说些什么?	活动1:回看资料，与同学交流想法。 活动2:写下自己想对爸爸妈妈说的话。运用场景、细节描写。

　　整个单元几乎是围绕"父母之爱"展开的，与学生的生活体验息息相关。比较本单元的内容后发现，"口语交际"和《"精彩极了"和"糟糕透了"》更贴近学生的现实生活，所以把这两个内容前置，让学生自然而然地在真实的生活情境和学习任务中发生语文学习，更能促进学生对这一主题的深切体验和思索。

（二）课时目标及重难点

　　1.通过自主阅读、交流分享，理解我"鼻子一酸"内心的复杂情感，并在交流分享中体会场景、细节描写中蕴含的慈母情深。（重点）

　　2.运用场景、细节描写修改完善自己"鼻子一酸"的小练笔。（难点）

三、教学过程

环节一：交流练笔　导入新课

上节课，我们初读了课文，并完成了"鼻子一酸"的小练笔，刚才我们还和伙伴分享了自己的小练笔。读完你们感受到鼻子一酸了吗？那怎么写才能让别人读完我们的文字也能感受到鼻子一酸呢？这节课，我们继续走进作家梁晓声的文字，看看文中的我"鼻子一酸"是怎么回事？看看作者是怎么写出来的？

【设计意图】通过交流小练笔发现练笔中的问题，从而聚焦到"鼻子一酸"，引出新课的学习。

环节二：畅谈感受　体会情深

（一）默读批画　讨论原因

（1）自读批画。

请同学们默读课文，找出令文中的我"鼻子一酸"的原因，如果某一处句子或词语让你感受特别深，记得把你的想法和感受及时记录在书上。

学生边默读边思考，促使我"鼻子一酸"的原因是什么？画出相关语句，并简单批注。

（2）小组交流。

（二）交流分享　提炼概括

全班公共分享。追问学生说出"鼻子一酸"的原因，然后根据学生的发言概括关键词并让学生板书。

预设：

描写妈妈的工作的厂房环境部分。

描写妈妈神态言行的句子。

描写女工的句子。

【设计意图】学生在充分自主阅读小组交流的基础上进行全班分享，在分享中丰富学生对"鼻子一酸"背后的原因的理解，同时也对文中母亲对孩子的爱有更加深刻的体会。

环节三：梳理总结　感悟写法

（一）梳理归类

我们写了这么多，这里有没有什么规律？一起来给这些内容分分类吧。

预设：环境、动作、语言、正面、侧面……

学生边说老师边圈。

一组分享后问全班：这样分有道理吗？还可以怎样分？

（二）认识场景细节

（1）探究原因。

刚才这些看似一片，但是我们发现了其中的规律，并进行了分类。

回到我们一开始提出的问题：促使文中的我鼻子一酸的是哪类？或者哪几类？

预设：学生会说是某几类。

教师点评：真了不起，发现了不仅是其中的一类，而是这几类结合在一起促使我鼻子一酸。

如果学生有没说到的内容，教师追问：这类你们没有说到，那是不是可以删去？我们跟教材的编者建议一下，删去这部分吧。

预设：不能删。

（2）认识场景细节。

正是这些彼此联系到一起，才让我鼻子一酸。（板书：场景　细节）

【设计意图】通过梳理板书，直观感知场景和细节描写。在探究鼻子一酸的真正原因的时候，加深对场景、细节中所蕴含的情感的理解，从而认识到场景、细节对表达情感的重要作用。

环节四：修改习作　实践运用

（一）学以致用　修改练笔

（1）自主修改。

现在拿出你之前写的"鼻子一酸"的小练笔，和梁晓声的鼻子一酸联系起来看看（指板书），你需要补充什么？有什么能借鉴的吗？

（2）小组交流。

修改后小组交流，推荐一人进行全班分享。

（二）分享练笔　完善创作

（1）全班分享。

采访推荐他的同学：为什么他写的让你鼻子一酸？

采访作者：他体会到的，是你写作时最用心的部分吗？

采访听者：听完后你是否鼻子一酸。

（2）继续完善。

听了伙伴的修改后的小练笔，思考自己的小练笔有了什么，还需要补充什么，请继续完善。

【设计意图】在认识到场景、细节描写对表达情感的重要作用的基础上去修改自己的练笔，使得学生能有意识地在自己的练笔中加入适当的场景、细节来帮助表达自己的情感，在修改完善练笔的过程中实践自己课堂所学所悟，做到知行合一。

四、板书设计

18　慈母情深

鼻子一酸

工厂环境

妈妈的语言　　　　　　　场景

妈妈的动作

妈妈的神态　　　　　　　细节

其他人的语言

《古对今》教学设计

北京市丰台区草桥小学　顾　佳

一、教学设计说明

《语文课程标准》指出，要培养学生文化自信，引导学生热爱国家通用语言文字，传承和弘扬中华优秀传统文化。通过积极的语言实践活动，积累语言经验，体会语言文字的特点和运用规律。同时，发展思维能力，提升思维品质，积淀丰厚的文化底蕴，传承和弘扬中华优秀传统文化，全面提升核心素养。

本课设计依据文本特点，旨在通过学习活动，使学生初步了解"对子"这一传统文化。将学文与运用有机结合。教学中，力求贴近学生的生活实际，以学生主体活动为重点，通过理解、朗读、欣赏，体会语言的对仗美，感受祖国语言文字的魅力。同时将对子的规律，迁移运用到对联中，在潜移默化中，使学生得到民族文化的熏陶。

二、教材分析

《古对今》是统编版小学语文教材一年级下册第五单元的第二篇课文。课文由三个小节组成，每小节四行，且结构相同。每一小节的前两行是单音节词对单音节词，如"古对今"；后两行是双音节词对双音节词如"严寒对酷暑"。

三段韵文以对对子的形式展开，分别用简洁形象的语言和长短句交替的节奏，或同义组对，或反义相对，描绘了四季轮回，冬去春来，昼夜交替，万物生长的自然规律。激发学生热爱大自然的感情以及学习对子的兴趣。

三、学情分析

已有基础：

学生已经获得了一定的识字方法和识字经验且在一年级上半学期已经学习了《对韵歌》，有了朗读韵文的基础。另外，每天上课前，学生都会背诵《弟子规》，也知道如何读出节奏。

存在问题：

学生识字方法比较单一，自主识字能力较差，不能完整地发现对子的规律，在迁移运用规律拼对联方面也有困难。

改进措施：

在教学过程中，力求发挥学生识字主动性，培养学生自主识字能力。通过有趣的学习活动，引导学生发现对子规律，并通过自主、合作、探究的学习方式，迁移运用规律尝试拼对联。

四、教学目标及重难点

（一）教学目标

1. 随文巩固 12 个认读字，书写"夕"字，做到正确、端正、整洁。
2. 正确、流利、有节奏感地朗读课文，背诵课文。初步体会语言文字的节奏美，感受自然之美。
3. 探索发现对子的规律。
4. 体会词语对韵的特点，尝试拼对联。

（二）教学重点

1. 随文巩固 12 个认读字，书写"夕"字，做到正确、端正、整洁。
2. 正确、流利、有节奏感地朗读课文，背诵课文。初步体会语言文字的节奏美，感受自然之美。

（三）教学难点

1. 探索发现对子的规律。
2. 体会词语对韵的特点，尝试拼对联。

五、教学过程

课前活动：看图猜字——巩固认读字，理解字义

上节课学习了《古对今》，认识了很多生字朋友。上课前我们来玩一个看图猜字的游戏，（出示晨、暮、朝的图片）你能猜猜图片中的字是什么吗？并说说你是怎么猜的。

晨：早上太阳出来的时候

暮：傍晚太阳落下的时候

朝：早上太阳刚出来，月亮还没有落下去

总结：这些汉字都和太阳有关，我们根据太阳的位置，和它所表示的意思，就可以猜出相应的汉字。

板块一：词语导入，书写生字

（一）复习词语

上节课我们学习了一些词语，你还认识它们吗？小伙伴之间，我读你听，你读我听，如果在读的过程中遇到困难，可以向伙伴求助一下。

和风细雨　夕阳　严寒　鸟语花香　朝霞　古今　酷暑

（二）字源解字

甲骨文中，"夕"的字形 与"月"的字形 相似，比月表示太阳即将落下，月亮即将出来。到了晚上，月亮出来了。所以夕表示傍晚，晚上的意思。

（三）书写生字"夕"

这些词里面，藏着一个要写的生字"夕"，我们把这个生字宝宝送回田字格的家中吧。

1. 指导关键笔画。

一看结构：夕是独体结构，居中书写。

二看笔顺：按照笔顺跟随教师进行书空。

三看笔画：撇和横撇的撇基本平行，横撇的横要短。

2. 教师范写：一边范写一遍强调书写要点。

3. 学生练写：描一个，写一个。

4. 讲评生字。

（1）伙伴互评。

如果两个同学都写完了，请你们相互评一评。如果你的小伙伴写得好，请你给他打个星，你也可以给他提提建议，让他写得更好。

（2）教师评。

5. 学生再次练写。

板块二：多种形式朗读，背诵韵文

（一）多种形式朗读课文

1. 自读课文。

请同学们打开语文书第 56 页，自己小声读读课文，做到读准字音，读通句子。

提示：如果同桌两人都读完了，可以用你们喜欢的方式合作读一读。

2. 指名读课文：一个小组读一个小节。

3. 男女生读：男生读前半句，女生读后半句。

（二）不同方法练习背诵

1. 填空朗读：一些调皮的生字藏起来了，你们还会读吗？

2. 图片朗读：现在这儿除了图片其他的字都不见了，你还会读吗？

（三）课中游戏巩固诵读

1. 打节奏背诵：打着节奏背诵更有韵味，我们来试一试。

2. 同桌拍手背诵：和你的小伙伴拍手读一读小韵文。

板块三：探求规律，了解特点

（一）探索对子规律

1. 引发思考。

这篇韵文不仅语言优美，节奏感强，而且对子里面还藏着大学问呢。

（1）出示学习任务。

学习任务

仔细看看这个对子，想一想：你有什么发现吗？

（2）学生自主思考：自己静静地思考，看看你有什么发现？

2. 交流汇报。

（1）伙伴交流。

提示：把你的发现悄悄地跟同桌交流一下。看看哪组有更多的发现。

（2）全班汇报。

师：老师看到同学们都有很多发现，为了给更多同学机会，我们每组分享一个发现。

预设 1：都有"对"这个字。

应对：在大字报上用笔画出"对"字。

预设 2：都有相反的。

应对：认真想一想什么相反？（板书：意思相反）

预设 3：都有近义词或意思相近

应对：这些都是同一种类。（板书：同类事物）

预设 4：字数一样。

应对：师指向屏幕上的"古"字和"今"字，说：这是一个对一个，继续往下指，当第一次读到两个字对两个字时，提示：这是两个对两个。

（板书：字数相等）

预设 5：前两句 3 个字，后两句 5 个字。

应对：每行的字数似乎还有一些规律，再来看看这一句有 3 个字，这一句也是 3 个字。而这一句有 5 个字，这一句也有 5 个字。这也是对子歌的特点，3355，"短短长长"。

预设 6：成语。

应对：真好，看来有些对子是把成语拆分组成了对子，其实他们也属于同一种类。

（二）了解对子特点

1. 回顾板书。

2 总结对子特点：字数相等　意思相反　同类事物

板块四：运用规律，趣拼对联

（一）介绍对联，渗透传统文化

孩子们，对子也叫对联。贴对联是我们中国人的一种习俗，而对联艺术更是我们中华民族文化的瑰宝。你们想运用对子的规律拼一拼对联吗？

（二）运用规律，趣拼对联

老师给大家带来了神秘的礼物，就藏在这个信封里，请你悄悄地拿出来，自己先拼一拼，再和伙伴对一对，重要的是说说为什么这么拼。

1. 自主思考，独立拼对联。

2. 伙伴合作，共同品对联。

（三）展示对联，说明配对理由

1. 交流汇报，对联配对：1 和 6，3 和 2，4 和 5。

2. 说明配对理由。

预设 1：字数相等。

2 和 3 是 5 个字对 5 个字，所以 2 和 3 是一副对联。

预设 2：同类事物。

1 和 6 是 7 个字对 7 个字，都有动物：牛对虎，都有数字：千对万。

预设 3：意思相反。

4 和 5 是 7 个字对 7 个字，它们有意思相反的词语：古对今。

预设 4：有成语。

4 和 5 里面有一个成语：勤俭节约。

1 和 6 里面有一个成语：千家万户。

总结：孩子们，你们不仅发现了对子的规律，而且还能运用它的规律，正确拼出对联，真是太了不起了。

3. 读对联。

师：我们中国的对联里面有很多学问呢，让我们一起来读一读这 3 副对联吧。

（四）课堂小结

这节课，我们试着背诵了对子，还拼了对联。对对子不仅有趣，还蕴含着很多知识。我们中国的汉字，一平一仄谱写成诗，一撇一捺都是故事。希望我们能认识更多的汉字，发现更多的汉字奥秘。

六、板书设计

6 古对今

字数相同
意思相反
同类事物

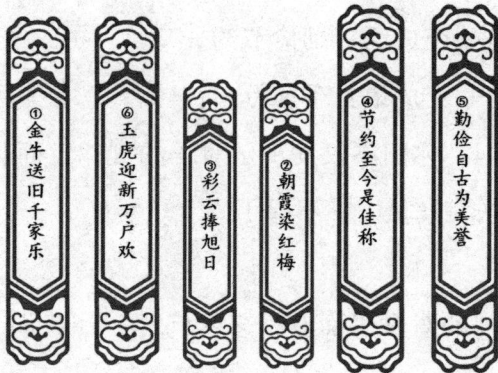

①金牛送旧千家乐
⑥玉虎迎新万户欢
③彩云捧旭日
②朝霞染红梅
④节约至今是佳称
⑤勤俭自古为美誉

七、课后反思

1.教学中设计了富有挑战性的学习任务，让学生探索发现对子规律，并且迁移运用规律尝试拼对子，激发学生学习的主观能动性。

2.开展"自主、合作、探究"的学习方式，让学生独立思考，在学习活动中发展合作交流的意识，养成勤于思考、乐于实践的学习习惯。

3.在探索规律这一环节，对于学生的生成，教师在应对方面还有待提高。在今后备课时，应尽可能多地对学生的生成进行预设。

《立体图形的表面积》教学设计

北京市丰台区第五小学　王　昊

一、教学背景分析

（一）指导思想与理论依据

范希尔几何思维水平启示我们对于几何知识的认知是有不同层次的，可通过一些教学活动、借助数形结合等一些思想方法实现不同层次间的过渡提升。本节课通过四个主要活动引导学生通过操作、观察，探索变化中不变的本质，在想象、推理中明晰数形关系。

（二）教材分析

"露在外面的面"这节课，分别出现在北师大版教材第二单元和京版教材"数学百花园"中，是教材在向学生渗透数学思想方法方面做出的新的尝试。对比两个不同版本，可以看出同一内容，教材呈现的形式不同。

北师大版

一个棱长为 50 厘米的正方体纸箱放在墙角处（如右图），有 ____ 个面露在外面，露在外面的面积是 ____ 厘米²。

4 个棱长为 50 厘米的正方体纸箱放在墙角处（如左图），有 ____ 个面露在外面，露在外面的面积是 ____ 厘米²。

探索 1

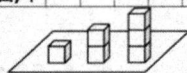

小正方体个数/个	1	2	3	4	5	6	...
露在外面的面/个							

探索 2

小正方体个数/个	1	2	3	4	5	6	...
露在外面的面/个							

京版

六、数学百花园

1.露在外面的面

小华用 10 块棱长是 1 厘米的正方体摆出了一个立体图形（如图 1）。如果再放上 1 块同样的正方体，并要求它至少有一个面和已有正方体的面完全接触，摆出的立体图形的表面积是多少平方厘米？

图1

我摆出了图 2，它的表面积没有发生变化，还是 32 厘米²。

图2

我摆出了图 3 和图 4。图 3 的表面积增加了 2 厘米²，是 34 厘米²；图 4 的表面积增加了 4 厘米²，是 36 厘米²。

我先求图 1 的表面积。从上、下、前、后四个方向看，图 1 都有 6 个面露在外面，从左、右两个方向看，图 1 都有 4 个面露在外面，所以它的表面积是 32 厘米²。

要想知道再放上 1 块正方体，表面积会发生什么变化，可以摆出立体图形来看一看。

图3　图4

同样是再放上 1 块正方体，为什么得到的立体图形表面积不相同呢？

北师大版教材呈现的是周围有障碍物，研究拼摆成规则和不规则形体时连续的变化过程，其侧重于从生活实际出发再到数学抽象形状拼摆的规律。而京版教材重点从不同摆放位置去推理思考增加减少的面。但二者有共同点，都是通过操作寻找变化规律；都提供了相对开放的空间；都强调利用形体拼摆寻找解决问题的思路。让学生的思维不仅停留在操作的层面上，在拼摆的过程中，感悟变化规律，提升思维水平。

（三）学情分析

测试题：

1. 一个底面是正方形的长方体，表面积是 m 平方厘米，如果从中截去最大的正方体后，表面积减少了 40 平方厘米，剩下长方体的表面积是（　　）平方厘米。

2. 一个底面是正方形的长方体，表面积是 100 平方厘米，从中截去表面积为 60 平方厘米的正方体，表面积减少了（　　）平方厘米。

3. 将一个表面积是 36 平方厘米的正方体平行于上下面平均分成两个长方体，再将其拼成一个长方体，表面积是多少？

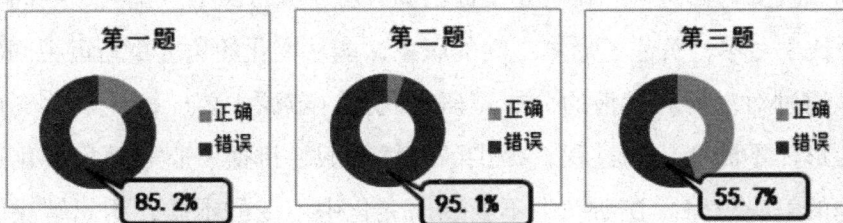

三道题的错误率分别是 85.2%，95.1%，55.7%，其中一个主要原因是学生不能将文字转化成形体，从而不能真正掌握切截、拼摆引起变化的本质，无法通过推理、想象其变化中不变的因素。

基于测试题，我做了如下前测：两张学习单。

《露在外面的面》课前参与单1

1.将 4 块小正方体拼摆成的长方体逐一减少一块，分别写出它们的表面积是多少，写写你的计算过程，你发现什么？你有什么疑问吗？

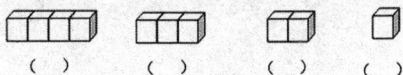

（　）　　（　）　　（　）　　（　）

2.如果下图的表面积是 62 那么，减少一个小正方体，表面积是（　　）

（ 62 ）

计算过程：

我的发现是：_____

我的疑问是：_____

《露在外面的面》课前参与单2

用自己手中的小正方体学具，逐一增加个数，拼摆成一行（如下图）若干个长方体，计算表面积，说说你发现什么？你有什么疑问吗？

1.

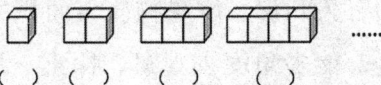

……

2.如果下图的表面积是 62，那么，再增加一个，表面积是（　　）

（ 62 ）

我的发现是：_____

我的疑问是：_____

　　参与的同学有 31 人，用时在 5—15 分之间，只有 3 人个别空算错，说明在有形体支撑下，学生的正确率明显提高了。所以，在无形体时，如何在头脑中也建立形体表象是至关重要的。但从学生计算方法中我们可以看出，图示并没有起到充分的作用，27 人利用长方体表面积公式来分别计算，将每个长方体看作是一个独立的形体，并没有从联系和不断变化的角度思考表面积的变化。在质疑环节中，28 人提到了为什么每次增加和减少的都是 4？其中 8 人提出为什么不是 5 或 6？说明这些同学通过对比学习单，关注了形体之间的联系，能从变化的角度重新审视问题。

　　通过对教材和学情的分析调研，我想这节课主要应该让学生真正去经历形体不断变化的过程，提供因形体切截、拼摆引起表面积变化这类问题的解决思路。在活动中不断感悟变化中不变的本质，积累解决问题的经验。

二、教学目标及重难点

（一）教学目标

　　1. 经历形体不断变化的过程，在操作、观察、分析等活动中，综合运用有关知识，解决物体表面积的问题。

　　2. 能多角度去观察、探索、思考并总结求表面积的方法，在变与不变中找到不变的本质，能用联系的眼光看问题。

　　3. 在操作与交流中，经历探索规律的过程，沟通已学知识之间的联系，拓展学生思维。

（二）教学重点

经历形体不断变化的过程，在操作、观察、分析等活动中，综合运用有关知识，解决物体表面积的问题。

（三）教学难点

能多角度去观察、探索、思考并总结求表面积的方法，在变与不变中找到不变的本质，能用联系的眼光看问题。

三、教学过程

活动一：资料介绍　初步感知

1. 课件演示，在生活中人们经常会将一些相同的正方体摆成不同的造型，利用露在外面的面做展示或者画一些宣传画。今天我们就来研究立体图形露在外面的面的一些变化规律。

2. 我们以 18 块这样的正方体展示箱拼摆成的长方体为例，如果我想创意造型，从中拿走一个正方体，它的表面积可能会怎样变化？（图中正方体棱长为 1 米）

课件出示研究内容：

从这个长方体模型上拿走 1 块小正方体，它的表面积可能会怎样变化？

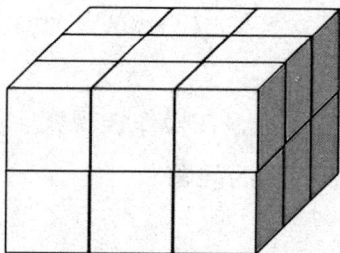

【设计意图】本环节从解决生活真实问题入手，学生研究兴致浓厚，初步感受露在外面面的含义。

活动二：课中交流 明晰本质

学习任务一——分类讨论，解决问题

1. 你打算怎样研究？

介绍研究支架：利用实物学具操作；利用抽象的图形想象。

2. 研究要求：先独立分析问题，并在学习单上写一写，再与小伙伴说清自己的方法。

3. 汇报方案：

（1）顶点上拿走一块，表面积不变。

①位置。（还可以从哪里拿？学生利用西沃白板软件自主拿取，发现都是从顶点位置拿取的这个共同点。）

②还有什么不同的判断的方法？

方法一：数面。计算现在露出的面数，计算面数差。

方法二：面的平移。

露出的后面平移到前面，露出的左面平移到右面，露出的下面平移到上面，表面积与原来一样。

追问：为什么只考虑这儿的变化，其他部分呢？

评价：关注变化的部分，不计算通过平移面就知道面数最终不变。

方法三：看多了几个面少了几个面（课件演示）。

小正方体拿走后，原有的露在外面的面的个数随之减少了小正方体的上面、前面、右面，但同时被小正方体后面、左面、下面遮住的三个面露出来了，相同大小的面抵消所以露在外面的面的个数不变。

小结：不计算，巧妙利用面的平移或者增加减少面的抵消，发现这种情况下，从顶点上拿走一块小正方形面的个数不变。

（2）从棱中间拿走，面的个数增加2个。

小组交流：你能不能不计算，用我们刚刚介绍的这两种方法说一说"可以在哪儿拿走一块，露在外面的小正方形面的个数是怎么变化的，变化了多少？"

（3）从面中间拿，面的个数增加4个。

4. 横向对比这两种方法的共同点：

（1）不用看整体，只关注变化的一块。

（2）平移与相互抵消都是关注一组对面。（渗透——对应的数学思想）

5. 小结：回顾刚才研究的过程。

刚才我们首先思考怎样研究，有了自己的想法，在分析问题的时候，我们从不同位置拿走一块，观察表面积的不同变化，总结了一些判断方法，得出了结论。

【设计意图】本环节以"从长方体上拿走一块小正方体，表面积会怎样变化？"这个大问题统领学生的学习。教师提供两种研究支架——利用实物学具操作；利用抽象的图形想象。两种支架为不同层次的学生的学习提供了有力的支撑。同时为了能清楚地展示每一类中的所有情况，教师利用希沃白板软件，让学生亲自操作，对不同情况有了整体的感知。在之后的对比找共同点的过程中，学生发现两种方法都关注相对面的思考，渗透了一一对应的数学思想。此外，一明一暗两条主线串联起学生的学习内容：明线是表面积的变化特点；暗线为渗透解决这类问题的通用方法——思考怎样研究、分析问题时要分类思考、说清方法前厘清思路、得出结论。

活动三：变式练习　沟通联系

学习任务二——拓宽思路，巩固方法

1. 从以上"长方体"模型中这样拿走两块，判断露在外面的面的个数会怎样变化？

播放平移的课件，整体看作拿走了一个长方体。

2. 是不是在顶点上不管拿走几块，表面积都不变？

学习任务三——举一反三，应用提升

如果在任务二的模型上增加一块，（要求小正方体至少有一个面与这个形体接触）你们想怎么研究？

【设计意图】本环节引导学生辩证思考问题，明确具体问题要具体分析，两个活动提升学生的分析、推理能力。任务二中如果再将前面一层上面的最后一块拿走，表面积会减少2个小正方形的面。所以从哪个位置拿很重要，不同的形体和拿走的块数都会影响结果，要具体问题具体分析。任务三，反过来添加一块，促使学生找到增减变化的标准形体，动态记录其变化规律，以不变应万变。

活动四：反思小结　回顾内化

说说这节课怎么巧算的露在外面的面？

1. 只关注变化的部分，同时在变中找到了不变的关系。

2. 需要分类思考，拿走或放在不同位置表面积变化可能不同。

课后评价：今天我们研究的问题让你联想到之前学习的什么知识了？

平面图形中若干个面积单位的拼摆，总面积不变，周长减少（边减少）。

若干个体积单位的堆积中，体积不变，面积减少。

与方阵问题，集合圈的问题有相似之处，都是要考虑公共的部分。

【设计意图】能与已有认知建立联系是学生应具备的基本素养，若干年后，数学知识可能会被淡忘，但这种解决问题的思想会始终伴随学生。

四、板书设计

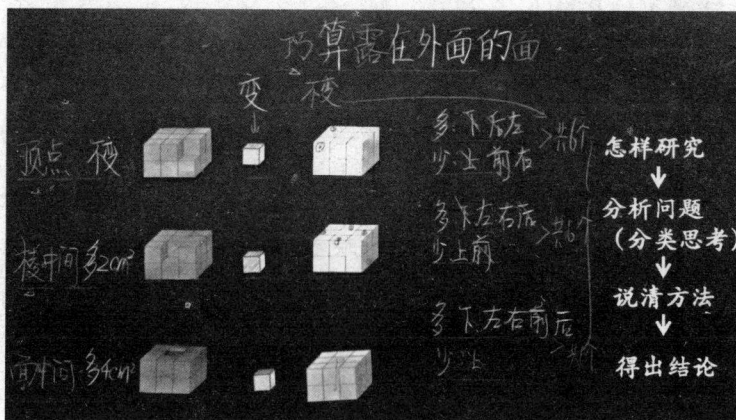

五、课后反思

本节课教师以培养学生核心素养为导向，精心设计教学活动。三个活动引导学生经历立体模型不断变化的过程，学生在操作、观察、分析等活动中，根据具体情况用不同方法计算立体图形的表面积，提高了分析问题和解决问题的能力。同时两种巧算方法的比较中学生找到了解决问题的本质——对应的面消除或平移，体现了数学对应的思想，发展空间观念和推理意识。学生在交流中发现不同位置引起表面积的不同变化，发现全面思考，分类梳理的重要作用，培养学生应用意识。

《长方形和正方形面积》教学设计

北京市丰台区第五小学　王　晖

一、教学背景分析

（一）指导思想与理论依据

量感主要是指对事物的可测量属性及大小关系的直观感知。知道度量的意义，能够理解统一度量单位的必要性；会针对真实情境选择合适的度量单位进行度量，会在同一度量方法下进行不同单位的换算；初步感知度量工具和方法引起的误差，能合理得到或估计度量的结果。建立量感有助于养成定量的方法认知和解决问题的习惯，是形成抽象能力和应用意识的经验基础。

（二）教材分析

人教版数学教材三年级下册第五单元是平面图形面积计算的起步，从一维的度量转到二维的度量，起着承上启下的作用。从知识脉络上看（如下图），知识点在教材上呈线性排列，将面积单位的教学分为两段，中间穿插面积计算，这是因为面积单位之间的进率很难从面积单位本身得出，借助正方形面积更容易理解。教材的编排关注了单元结构，但是前后知识和方法的关联略显不足，比如，长度、角、体积的度量本质都是单位个数的累积，如果不将其置于更大的视野中，学生难以形成"度量"的上位概念并搭建整体迁移的支架。

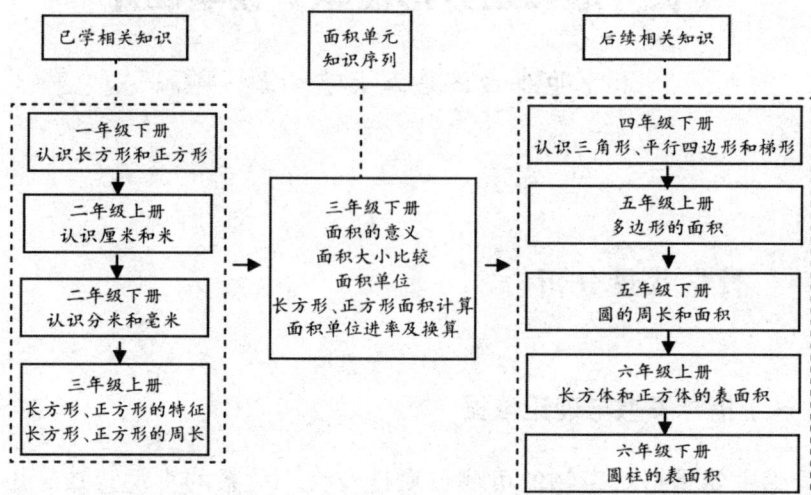

基于以上分析，结合《义务教育数学课程标准（2022年版）》对相关内容的要求，可提炼出本单元的大概念：面积是"数"单位面积的个数，图形面积具有可加性。在前后知识的相融互通中理解面积，增强几何直观和推理意识等。

（三）学情分析

选取本学校三年级两个班学生（共62名）进行前测，测试内容和相关结果如下。

前测题1：图中的小正方形表示1平方厘米，①②长方形的面积分别是多少？

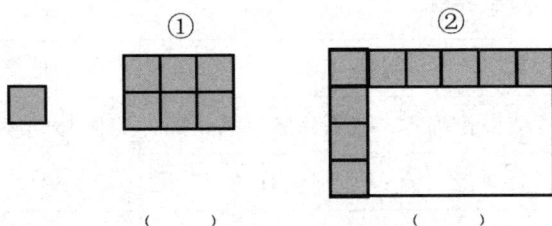

前测题 1 的测试结果

结果	计算正确		计算过程	
形式	结果正确	结果和单位都正确	有划分痕迹	无划分痕迹
①号长方形（人）	51	39	9	53
百分比（%）	82.26	62.9	14.52	85.55
②号长方形（人）	32	25	50	11
百分比（%）	51.61	40.32	80.65	17.74

【分析】统计结果表明，学生借助单位面积用"全覆盖"方式求①号长方形的面积的正确率达 82.26%，而利用"沿边摆放"方法求②号长方形的面积的正确率只有 51.61%，说明学生自主探究有一定的困难。进一步分析，有 80.65% 的学生都采用了划分单位面积的方法，说明教师要关注这一年龄阶段学生直观想象和推理能力的培养。

前测题 2：你会计算图中长方形的面积吗？请列式并说明理由。

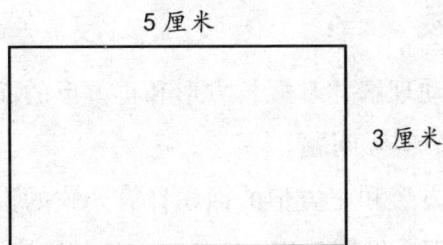

前测题 2 的测试结果

结果	计算正确		计算过程正确	
形式	结果正确	结果和单位都正确	有划分痕迹	无划分痕迹
人数（人）	41	31	30	32
百分比（%）	66.13	50	48.39	51.61

【分析】从数据上看，一旦没有"单位面积"辅助思考，学生的计算正确率骤然下降，只有 66.13%，其中，计算正确的学生中有 48.39% 对长方形进行了划分。虽然前测题 2 已有暗示，但是学生并不能建立单位面积的个数与长、宽数值之间的联系。这说明教学中要重视长方形面积计算的推导过程，引导学生感悟长度、周长、面积等度量方法的内在一致性。不难发现，很多学生已经知道了长方形的面积计算方法，但是对"面积大小和计算"的认识仍然浮于表面，难以迁移和感受度量方法的一致性。教学中要着重引导学生经历用面积单位度量长方形的过程，关联线段的"测量属性"，进而推导出长方形和正方形的面积计算公式，为学生后续学习角、圆的面积、长方体的体积做铺垫。

二、教学目标及重难点

（一）教学目标

1. 通过度量活动理解并掌握长方形和正方形的面积计算方法，能运用面积计算方法解决实际问题。

2. 经历探索长方形和正方形的面积计算公式的推导过程，感悟度量本质，培养推理意识，发展量感。

3. 在参与度量活动的过程中积累度量经验，获得成功的体验，感受学习数学的乐趣。

（二）教学重点

经历长、正方形面积公式的推导过程，掌握长、正方形的面积计算方法。

（三）教学难点

在操作中理解长与每行单位面积的个数、宽与行数间的关系。

三、教学流程图

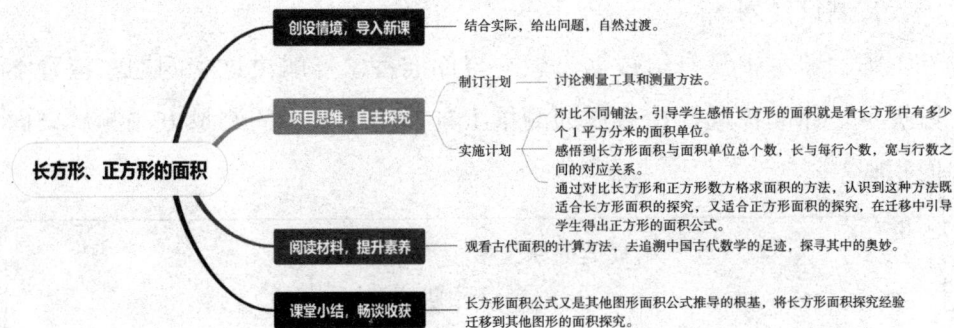

长方形、正方形的面积

创设情境，导入新课 —— 结合实际，给出问题，自然过渡。

项目思维，自主探究
制订计划 —— 讨论测量工具和测量方法。
实施计划 —— 对比不同铺法，引导学生感悟长方形的面积就是看长方形中有多少个1平方分米的面积单位。
感悟到长方形面积与面积单位个数总个数，长与每行个数，宽与行数之间的对应关系。
通过对比长方形和正方形数方格求面积的方法，认识到这种方法既适合长方形面积的探究，又适合正方形面积的探究，在迁移中引导学生得出正方形的面积公式。

阅读材料，提升素养 —— 观看古代面积的计算方法，去追溯中国古代数学的足迹，探寻其中的奥妙。

课堂小结，畅谈收获 —— 长方形面积公式又是其他图形面积公式推导的根基，将长方形面积探究经验迁移到其他图形的面积探究。

四、教学过程

（一）创设情境，导入新课

师：随着每天的使用，我们的桌子上渐渐有了划痕和字迹……为了更好地保护桌面（手指着长条桌子）要给桌子配上同样大小的桌垫，桌垫的面积是多少？你们能估一估吗？

预设：50平方分米、40平方分米、45平方分米……

师：为什么都选择用平方分米作单位？

同学们能够根据桌面的大小，选择合适的单位。桌垫的面积＝桌面的面积。

【设计意图】结合学生身边的实际，通过给桌面配桌垫问题，自然过渡到新课一起解决桌面面积的问题。从生活情境中提炼出来的数学问题，能够有效地激发学生探索新知的强烈愿望。

（二）项目思维，自主探究

1. 制订计划。

师：题目中没有给数据，想一想你准备怎样解决这个问题？请看学习提示。你准备选择什么样的测量工具，用什么样的测量方法测量桌面面积呢？

桌面面积是多少平方分米？
制订计划

学习提示

（1）独立思考：测量工具，测量方法。

（2）同伴交流：怎样测量？为什么这样测量？

公共发表：

预设1：用1平方分米的面积单位测量，桌面有几个1平方分米，面积就是多少。

师追问：你为什么选择这个面积单位？怎么想到这个方法的？

预设2：用卷尺测量桌子的长和宽，用长×宽计算桌面的面积。

师小结：在同伴交流中，我们的计划越来越周密、完善。有了计划，我们就可以有步骤地进行测量。下面就请同学们按照计划尝试用不同方法测量桌面面积，将你的测量方法和测量结果记录在学习单上。

2. 实施计划。

桌面面积是多少平方分米？
实施计划

学习提示
（1）利用学具，尝试用不同方法测量桌面面积，记录测量结果。
（2）同伴交流：测量方法，测量结果，新思考？新发现？

教师巡视，并对不同方法进行及时的拍照记录。

汇报交流：先呈现摆满，再呈现摆边。

师：老师发现同学们有这样摆放的，还有这样摆放的，比较这两种摆法，你有什么发现？和你的同伴互相说一说。

预设：相同。都是看里面有多少个面积单位；都是数面积单位的个数；都可以用6×3来计算，6是每行面积单位的个数，3是行数，6×3=18个，每个小正方形面积是1平方厘米，18×1=18平方厘米。

小结：虽然摆法不同，但是只要知道每行摆几个面积单位，摆几行就可以计算这个图形的面积了。每行面积单位个数×行数=面积单位的总个数。长方形里有多少个面积单位，长方形的面积就是多少！

【设计意图】测量桌面面积的大小时，引导学生借助面积单位，从铺满到铺边，再到在中间铺，对比不同铺法，感悟长方形的面积就是看长方形中有多少个1平方分米的面积单位，在面积单位逐步减少的过程中，渗透每行个数、行数和面积单位总个数之间的关系。

师：还有同学是这样做的，哪个小组愿意和大家分享这种方法呢？

预设：用尺子测量出桌面的长为 6 分米，宽为 3 分米，长和宽相乘就算出了长方形的面积是 18 平方分米。（将长 × 宽 = 长方形的面积板贴在黑板上）

师：为什么用长 × 宽就是长方形的面积？比较两种方法，它们怎么都能用 6×3 来计算，你有什么新发现？小组内互相说一说。

预设：每行有 6 个面积单位，每个面积单位的边长是 1 分米，所以长就是 6 分米，有 3 行，所以宽就是 3。

师点评：你的这个发现太重要了，谁听懂了，再来说一说。

师：看来，在计算长方形面积的时候，长是几，一行就有几个面积单位，宽是几，就有这样的几行，也就是说我们只要知道长和宽，就知道每行有几个面积单位，有这样的几行，用长 × 宽，算的就是含有面积单位的个数。18 × 1 这一步可以省略不写了。

师：把这个重要的发现再和你的同伴互相说一说。

回顾反思：

师：谁估得比较准？

师：我们是如何解决桌垫面积的问题的？

【设计意图】学生明确了二维图形的面积需要两个一维线段长度的数值进行刻画；在总结计算公式可用符号表征的推理中，学生经历从"特殊"到"一般"，体会符号表征的简洁性。在整个过程中，学生理解了面积的内涵，实现了从操作的"实践表征"向"空间想象"的迈进。

3. 拓展提升。

探索正方形面积计算公式

师：在桌垫一角定制一个边长 5 厘米的正方形学习提示语标牌，它的面积是多少平方厘米？

学习提示

（1）独立思考：计算正方形的面积。

（2）同伴交流：说清怎样算，为什么这样算。

预设：5×5=25 平方厘米。

师：为什么用 5×5 计算？

预设：长方形面积 = 长 × 宽，当长和宽相等的时候，就是正方形，所以可以用边长 × 边长计算。

师：回忆长方形面积的研究过程，5 除了是正方形的边长，还是什么？

预设：表示的每行面积单位的个数和行数。

出示正方形面积计算方法。（将边长 × 边长 = 正方形面积板贴在黑板上）

师：看来计算正方形的面积也是在求面积单位的个数。（写上箭头，同长方形面积公式一样，找到与每行面积单位的个数和行数的关系）

师：比较长方形、正方形的计算方法，你们有什么新发现？先独立思考，有想法了再和同伴互相说一说。

预设：虽然图形形状不同，但是都是在求面积单位的个数，都可以用每行面积单位的个数 × 行数。

【设计意图】通过对比长方形和正方形数方格求面积的方法，认识到这种方法既适合长方形面积的探究，又适合正方形面积的探究，在迁移中引导学生得出正方形的面积公式，再一次理解正方形与长方形的特殊关系。学生能在迁移中体会到正方形是特殊的长方形，同时还能体会到用长 × 宽计算它们的面积，这种符号化的表达具有学习上的一致性。学生迁移的学习能力在潜移默化中得到提升。

（三）阅读材料，提升素养

师：我们今天学习了如何求解长方形的面积。那中国古代是如何计算长方形面积的呢？你读懂了什么，有什么疑问？可以和同伴说一说。

借助视频，看看能否帮你解决困惑。

在九章算术中，还有很多计算图形面积的方法，感兴趣的同学课下可以继续研究。

【设计意图】培养学生的数学阅读能力，在理解古代求长方形面积的计算方法中，进一步理解两个一维线段长度的数值刻画二维图形面积。

（四）课堂小结，畅谈收获

师：通过这节课的学习，你有哪些新收获和新思考？

师：课下请同学们完成本节课的评价，借助长方形和正方形面积的研究经验，继续测量教室的面积。你会选择什么样的测量工具和测量方法？如何测量操场的面积呢？

【设计意图】面积单位度量是探究图形面积的基本方法，长方形面积公式又是其他图形面积公式推导的根基，将长方形面积探究经验迁移到其他图形面积探究之中，逐步渗透优化的符号意识，凸显符号意识的重要性。

五、板书设计

长方形和正方形面积

制订计划

测量工具：卷尺　面积单位
测量方法：
公式计算　数面积单位
　　　　　实施计划
尝试解决　调整完善
　　　　　回顾反思

每行面积单位个数×行数=面积单位总个数

↓　　　　↓　　　　↓

长　　　×　　　宽　=　长方形面积

↓　　　　↓　　　　↓

边长　　×　　　边长=长正方形面积

《角的度量》教学设计

北京市丰台区草桥小学　尹春山

一、教学背景分析

《义务教育数学课程标准（2022 年版）》明确指出："数学教学活动，特别是课堂教学应激发学生兴趣，调动学生积极性，引发学生的数学思考，鼓励学生的创造性思维；要注重培养学生良好的数学学习习惯，使学生掌握恰当的数学学习方法。""学生能运用数学的思维方式进行思考，增强其发现问题和提出问题，分析问题和解决问题的能力。"角的度量是在学生已经经历过长度的度量、面积的度量之后学习的，学生已经具备了基本的用度量单位去度量的意识，本课安排在角的认识之后，为后面学习用量角器测量角奠定了基础。

二、教学目标及重难点

（一）教学目标

1. 认识量角器，理解量角器量角的原理，初步建立 1°、10° 等常用角的表象。

2. 经历量角器的形成过程，在类比、思辨中感受统一度量单位的必要性，体会度量的本质，积累数学活动经验。

3. 在探究过程中诱发学生的创造力，体验学习数学的乐趣，感受数学知识间的内在联系。

（二）教学重点

认识量角器，理解量角器量角的原理。

（三）教学难点

感受统一度量单位的必要性，体会度量的本质。

三、教学过程

（一）情境导入，激发探究兴趣

1. 同学们都喜欢去游乐场玩，这里有两个滑梯，你想玩哪个？为什么？

（想玩高的，坡度大，刺激；想玩矮的，坡度小，安全。）

看来两个滑梯玩起来的感觉不一样，能用数学知识解释一下吗？

（滑梯与地面形成的角度不同。）

2. 通过前面的学习，什么是角呢？

（从一个顶点引出的两条射线叫作角，一个顶点两条边。）

3. 你能从这个圆上折出一个角吗？自己先动手试一试，然后和伙伴说说你是怎么找到的？（展示一两个）

你们真棒，能从一个圆上找到这么多不同的角，那今天我们就用你们自己找到的角当工具，去测量其他的角。

【设计意图】从学生熟悉的情境导入，感受到角有大小之分，从而产生测量角的需求，并且用自己创造的角作为测量工具，可以激发学生的探究兴趣。

（二）类比迁移，感悟度量内涵

1.在测量角的大小之前我们先回顾一下之前学习过的测量方法。在长度测量时，要找到一个测量标准，用这个标准去累加这条被测量的线段。这条线段就是 3 个标准这么长。测量面积时，依然要找到一个标准，用这个标准去铺满被测量的图形，从而得到测量结果。

【设计意图】回顾在测量一维的线段长度和二维的面积时，都是先确定一个标准，然后用这个标准去累加、密铺所测量的图形，最后看看所测量的图形有几个这样的标准，这就是测量的本质。通过唤醒学生已有的知识经验，发展度量意识。

2.请用你创造的角作为标准，测量∠1 的大小，数数有几个这样的标准角。

要求：先独立思考，遇到困难随时向伙伴求助。完成后，和伙伴交流你的测量过程。

（1）小组讨论并全班交流。

（2）梳理小结：

你有什么发现？

（同一个角，我们测量的结果却不相同；测量工具不同，标准不同，所以结果就不同。）

你有什么想法？

（若想得到相同的结果，要先统一测量单位）（板书）

【设计意图】在实践操作中，学生自己创造单位用小角测量大角，但是在沟通辨析中产生了矛盾，体验到统一测量单位的必要性。活动中，学生潜移默化地意识到：任何量的量化都必须有标准，而且标准必须统一，才能在更大范围内应用和交流。

3. 全班制作统一测量工具（45°）测量∠2。

（1）小组讨论并全班交流。

（2）梳理小结：

怎样才能准确地测量呢？

（用小一些的标准角去铺满∠2。）

针对这个角可以用小一些的角铺满测量，那么想要精确地测量所有角，怎么办？

（用特别小的角去测量。）

小到什么程度？

（"1°"）

PPT 出示：认识 1° 角。

右上边的 "°" 是角的单位，读作 "度"。

【设计意图】统一度量单位是人类认识刻画世界的工具，为使特殊的测量活动一般化，可以在更大范围内应用，就要寻找到合适的测量单位 1°。

4. 下面就用你们找到的这个测量单位 1° 角把∠2 铺满，看看它有多少个 1° 角，就是多少度。我们一起来数吧！

共用了 80 个 1° 角，那么说明 ∠2 的大小是 80°。

【设计意图】在此环节中，学生亲眼去看亲口去数从 1°—130°，经历用 1° 角铺满被测角的过程，逐步将感性认识上升为理性认识，量的抽象性与思维的形象性相融合，真正理解测量的本质。

（三）经历过程，建构度量工具

继续数下去，由 180 个 1° 角组成的半圆形，如果用它去测量角，你会遇见什么困难吗？

数数困难，产生刻度需求。

测量反方向的角，产生双圈刻度的需求。

这就是用来度量角的工具：量角器。

【设计意图】在理解测量的本质的基础上，初步建构量角器模型，了解双圈刻度存在的原因，为后面的量角、画角做足准备。

（四）运用知识，解决实际问题

还记得滑梯问题吗？有了量角器，就可以准确测一测每座滑梯与地面形成的角的度数，根据角的度数大小便可以解释为什么玩起来感受不同了。

一节课，我们经过几次数学活动就构建了量角器，你有什么收获吗？

《收集数据》教学设计

北京市丰台区草桥小学　兰　雨

一、教学背景分析

统计在日常生活、生产和科研中有很广泛的应用。统计学已成为现代数学方法的一个重要组成部分和应用数学的重要领域。"统计与概率"的内容在新课程中得到了较大重视，和"数与代数""图形与几何""综合与实践"并列成为课程内容中的四大部分之一。在小学学习统计知识，有助于加强所学数学知识与现实社会的联系，进而提高学生分析问题、解决问题的能力。

本节课的教学重点是经历简单的数据收集、整理和分析过程，了解调查收集数据的简单方法，并能用自己的方式（文字、图画、表格等）记录、整理和呈现整理数据的结果。能通过对数据的简单分析，体会运用数据进行表达与交流的作用，感受数据蕴含信息，初步发展学生的数据分析观念。

《收集数据》选取了熟悉的生活情境为素材，关注了学生的生活经验和学习经验，引导学生走进调查收集数据的大门。对于收集数据，学生在一年级就有所接触，感受了分类，认识了用实物图表示统计量，并进行简单的数据收集、整理。二年级上册的"去游乐场"，这节综合实践课，从思维层次来看，第一层次就是调查统计：根据教材提供的 5 个项目进行收集数据，并对数据进行一定的整理与分析，制成直观的统计图。本单元是在上述基础上进行简单的数据收集和整理，让学生体会运用数据进行表达和交流的作用，感受数据蕴含的信息。由于二年级的学生年龄小，知识储备量有限，习惯于对数进行计算，根据调查的结果，用数据分析、描述，提出自己的想法和建议有些困难。同时，学生在生活中也很少参与完整的收集数据的过程，缺少"用数据说话"的意识。

根据学生的经验和学习困难，形成本节课的教学策略：

1. 精心设计活动，产生调查的需要。

对小学生而言，培养数据分析观念，主要依赖于经验，特别是亲身经历的经验，要让学生完整地经历收集数据、整理数据和简单分析数据的过程。为了体现学生知识的自然生长，精心设计了学生乐于参与的真实的"小菜园种菜"的活动，让学生在亲身体验的统计活动中去经历和学习，丰富数据分析的活动经验，体会到数学与生活的密切联系。

2. 鼓励学生用自己的方式整理、记录、呈现数据，丰富学生数据分析的活动经验。

本单元是学生经历数据分析的最初阶段，重点不在于正规的统计知识学习，而在于鼓励学生用自己的方式整理、记录、呈现数据，在相互的活动交流中丰富数据分析的活动经验。让学生尝试用自己的方式记录调查数据，最后交流"你喜欢哪种记录方式"，有助于学生进一步思考和培养接纳、鉴赏他人意见的意识。在这个过程中，学生要自己探索记录方式，还要读懂他人的记录方式，同时也体会到记录数据的方法多样。活动开阔了学生的视野，激发了学生对数据收集、整理活动的兴趣，丰富了学生对数据分析的经验积累，为后续学习统计知识打好基础。

3. 面对数据有话可说。

鼓励学生根据调查结果提出问题，针对问题提出合理化建议，使学生初步体会数据蕴含的信息能帮我们做决定，能解决生活中的很多问题。

二、教学目标及重难点

（一）教学目标

1. 在调查活动中经历简单的数据收集和整理的过程，能看懂他人对调查数据及结果的记录，会用自己的方式呈现整理数据的结果，体会统计调查的必要性。

2. 在整理数据的过程中，能根据调查的结果提出并回答简单的问题，体会运用数据进行表达与交流的作用，感受数据蕴含的信息。

3. 体会数学与生活的密切联系，通过交流，培养接纳他人意见的习惯，渗透尊重事实、用数据说话的科学态度。

（二）教学重点

在调查活动中经历简单的数据收集和整理的过程，能看懂他人对调查数据及结果的记录，会用自己的方式呈现整理数据的结果，体会统计调查的必要性。

（三）教学难点

在整理数据的过程中，能根据调查的结果提出并回答简单的问题，体会运用数据进行表达与交流的作用，感受数据蕴含的信息。

三、教学过程

（一）情境激趣，引发需要

今天早上，兰老师用手机记录下了一处美景，你们看看是哪里呢？（是我们经常去观察蔬菜的小菜园），你们想参加这项有趣的种植活动吗？

别着急，等明年升到三年级，我们就能参与这项种植活动了，可是在参加这项种植活动前，还有很多准备工作要做呢！比如要查查这片土地适合种什么蔬菜？经过今年高年级哥哥姐姐的调查，得知这片土地比较适合种黄瓜、西红柿、茄子、豆角这样的蔬菜。学校规定一个班只能种一种蔬菜，那咱们班种什么呢？（询问3—5位同学的想法）

你们的想法都不统一，我明年该怎么去买种子？听谁的好呢？有什么让大家都认可的好方法吗？

（问一问每个人的想法，喜欢哪种蔬菜的人多，咱们就种哪种蔬菜）

（二）亲身经历，收集数据

1. 快看看这四种蔬菜你最喜欢哪种，把它的名字记在学习单上。

2. 接下来我们要记一记全班每位同学的情况，一会儿我们开火车一个接一个地汇报，你要一边认真听，一边记在第一个长方形格子里。快想想怎样把全班每个人的想法都准确记下来，1分钟时间做准备。

3. 第一次记录：

（6—8位同学汇报后叫停）我发现记录时有很同学都遇到了困难。我先来问问：你遇到了什么困难？

采访3—5人，并梳理分类。

①只听不记：你对他有什么建议吗？（对啊，得一边听一边记，否则后面的同学说完了，前边说什么就忘了。）

②太快，跟不上。（可是有人跟上了啊，是不是记录方法上有问题？）

③不知道怎么记，不会记录。

看来，还真是在记录方法上有问题，那遇到困难怎么办呢？（引导和伙伴商量商量）快和伙伴一起想想高招儿，有什么好方法能把全班的情况又快又准地记下来。

第二次记录：

看到你那自信的表情，相信你们每个人都找到适合自己的妙招了，再来记一次吧，看看这一次你能不能把全班的情况准确地记录下来？记在第二个长方形格子里，给你1分钟时间做准备。

（大概10位同学左右汇报，视情况叫停）先打断一下，我看到几位同学记录得特别好，迫不及待的想先和大家分享，欣赏欣赏，这几位同学记得怎么这么好呢？快和大家说说你们是怎么想的，怎么记的？

分享交流：（实投）

追问采访。

①你左边这些为什么这么写？

采访没分类的同学：听了他的分享，你对自己的记录有什么想法吗？

若不说：大家看看 ×× 这么记会遇见什么难题吗？

②我还发现了一种和大家都不一样的记法，既快又好，你快来给大家说说你是怎么想的，怎么记的？（"正"字记录法）

③这 3 位小记录员虽然方法不同，后面用的符号不同，但是有什么相同的吗？（分类）

还真是，先把蔬菜名字写在前面，然后分类记录，这样很方便快捷。

看来几位优秀的小记录员都很讲求方法，我们向他们学到了好方法。还有什么要注意的吗？

（记录时还要全神贯注地听，1 秒钟都不能走神）

有信心能做到吗？这一次就真的开始了，一口气记录全班的情况，再给你 1 分钟时间根据自己选择的方法做准备，这次记在第三个格子里。

第三次记录：

提示：记录时，千万别忘记把自己说的也记下来。

把握节奏点评：我看很多同学都找到好方法了，并且注意力很集中，记得真好，下面来点儿挑战，加快汇报的速度！

4. 真了不起！我看这次大部分同学都记下来了，并且还出现了很多不同的方法，快去欣赏欣赏伙伴的记录方法，看看他是怎么记的？（小组交流）

我们来欣赏欣赏这几份。（挑选典型记录法）

5. 刚才我们是把全班同学的情况都记下来了。（板书：记一记）

接下来，你觉得该干什么了呢？（板书：数一数）谁来数一数？

对比：一个一个数。（评价：原来你是一个一个数的。）

五个五个数。（评价：你怎么不像刚才那么数了呢？）

采访：听了他们两个人数，你有什么感受呢？

原来"正"字记录还有这样的好处，数起来这么快捷、方便，怪不得"正"字记录法是最常用的记录方法呢！

6.刚才持红棒的人数是多少来着，我给忘了。数完的数为了避免忘记，我们怎么办呢？（板书：填一填）

接着数吧，你们愿意用哪种记录方法？

有没有立刻初步验证这次记录是否正确的方法呢？

7.填完表我们可以做什么了？（做决定）还记得上课初的问题吗？

选择喜爱人数最多的水果去种植。（若有不同意的同学，讨论怎么办？集体观念，每个人都有自己的想法，要想让大多数同学满意，只能少数服从多数。）

（三）总结梳理

今天，我们可真不容易啊！刚开始，每个人都有自己的想法，无法做决定，但现在这个难题就解决了，我们是怎么解决的呢？（板书：回顾）

这就是我们今天学习的收集数据（板节）。学会了收集数据，能帮我们做出很多决定。

（四）巩固延伸

一个问题解决了，暗示着新问题的来临。

（1）每年秋天果实成熟时，每次还会出现这样的问题，像三（2）班收获黄瓜后，有同学认为应该把黄瓜卖了给班里买些课外书，有的同学建议把黄瓜捐送到社区养老院，有的同学愿意分着吃了，通过今天的学习后，你想对他说些什么呢？（再次收集数据后做决定）

（2）学以致用！他们真想到这种方法了，这是他们收集来的数据，谁帮忙把数据填入表格吧！

（3）哎呀，遇见这种情况（两种情况的数据相同）该怎么解决呢？快和伙伴去想想办法。

（五）畅谈收获，总结延伸

这节课我们一起围绕着选苗、果实成熟后的处理方法进行了收集数据的学习，你们有什么收获吗？

（六）课后实践活动

看来收集数据还真是解决问题的一种好方法，那么课后请你想一想，还有哪些问题是通过收集数据解决或做出决定的呢？

Can you tell me the way? 教学设计

北京市丰台区第五小学　赵　玮

一、教学背景分析

（一）指导思想和理论依据

《义务教育英语课程标准（2022 版）》指出，英语课程的具体目标是培养和发展学生的语言能力、文化意识、思维品质、学习能力等学科核心素养。倡导指向学科核心素养发展的英语学习活动观和自主学习、合作学习、探究学习等学习方式。王蔷教授在解读课标时指出，落实核心素养必须依托学科核心内容和学科核心活动，把对学科核心内容的解读转化为学生主动探究意义的活动。

英语课要强调学习过程，重视语言学习的实践性和应用性。英语课程提倡尽可能多地为学生创造在真实语境中运用语言的机会。教师要创设接近生活的各种语境，采用循序渐进的语言实践活动，培养学生用英语做事情的能力。英语课堂要面向全体学生，为学生提供自主学习和相互交流的机会。

（二）教材分析

本单元话题为"问路、指路"，属于"人与社会"主题语境。本节课是北京版小学英语教材四年级下第三单元 *Can you tell me the way*? 的第 3 课时，内容为询问加油站和指路。

英语课程提倡尽可能多地为学生创造在真实语境中运用语言的机会。为了力求给学生创设一个真实的情景，在课程初始教师就创设了自己的车没油的情景并给学生布置了"Can you tell me the way to the gas station?"的任务，让学生在任务驱动下，自己想要学习本节课的内容。之后在加油站的大情景下引入本节课的课文内容学习，让学生在课文情景中进一步学习问路及指路的英文表达方法。之后为了能够巩固问路和指路的英文表达方法，教师创设了帮助小朋友找消防站的情景，让学生在情景中巩固练习本节课的功能句型。为了能让学生运用语言做事情，之后教师将整个教室布置成学生的"活动场地"，给各个小组冠以本课的新授地点及学生生活中的地点（丰台花园，汽车博物馆，学校附近的超市），让学生在模拟场地中运用语言进行实际问答交流。学生在场地中自主交流，发展了语言能力和思维品质。

（三）学情分析

本单元的主要话题围绕问路展开，学生第一次接触，在描述地点位置时所用到的短语及句子对部分学生来说可能存在一定困难，有些学生可能方向感较弱，在识图时会遇到困难，教师要适时利用教室环境或学生所熟悉的环境来帮助学生理解方位词，并能够正确表达方位。

二、教学目标及重难点

（一）教学目标

1. 能在情景中听懂会说 Fire Station，Gas Station。

2. 能正确理解课文对话，并运用恰当的语气朗读对话。

3. 能在真实的情景中用英语表达问路和指路，进行简单交流。

4. 培养学生思维品质和与人交流的能力，培养学生协作能力。

（二）教学重点

能在真实的情景中问路和指路。

（三）教学难点

能正确地指路。

三、教学过程

（一）歌曲导入，激活旧知

T: Let's sing a song together.

课件播放 PPT

S: Sing the song.

歌词：Left and right, forward and back. Left and right, forward and back. Left and right, forward and back. Left and right, forward and back. Stand up, sit down, turn left, turn right, jump, jump, jump, jump, jump! Left and right, forward and back. Left and right, forward and back. Left and right, forward and back. Left and right, forward and back.

【设计意图】演唱歌曲是一种很强的激发兴趣和情感的手段，有助于活跃课堂的学习气氛，学生通过演唱歌曲并加动作的方式复习表示方位的单词 left, right。学生通过不同感官复习 left, right，为后面指路扫清障碍。

（二）Listen and say

1. 创设情景，导入新知。

教师出示自己的车辆照片：

T: You know, I drive my car to school. But Ms. Zhao is so careless, this morning, I heard the sounds "Bing"（出示显示没油的图片）

Do you know the sign's mean?

S: 没油了。

T: Yes, that means I don't have enough gas to go back home.

Can you tell me the way to the gas station?

【设计意图】创设贴近学生生活的情景，为布置任务奠定基础。

2. 出示目标，任务驱动。

PPT 出示教学目标：

T: Never mind. Today we'll learn how to use the English to ask and answer the way.

【设计意图】在情景下出示目标，给学生任务驱动。

3. 情景延续，学习对话。

（1）出示对话一主题图。

T: What are they talking about?

S: They are talking about the car.

They are talking about the holiday.

They are talking about the way to somewhere.

【设计意图】四年级学生的语言已经有了一定积累，开放性问题可以培养学生的语言能力和思维品质。

（2）带着问题学习对话。

播放无文字对话一遍。

Q: What does she find?

Where is it?

A: She finds a gas station.

【设计意图】高阶问题能够培养学生的逻辑思维能力和对故事整体的感知。

（3）播放有文字动画。

学生拿出学习单做第 2 题，找出加油站的位置。

T: Take out your sheets and do exercise 2, tell the reason with your partner.

【设计意图】教师根据课文内容绘制了建筑物地形图，但是具体在第几个路口往哪个方向拐，就要学生根据课文提示找出正确答案。学生在小组内说原因能够帮助学生根据听力内容提取关键词，提高学生听力能力。教师给出提示能够给有需要的学生提供支架。

（4）全班反馈答案。

T: Which building is the gas station?

S: Building B/C/A.

（5）教授功能句型。

教师边在课件上以动画的形式订正答案，边出示功能句型并输入原音。

Please drive on, and turn left at the first corner. It's on your right.

S: 学生跟原音朗读。

（6）在句型中教授新词。

出示图片教授 corner。

让学生说一说教室中哪些是 corner。

【设计意图】联系学生生活，让学生在运用中掌握单词。

（7）逐句学习。

教师出示 PPT 课件，学生逐句学习。

（8）再次播放视频课件。

学生再次跟读。

（9）学生两人一组打开书指读。

（三）Listen，look，and learn

1. 出示图片，创设情景。

T: What buildings can you see in the picture?

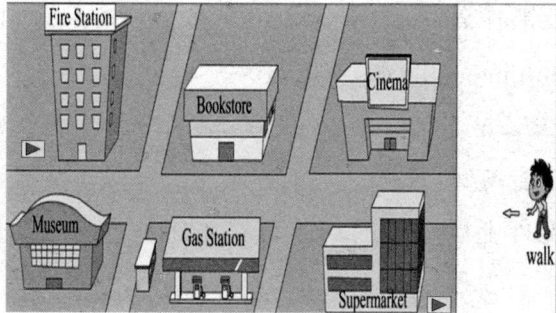

S: I can see the Bookstore/Cinema/Museum/Suptermarket/Gas Station/
Fire Station.

当学生说到超市和博物馆的时候教师出示学校附近的超市和汽车博
物馆的图片。

【设计意图】这些地点词有学生已经学过的，也有本节课要教授的。
教师让学生说一说，能激活学生已有知识，同时也给学生展示自己的
机会。

2. 教授 fire station。

当有学生说到 fire station 时，教师就出示单词卡教授。

3. PPT 课件出示图中男孩想去的路线图。

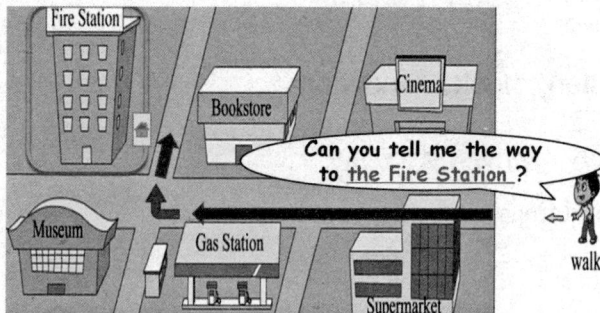

T: Can you tell him the way to the Fire Station?

4.学生小组协作活动

5.全班反馈

一组同学到前面公众发表，其他学生倾听。

（四）巩固拓展，运用语言

1.出示图片，激发兴趣。

教师 PPT 课件出示学生学过的地点场所，并同时出示这些场所的单词卡。

【设计意图】面向全体学生，给好学生展示的机会。

2.根据意愿，认领组名。

学生根据小组对地点的喜爱程度领取地点卡片。

3.小组合作，完成任务。

（1）教师示范。

T: Can you tell me the way to Beijing Auto Museum?

全班一起回答。

（2）布置任务。

T: Each group should discuss how I can get to your location.

（3）四人小组讨论。

运用不同方法讨论路线。

【设计意图】由于每个小组的位置是不同的，因此由讲台到每个小组的路线也是不一样的，并且路线不唯一。教师设置开放性问题，培养学生的思维品质和语言能力，发展学生英语学科素养。

4.反馈路线。

教师从"学号盒"里抽学号，被抽到学号的同学到前面根据自己的兴趣提问路线。

【设计意图】教师通过抽学号的方法提高学生回答问题的概率，给全体学生"话语权"。

（五）回归目标，完成任务

（1）出示图片，布置任务。

出示学校到加油站路线图。

T: Now, can you tell me the way to the gas station?

【设计意图】问路和指路是学生基本生活技能，教师创设了真实的生活情景，让学生在真实的情景中运用语言做事情，完成任务。

（2）小组讨论，完成任务。

（3）全班反馈。

（六）作业布置

（1）听读课文，并熟练朗读。

（2）和同伴一起完成学习单上第3题。

四、板书设计

Unit 3 Can you tell me the way?

Can you tell me the way to... ?

Please drive on, and then turn left
at the first corner.

五、教学反思

1.学生在小组协作过程中有很多学习方法，他们运用画图、标路线、实地行走等方式与同伴一起完成任务，在语言交流的过程中发展了思维。

2.在讨论行走路线时，很多孩子想到了下座位行走的方法，亲身体验从中获得了满满的幸福感。

3.孩子们在小组讨论怎样到各组的路线时，有的小组讨论出两种路线，但是由于时间关系我没有给这个小组公众展示的机会，也没有将他们讨论的多种路线在全班推广。

How do seeds travel ? 教学设计

北京市丰台区第五小学　陈　旭

一、教学背景分析

（一）指导思想与理论依据

《义务教育英语课程标准（2022 年版）》指出，语言既是交流的工具，也是思维的工具，培养学生的思维能力，为学生发展综合语言能力打基础，为他们继续学习英语和未来发展创造有利条件。

英语学科的核心素养包括语言能力、思维品质、文化意识和学习能力四个维度，其中思维品质是思考辨析能力，包括分析、推理、判断、理性表达、用英语进行多元思维等活动。

学习共同体是学生之间或学生与老师之间共同构成的团体，他们彼此之间经常在学习过程中进行沟通、交流、分享各种学习资源，共同完成一定的学习任务，学习共同体注重师生、生生间的对话式交流，注重思维深度的展开。

（二）教材内容及分析

1. 教材内容。

北京版教材五年级下册 Unit 3 How do seeds travel?

2. 教材分析。

京版英语教材一年级至五年级上册中均没有涉及植物的相关知识，在本册第二单元，学习了一些有关植物的相关知识，如用英语介绍植物的各个部分及各个部分的作用。重点词汇主要有：the roots, the leaves, the seeds, the stem, the flowers。重点词组主要有：make seeds, grow up to be plants and trees, hold the tees above the ground 等。句型只要有：What's the English for the different parts of a plant? What do flowers do? 等。

本单元围绕植物的相关知识，进行交流表达。第 9 课，主要围绕 "How can we make use of trees?" 这一问题，进行学习、交流和表达；第 10 课，主要要围绕 "Can you give me an example of the food?" 进行学习，第 11 课，主要围绕 "How do seeds travel?" 进行学习。根据学生的认知过程以及学生的思维发展过程，我把第 11 课调整为第一课时，第 9 课为第二课时，第 10 课为第三课时。

本单元的重点词汇及短语主要是 get fruits from trees, make paper caps, make a bag, the food（carrots, potatoes, tomatoes）, sweet fruits（peaches, apples, watermelons）, fast food（hamburgers, hot dogs, sandwiches）以及 in water, with people and animal, with wind, with bird 等表示种子不同传播方式的词组。三个学习课时呈现的重点语言分别是用于询问人类如何利用树木以及水资源的交际用语："How can we make use of trees/water?" 及其回答 "We can …." 要求他人举例说明的句子："Can you give me an example of the food?" 及其回答 "For example …." 询

问种子的传播方式用语 "How do seeds travel?" 及其回答 "some…, and others…."

（三）学情分析

能力方面。本节课的教学对象是我校本校五年级（3）班的孩子，共44 名学生，师生共同学习两年多，学生熟悉教师的教学方式。该班学生思维活跃，乐于积极发言，英语听说能力在同年级中处于中等偏上水平。经过两年多时间的学习共同体实践，学生由以前的个体学习逐渐转变为伙伴学习模式，在课堂上敢于交流，敢于质疑，形成良好的学习氛围。

知识方面。本届学生从一年级开始学习北京版教材，经过五年多的学习，已经对京版教材的单元课程模式，以及每课时的模块非常熟悉。通过本册书第二单元的学习，学生积累了一些有关植物的语言知识，如用英语介绍植物的各个部分以及各个部分的作用等。本单元的重点仍然是运用英语，学习有关植物的科普知识，这些知识对于五年级的学生来讲并不陌生，但是如何运用英语进行介绍与表达，对于学生来说则是相对困难的。在教学中，教师应该结合学生生活经验和认知水平，用大问题引发学生思考，激活学生元认知，在学科之间进行必要的知识迁移，借助英语这一工具进行学习，提升语言能力的同时掌握科普知识。

二、教学目标及重难点

（一）教学目标

1. 能听懂，会用 "How can we make use of …?" 提出问题，在图片

或词语的支持下做出回答，并能与伙伴就这一问题进行交流。

2. 能听懂、会说、认读 get fruits from trees，make paper caps，make a bag 等相关的动词词组。

3. 能够在插图帮助下理解对话内容并跟随录音模仿故事中的人物对话。

4. 能够围绕有关植物的相关知识进行交流，如简单介绍树的作用、种子的传播等。

5. 能用"How do … travel？"就出行方式进行询问，并用"some…，and others…."句型结构表达不同的人会有不同的方式。

6. 能读懂转述课文的语段，并尝试复述。

7. 培养学生环保意识。

（二）教学重点

1. 能够正确朗读并理解对话内容。

2. 能听懂、会用"How can we make use of…？""How do seeds travel？"提出问题，并在图片或词语的支持下做出回答。

（三）教学难点

能听懂、会用"How can we make use of…？"提出问题，并能做出回答。

三、教学过程

第一课时

（一）旧知导入，引出话题

教师出示植物各部分图片，引导学生回忆旧知。

T: Boys and girls, we talked about plants in Unit 2, do you remember the five parts of a plant? What's the English for the different parts of a plant?

Ss: They are the roots, the stem, the leaves, the flowers and the seeds.

T: What do seeds do?

Ss: Seeds grow up to be a plant or a tree.

【设计意图】由谈论第二单元植物的各部分名称及作用导入本课话题种子的传播。旧知导入体现英语学习的连续性。

（二）核心问题，引发思考

老师提出核心问题，引导学生边看视频边思考。

T: Yes, little seeds grow up to be a plant or a tree. But before they grow up they need a travel. Do you know how do seeds travel?

Ss: ….

T: Let's watch the video, and then you will find the answer.

【设计意图】通过核心问题的提出，引发学生的思考，学生带着问题观看视频，更有助于他们抓住视频中的关键信息。

（三）自主思考，共同交流，聚合发散思维

学生自主思考，与文本对话，完成学习单，并与同伴进行交流分享。

【设计意图】将课堂还给学生，给学生充分的自主思考时间，使学生静下心来与文本对话，与同伴交流，学生在分享交流中获得相关信息。

（四）串联反馈，矫正思维

1. 学生小组汇报交流成果，老师用思维导图在黑板上对学生的交流成果进行整理与串联。

T: How do seeds travel?

S1: Seeds travel in many ways. Some seeds travel in water, others travel with wind.

S2: Seeds travel with people.

S3: Seeds travel with animals.

T: What kind of animals? Can you name some of them?

S1: ….

【设计意图】突破重点，帮助学生串联与梳理文本内容，有利于学生更深刻地理解文本对话。为不同层次的学生提供了语言支撑。并对文本对话内容进行拓展与深入思考，同时修正学生在英语表达上的错误。

2. 学生整体跟读对话，自读对话。老师以图片形式辅助学生思维。学生小组内操练重点句型 How do seeds travel?

Some seeds travel with wind, others travel with people and with animals.

【设计意图】突破重点，细节学习对话，巩固重点句型的问答。

3. 学生分角色朗读对话（小组合作）。

通过整体感知对话获取信息，自主学习对话，小组内交流对话，有感情地跟读对话，角色扮演等活动正确朗读并理解对话内容，从听、读、说三方面掌握对话。

（五）反刍回归，迁移思维

1. 生活中的这些植物的种子都是如何传播的呢？

T: We know seeds travel in many ways, some seeds travel with wind, others travel with people and animals. Do you know these plants? How do their seeds travel?

教师出示睡莲（water lily）、蒲公英（dandelion）、苍耳（cocklebur）、野葡萄（wild grapes）4 幅图片，引发学生思考。

学生小组内交流，将植物图片粘贴到相应的传播方式的下面。

【设计意图】学生将对话中学到的种子的传播方式应用到对身边植物种子的描述，使英语学习回归到生活中。

2. 日常生活中，人们是如何出行的？

T: Seeds travel in many ways. What about people? How do people travel?

S1: We travel by car, by bike, by plane…

S2: Some people travel by …, and others travel by…

T: Let's listen, and try to tick out how do people travel.

教师适时地出示一些图片来丰富发散学生的思维。

【设计意图】突破难点，将之前讨论"种子的传播"的思维方法迁移到人的出行方式，进一步巩固重点句型。

（六）作业布置，延伸思维

与同伴交流种子的传播方式。

板书设计

Unit 3 How do seeds travel? Lesson 1

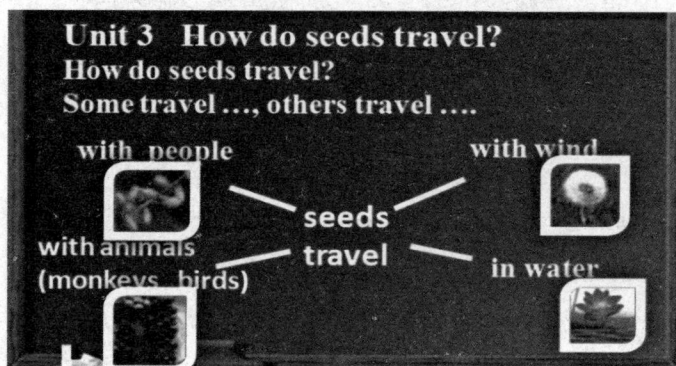

第二课时

（一）旧知导入，引出话题

教师出示种子图片，引导学生回答问题。

T: How do seeds travel?

Ss: Some seeds travel in water, and others travel with people and animals.

T: What do seeds do?

Ss: Seeds grow up to be a plant or a tree.

【设计意图】由谈论种子的传播方式及种子的作用自然导入本课话题树。旧知导入体现英语学习的连续性。

（二）核心问题，引发思考

师生交流有关树的话题。

T: Do you like trees? Why?

S1: Yes，I do. Because trees clean the air.

S2: Yes，I do . Trees can help us.

老师提出核心问题，引导学生边看视频边思考。

T: How can we make use of trees? Let's watch the video，and then you may find the answer.

【设计意图】通过核心问题的提出，引发学生的思考，学生带着问题观看视频，更有助于他们抓住视频中的关键信息。

（三）自主思考，共同交流，聚合发散思维

学生自主思考，与文本对话，完成学习单，并与同伴进行交流分享。

【设计意图】将课堂还给学生，给学生充分的自主思考时间，使学生静下心来与文本对话，与同伴交流，学生在分享交流中获得相关信息。

（四）串联反馈，矫正思维

1. 学生小组汇报交流成果，老师用思维导图在黑板上对学生的交流成果进行整理与串联。

T: How can we make use of trees?

S1: We can make chairs and tables. We can build houses. We can get fruits from trees.

S2: Trees can clean the air.

【设计意图】突破重点，帮助学生串联与梳理文本内容，有利于学生更深刻地理解文本对话。为不同层次的学生提供了语言支撑。同时纠正学生在英语表达上的错误。

2. 学生整体跟读对话，自读对话。老师以图片形式辅助学生思维。学生小组内操练重点句型 How can we make use of trees?

S1：How can we make use of trees?

S2: We can make chairs and tables. We can build houses. We can get fruits from trees.

【设计意图】突破重点，细节学习对话，巩固重点句型的问答。

3. 学生分角色朗读对话（小组合作）。

通过整体感知对话获取信息，自主学习对话，小组内交流对话，有感情地跟读对话，角色扮演等活动正确朗读并理解对话内容，从听、读、说三方面掌握对话。

（五）反刍回归，迁移思维

1. 探讨日常生活中的废旧物品如何进行合理的再利用而不会造成浪费。

T: We can use trees in many ways. In our life we have so many old things，How can we make use of them? How can we reuse them?

教师出示废旧报纸和旧牛仔上衣图片，引发学生思考。

学生应用之前讨论"树的利用"的思维方式，思考并小组交流废旧报纸和旧牛仔上衣的利用。

教师适时地出示一些图片来丰富发散学生的思维。

【设计意图】突破难点，将之前讨论"树的利用"的思维方法迁移到报纸，旧夹克衫的再利用，进一步巩固重点句型的问答。

2. 学生四人一组，选择喜欢的话题进行交流，共同完成专题小报的制作与介绍。

老师给出写作用到的总起句：

We can use _____ in many ways.

【设计意图】丰富拓展话题，巩固句型，为写作输出做准备。

（六）绘本阅读，丰富思维

听读有声绘本 I am water. 了解水的存在方式及我们如何利用水。

【设计意图】丰富学生思维，为课后绘制思维导图以及口语表达和书面表达做准备。

（七）作业布置，延伸思维

1. 与同伴交流如何利用树木、土地、水、废旧材料等话题。

2. 完成思维导图 "How can we make use of water?"

板书设计

Unit 3 How do seeds travel?   Lesson 2

____ How can we make use of trees?

____We can get fruits from trees.

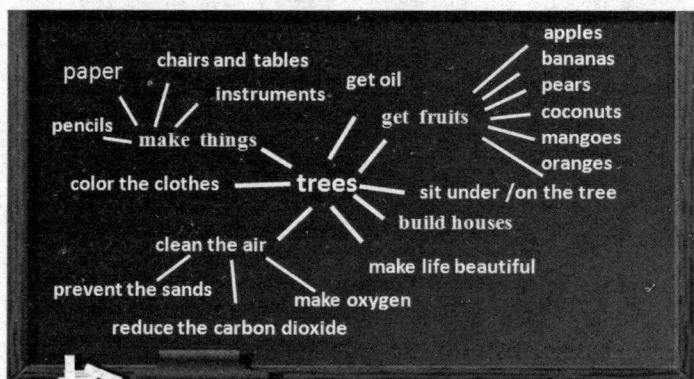

第三课时

（一）旧知导入，引出话题

教师出示大树图片，引导学生回答问题。

T：How can we make use of trees?

Ss：We can get fruits from trees.（学生通过第二课时的学习能说出相关语句）

T: Can we get all the food from trees? Where can we get our food?

【设计意图】由谈我们能从树上获得水果自然导入本课话题我们的食物从哪里来。旧知导入体现英语学习的连续性。

（二）核心问题，引发思考

师生交流食物从哪里来。

T: Where can we get our food?

S: ….

老师提出核心问题，引导学生边看视频边思考。

【设计意图】通过核心问题的提出，引发学生的思考，学生带着问题观看视频，更有助于他们抓住视频中的关键信息。

（三）自主思考，共同交流，聚合发散思维

学生自主思考，与文本对话，完成学习单，并与同伴进行交流分享。

【设计意图】将课堂还给学生，给学生充分的自主思考时间，使学生静下心来与文本对话，与同伴交流，学生在分享交流中获得相关信息。

（四）串联反馈，矫正思维

1. 学生小组汇报交流成果，老师用思维导图在黑板上对学生的交流成果进行整理与串联。

T: Where can we get our food?

S: We can get most of our food from plants.

T: Can you give me an example?

S: For example, ….

【设计意图】突破重点，帮助学生串联与梳理文本内容，有利于学生更深刻地理解文本对话。为不同层次的学生提供了语言支撑。同时纠正学生在英语表达上的错误。

2.学生整体跟读对话，自读对话。老师以图片形式辅助学生思维。学生小组内操练重点句型。

【设计意图】突破重点，细节学习对话，巩固重点句型的问答。

3.学生分角色朗读对话（小组合作）。

通过整体感知对话获取信息，自主学习对话，小组内交流对话，有感情地跟读对话，角色扮演等活动正确朗读并理解对话内容，从听、读、说三方面掌握对话。

（五）反刍回归，迁移思维

1.日常生活中我们常见的食物来自植物的哪个部分。

T: These foods come from different parts of plants. Can you give me an example?

S: For example, ….

【设计意图】突破难点，进一步巩固重点句型的应用。

（六）作业布置，延伸思维

板书设计：

Unit 3 How do seeds travel?

Can you give me an examples?

For example, ….

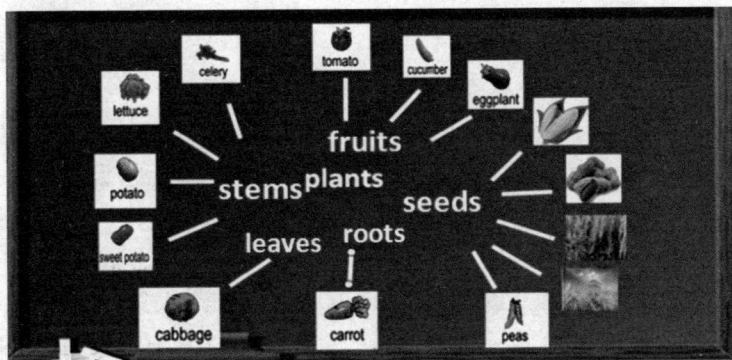

五、评价方式

（一）教师评价

教师对学生课堂表现的及时评价，体态语言，口头鼓励语言：well done，excellent。

（二）学生互评

同学们对回答问题的同学用简单的英语进行评价；当个人或小组进行展示后，全体学生鼓掌表示鼓励。

（三）学生自评

每个小组有一个篮子，篮子里放若干小树和水滴，小组成员每回答一个问题，或共同发表一次都可以自取一棵小树或一滴水的图片。黑板上有一张土黄色的地球图片，最后所有学生将自己获得的水滴与小树图片粘满地球，地球又变绿了，又开始微笑了。

六、本教学设计的特点

（一）以学生的认知过程为教学依据，重组单元各课时

根据单元主题内容及学生的认知程度及认知过程，将 11 课调整为本单元的第一课时，第 9 课为第二课时，第 10 课为第三课时。从单元标题出发进行学习，先交流种子的传播，种子的作用是长成植物与树；再交流如何利用树；由我们可以从树上得到果实，最后交流我们可以得到哪些果实。

（二）共同体学习方式，促学生思维提升

以学生为主体，相信学生，给学生充分的时间自主学习，学生静下心来与文本对话，与同伴交流。在整个学习的过程中不是孤立的个体，而是始终有伙伴的陪伴，孩子们的思维在伙伴间的交流过程中逐渐丰富，逐渐深入。一个人的思维是有限的，两个人交流后，思维会更丰富。全班进行公共分享后，大家的思维会更开阔。

（三）教学评价融入情感提升

在学生自评环节，学生每回答一个问题或公共发表一次，都可以拿到一棵小树或一滴水的贴纸，下课前，学生将得到的小树和贴纸都粘到生气的地球上，地球上有了很多树和干净的水，地球笑了。这样的评价方式使学生的情感在潜移默化中得到提升，启发了学生保护环境、保护地球的情感。

What happened to your neck？ 教学设计

北京市丰台区草桥小学　张克虎

一、教学背景分析

（一）指导思想与理论依据

《义务教育英语课程标准（2022 年版）》中指出，教师要有意识地为学生创设主动参与和探究主题意义的情境和空间，使学生获得积极的学习体验，成为意义探究的主体和积极、主动的知识建构者。

英语课标中还指出，教学设计与实施要以主题为引领，以语篇为依托，通过学习理解、应用实践和迁移创新等活动，引导学生整合性地学习语言知识和文化知识，进而运用所学知识、技能和策略，围绕主题表达个人观点和态度，解决真实问题，达到在教学中培养学生核心素养的目的。

佐藤学教授在《学习共同体的构想与实践》中也指出，所有学习都是与新世界的相遇与对话，是通过与客体、他人、自我的对话不断重新编织学习意义与关系的过程，是基于对话与协同合作才得以实现的活动。学习的根本在于协同。协同学习以活动性、协同性和反思性学习为中心组织活动。

基于以上指导思想与理论依据，本单元在设计过程中，努力创设有意义的真实情境，搭建平台，以协同学习的方式围绕学生的学习主题表达个人观点、解决真实问题，从学生学习的角度出发，培养学生的英语核心素养。

（二）语篇研读

本课时教学内容为北京版英语教材六年级上册 Unit 2 *Healthy living* Lesson 7 *Healthy eating and living habits* 语篇日常对话，具体内容分析如下：

1. 主题意义和主要内容。

本课为本单元的第三课时，语篇是日常生活对话，情境为 Piggy 因为吃太多而导致胃痛去就医时和医生之间的交流，医生没有给他开药而是建议他不要吃太多、要多运动。此外，本课时还涉及了其他一些健康生活习惯的建议等内容。

2. 写作意图。

通过语篇学习，引导学生了解过量饮食的危害，通过医生的建议认识到合理饮食和适当运动的重要性，培养学生对健康生活的态度，增强健康饮食、平衡饮食、注重身体健康的意识。并学会关心自己的身体健康，养成积极健康的生活习惯。

3. 文体结构和语言修辞。

本课通过具体的对话情境，引入了与饮食、健康相关的词汇和句型，如 "Why are you crying, little piggy?" "What did you have for lunch today?" 等。还涉及了 "stop doing something" 等语法结构的学习。

二、教学目标及重难点

（一）教学目标

1. 能理解课文对话，获取课文中的相关信息，尝试运用思维导图复述对话。

2. 能运用功能句 "You should …" 给别人提适当的建议。

3. 能认读、理解本课中出现的动词过去式以及动词 smoking 和短语 eating too much, playing computer games 等，并能在给别人提建议时正确运用。

4. 能发现生活中的不良生活习惯并创编对话，提出合理建议，形成健康饮食和生活意识。

（二）教学重点

能理解课文对话，获取课文中的相关信息，尝试运用思维导图复述对话。

（三）教学难点

1. 学生能够根据情况运用 stop doing something 提出合理的建议。

2. 能发现生活中的不良生活习惯并创编对话，提出合理建议，形成健康饮食和生活意识。

三、学习评价设计

1. 语言评价。

2. 学习单。

3. 评价量化表。

Assessment（Excellent= ☆ ☆ ☆　　good= ☆ ☆　　need improvement 还要改进 = ☆）			
The content of assessment 评价内容	Self-assessment 学生自评	Partner-assessment 同伴互评	Teacher-assessment 教师评价
Preparation for the lesson 课前准备	☆ ☆ ☆	☆ ☆ ☆	☆ ☆ ☆
Participate in the activities 参与课堂活动	☆ ☆ ☆	☆ ☆ ☆	☆ ☆ ☆
The spirit of cooperation 小组合作精神	☆ ☆ ☆	☆ ☆ ☆	☆ ☆ ☆
interest, confidence, creativeness 兴趣、自信心、创造力	☆ ☆ ☆	☆ ☆ ☆	☆ ☆ ☆
Use new words and expressions 新词句的掌握、使用情况	☆ ☆ ☆	☆ ☆ ☆	☆ ☆ ☆
Reflection（自我反思） 1. I have learned（本节课我学到了）： 2. I am not sure about（有些知识我还比较模糊）： 3. advise（建议）：			
Teacher's statement（教师评语）：			

四、教学过程

（一）学习理解

1. 自由交谈，引出健康饮食话题，渗透语言。

学生自由交谈早餐用餐活动，教师就学生回答的早餐用餐情况做出回应。

T: What did you have for breakfast today?

S：I had ...

T: Oh, your breakfast is so yummy.

I'm afraid you ate too much. You should stop eating too much and exercise more.（加肢体语言解释 exercise）

（效果评价：教师观察学生能否参与互动和交流，主动分享个人对该主题已有的知识、经验，并根据需要调整提问方式，进行追问或给予鼓励。）

2. 整听对话，了解对话大意。

教师播放无字幕版课文视频，学生观看视频，了解对话大意。

T:（出示主题图）Look at the picture, what can you see?

S: I can see a pig and a doctor.

T: Where was the little piggy? Was he happy?

S: He was in the hospital. He was unhappy. He was crying.

T: Why was he crying?

S: He has a stomachache.（图片解释 stomachache）

（效果评价：教师在学生观看完视频后，视情况可以让学生再返回文本读一读，也可以让学生讨论后再汇报。）

3. 自主阅读，理解对话细节内容。

教师出示学习单，引导学生自主阅读、伙伴讨论，完成思维导图。

T：（出示学习单）Read the dialogue,finish the mind map, talk about with your partner.

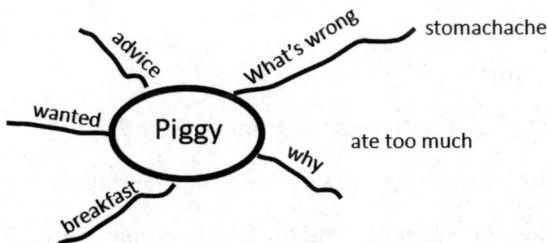

S: Read the dialogue, finish the mind map, talk about with partner.

（效果评价：教师要观察学生完成活动的过程，关注词句理解及发音，根据巡视情况及时给予指导和反馈；并通过适时追问，引导学生初步树立规则意识与互帮互助意识。）

4. 朗读对话，内化语言。（突破重点）

（1）学生跟读对话、分角色朗读对话，关注语音、语调、节奏、连读、重读等。

（2）学生读对话展示，关注评价。

（效果评价：教师根据不同能力水平学生朗读对话的情况，给予指导和鼓励。）

【设计意图】本阶段学习活动旨在帮助学生在语境中理解对话内容，学习对话中的词汇和核心语言。学生在教师的引导下，通过听录音、看动画，从大意到细节逐图理解对话内容。在词汇学习中，学生在教师指导下，发展品读能力，积累并拓展词汇。学生通过跟读和分角色朗读对话，进一步理解对话内容，揣摩人物的语音语调和表情，内化语言，为语言的输出奠定基础。

（二）应用实践

1. 学生在教师指导下，梳理、归纳对话的核心语言。（突破难点）

T: You read very well. Now we knew that the piggy ate too much and had a stomachache. And then?

S: Retell the story.

T: By the way, What's the advice from the doctor?

S1: He should take a long walk in the afternoon and do not have supper.

S2: He should stop eating too much and exercise more.

2. 教师出示图片，引导学生思考，并对图片中人物提出建议。

playing computer games

（1）T:（出示沉迷电脑游戏图片）The boy plays computer games day and night. What advice can we give to him?

S: He should stop playing computer games.

He should read more books.

He should do some outdoor activities.

（2）T:（出示学习单任务二）Look at these persons. Are their life healthy?

S: No，they are not.

T: Please work in pair and give them some advice to help them live a healthy life.

eating too less   eating too single   sitting too much

smoking   drinking too much   sleeping too late

S: Work in pair and give them some advice.

（效果评价：教师观察学生运用核心语言进行交流的情况，根据学生的表现给予必要的指引。）

【设计意图】本阶段学习活动引导学生在课文朗读的基础上，归纳和整理核心语言。通过初步运用核心语言，理解其意义。从学习理解过渡到应用实践，并为后面的真实表达做好准备。

（三）迁移创新

学生运用本课的核心语言创编对话，输出语言。（突破难点）

T:（出示学习单情境）Choose a scene and make a dialogue and act in group.

Task2: Let's act!
Scene1:   You and your friend went for a picnic, you found he ate too single.
Scene2:   As a teacher, you found some guys are always sleepy in the class. Knowing that they sleep too late. What would you like to say to them?
Scene3:   Your dad often drank too much wine(酒)， some times he even drive after drinking. What would you, your sister or brother and your mum say to him?

S: Group work—Make a new dialogue with the help of working sheet or just make a new dialogue by themselves.

（效果评价：教师观察学生在小组内运用所学语言交流的情况，及时给予帮助。）

【设计意图】本阶段学习活动旨在帮助学生在迁移的语境中，创造性地运用所学语言。教师可根据不同水平学生的需求，将最后的教学活动延伸到课后继续完成。

五、板书设计

Unit 2 What happened to your neck ?

Lesson 7 Healthy eating and living habits

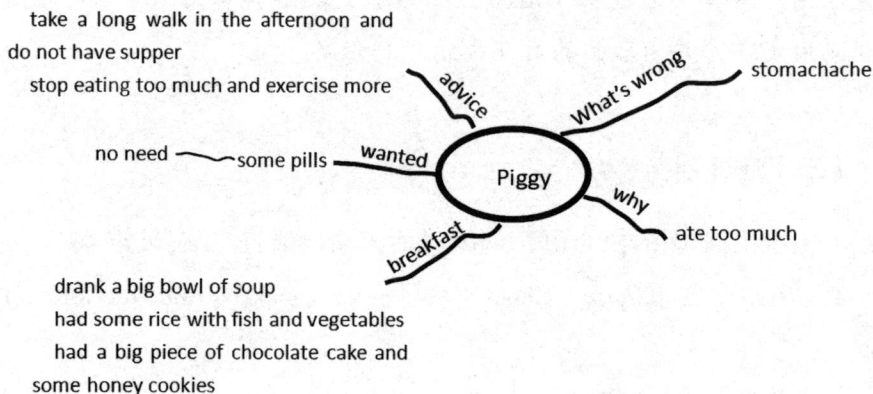

take a long walk in the afternoon and
do not have supper
stop eating too much and exercise more

advice *What's wrong* — stomachache

no need — some pills — *wanted* — Piggy — *why* — ate too much

breakfast

drank a big bowl of soup
had some rice with fish and vegetables
had a big piece of chocolate cake and
some honey cookies

六、作业与拓展学习设计

1. Read Lesson 7.

2. Discuss more unhealthy eating or living habits with your friends and give your advice.

七、教学反思与改进

在本课时的学习过程中，学生能够认真倾听，积极开展伙伴互助，能够就不好的饮食及生活习惯提出建议。学习单和思维导图的应用也很充分。需要注意的是引导学生关注平衡饮食的重要性。在第四课时，我会有意识地引导学生加以重视。

I love Chinese traditional festivals 教学设计

北京市丰台区草桥小学　吴　宇

一、教学背景分析

（一）指导思想与理论依据

《义务教育英语课程标准（2022 年版）》教学建议中指出，要加强单元教学的整体性。推动实施单元整体教学。教师要强化素养立意，围绕单元主题，充分挖掘育人价值，确立单元育人目标和教学主线；深入解读和分析单元内各语篇及相关教学资源，并结合学生的认知逻辑和生活经验，对单元内容进行必要的整合或重组，建立单元内各语篇内容之间及语篇育人之间的联系，形成具有整合性、关联性、发展性的单元育人蓝图；引导学生基于对各语篇内容的学习和主题意义的探究，逐步建构和生成围绕单元主题的深层认知、态度和价值判断，促进其核心素养综合表现的达成。基于以上理论依据，我确定本单元主题为"Enjoy holidays"，子主题确定为：Know more about international holidays, going to do favourite things on the international holidays，I love Chinese traditional festivals。本课中教师努力秉持英语学习活动观，引导学生围绕主题学习语言，获取新知，探究意义，解决问题。通过学习理解、应用实践和迁移创新活动，培养学生核心素养。同时在本课学习过程中，创设我国传统文化氛围，设计能用感官感受传统文化的学习环节，强化学生的文化感受，提升学生文化自信，涵养学生文化品格。在 Enjoy holidays 的大情境中，开展本单元的学习活动，发展学生思维品质，提高学生语言能力和学习能力，树立文化自信。

（二）文本分析

本课语篇为小学生日常对话，内容围绕学生在图书馆交流这一情境展开。在图书馆内，中国人 Maomao 询问美国人 Sara 是否了解中国的节日——端午节，并向 Sara 介绍了端午节的特别活动。

本课通过 Maomao 和 Sara 的对话，为学生呈现了如何向外国朋友介绍中国传统节日——端午节。通过丰富的对话、绘本学习，培养学生运用所学语言交流的意识与能力，同时让学生更多地了解中西方节日与节日间的文化差异。

该对话是比较典型的日常交流对话，通过具体的情境展现了有关传统节日的相关词汇，如 "Dragon Boat Festival, special, race, relatives, lartern show"；交流传统节日活动的核心语言，如 "What's special about this day?" 等。学生通过前两课的学习已经掌握了一些有关节日描述的语言，该语篇对话内容易于理解，具有现实意义。

（三）学情分析

学生普遍特点：

本课授课对象为我校四年级学生，学生的年龄较小，有一定的语言基础，但交流能力较弱。本课话题，聚焦在中国传统节日这一主题上，并能够说出节日计划。此话题与学生生活息息相关，容易引起学生兴趣。但节日特定活动较多，表达上会有一定难度。教师会给予学生一定量的语言输入，提供语言支架，同时运用节日实物激发学生内驱力，引导学生注意到描述节日的方法，帮助学生在语言输出的过程中较为熟练地运用。

已有基础及存在问题：

学生对于国际节日、中国传统节日较为了解，但在介绍节日活动的过程中，需要串联日常用语与介绍用语，并结合前两课所学，在真实的情境中介绍一个中国传统节日，具有一定的挑战性。

二、教学目标

1. 学生能准确理解、朗读课文。

2. 学生听懂、会说、认读单词和词组：the Dragon Boat Festival, special, in many places, have dragon boat races, relatives, lartern show 等。（学习理解）

3. 学生能在特定情境中，运用 "What's special about this day?" "In many places people eat zongzi." 等句型，就中国传统节日习俗进行简单交流。（应用实践）

4. 重点了解中国传统节日——端午节及其他节日传统习俗，感受中国传统文化，建立传统文化自信。（迁移创新）

三、教学过程

环节一：教学导入（Leading in）

1. 图片巡游，复习节日。
2. 出示中国传统节日。

环节二：学习理解（Presentation）

1. 教师引导学生观察主题图，确定语篇主题。

T: Which Chinese festival are they talking about?Watch the video.

2. 教师播放无字幕课文视频，引导学生思考课文人物 Sara 是否知道中国的传统节日，并在原文中批画。

T: Does Sara know about the Dragon Boat Festival? Why?

How does she ask? How does Maomao answer? Watch again.

3. 教师提出开放性问题，再次引发学生思考，引导学生更为全面地理解课文内容。

T: What is Sara's feeling?

【设计意图】从观察入手，引导学生通过先自主后协同的方式，开展语言学习，理解语言，拓展语言。教师通过巡视给予指导，关注每个学生的学习情况。在此过程中，学生理解语言的使用情境，为后续的学习奠定基础。

环节三：应用实践（Practice）

1. 学生看动画跟读、分角色朗读对话，关注语音、语调、节奏、连读、重读等。

2. 教师播放端午节视频，拓展端午节文化以及相关活动词汇。

T: Watch a video about the Dragon Boat Festival. Why do we have the Dragon Boat Festival? What other special activities about this day?

3. 教师引导学生在小组内交流各自家庭的端午节活动，学生间再次互相拓展词汇，在情境中巩固核心语言。

T: Let's introduce the Dragon Boat Festival to Professor Sato together. (with the mind map). We can introduce a festival in this way.

【设计意图】学生使用绘本、iPad 学习节日相关词汇拓展语言，在提升语言能力的同时，培养学生的英语思维及文化品格。

环节四：迁移创新（Production）

1. 教师为学生提供不同传统节日的绘本，学生阅读绘本，进一步了解并拓展节日类相关词汇。

2. 小组可自主选择一个节日，既可创编对话进行表演，也可化身"小小讲解员"，运用所学核心语言向佐藤教授介绍。

T: Boys and girls, you can introduce your favourite festival with the mind map or you can just act. Please let guests know more.

【设计意图】结合介绍节日的活动，将学习内容与学生生活实际建立联系，让本课的学习更有现实意义，解决了为什么学的问题。同时，通过已经掌握的语言知识，以小组合作的形式创编对话并表演，培养学生之间合作交流的能力。

四、教学反思

1.本课设计基于单元整体教学，立足于培养学生核心素养。通过不同层次的活动，使学生尽可能在真实的情境中运用所学语言。通过整节课的学习，学生了解了中国传统节日的一些主要活动，培养了学生的文化意识。通过学习单和思维导图的运用，将教学过程可视化。

2.本课秉持英语学习活动观组织和实施教学。在学习理解层面，学生在语境中学习对话的过程中，以学习单为抓手，通过自主学习与协同学习相结合的方式，学习对话中的词汇和核心语言，充分体现了学生的主体地位。在应用实践层面，在观看端午节相关节日视频后，引导学生通过协同学习的方式，结合自身经历，与伙伴展开端午节有关活动的交流，并给出建议，以此来突破教学重难点。在迁移创新层面，学生结合当下真实情境，用表演与演讲的形式向佐藤学教授与其他客人介绍一个中国传统节日。学生从课堂学习走向真实生活，在创编对话和介绍的过程中，提升语言运用能力，为构建单元主题的认知，培养核心素养，起到了积极作用。

《里面是怎样连接的》 教学设计

北京市丰台区第五小学　张　萌

一、教学背景分析

教科版科学教材四年级下册"电路"单元属于跨学科领域中的"物质与能量"领域，包含"物质的运动与相互作用"领域中的 3.2 电磁相互作用和"能的转化与能量守恒"领域中的 4.1 能的形式、转移与转化等相关知识。同时本单元也涉及"技术、工程与社会"领域，即 12.3 科学、技术、工程相互影响与促进相关概念。

本课是"电路"单元第 5 课，通过前面 4 课的学习，学生已经建立了电路的概念，已具备初步的迁移、应用电路的知识和技能。并且在小学四年的科学学习过程中，学生已具备一定的基于证据搜集、处理信息、最终得出结论的科学思维和探究的基本思路。

但是学生往往缺乏将课堂所学知识运用到生活实际的能力，缺乏基于证据和逻辑对观点进行评估的批判能力以及为实现一定目的，主动开拓新方法、新产品的创造能力。

二、教学目标及重难点

（一）教学目标

科学观念：

1. 如果电能从一点流到另一点，这两点之间一定构成一个电的通路。

2. 可以用不同的连接方法组成电路。

科学思维：

能根据检测结果，运用比较、分析、推理等方法推测接线盒内部的连接方式。

探究实践：

能使用电路检测器检验接线盒内电路的连接情况并记录。

态度责任：

1. 观察电器内部的多种电路连接，感知科学技术应用的复杂性。

2. 乐于与他人进行沟通交流自己的观点，养成勇于挑战、严密推测的态度。

（二）教学重点

知道如果电能从一点流到另一点，这两点之间一定构成一个电的通路。

（三）教学难点

能根据检测结果，运用比较、分析、推理等方法推测接线盒内部的连接方式。

三、教学过程

（一）导入

（1）大家喜欢盲盒吗？今天张老师带来了电路盲盒，我们一起来认识下它。

（2）从外观来看，它有什么特点？（四个凸起称为接线柱）四个接线柱是什么材质做的，有什么作用？（金属，可以导电）

（3）认识了外部，我们再来看看它的内部。之所以称之为电路盲盒，是因为内部由导线随机连接而成。现在张老师这里有一个全新的电路盲盒，你有办法在不打开它的情况下知道内部是如何连接的吗？

很多同学已经有了想法，大家先不要着急表达，给他人多一些思考的时间。今天我们一起来探究"里面是怎样连接的"。（板书课题）

【设计意图】联系学生生活，激发探究兴趣。创设情景提出问题。

（二）探索

1. 串联前知，迁移应用

（1）学生交流后分享，教师可以适时引导：我们可以用之前学习过的知识和工具来检验吗？（引出电路检测器）

（2）讨论：如何用电路检测器检测盲盒内部的连接情况呢？

（3）提示要求：按照怎样的顺序检测可以做到不遗漏、不重复、高效率？（板书：不重复，不遗漏）

结合三年级数学学习，应用排列组合的方法，实现检测的精准、高效、完整。

【设计意图】基于具象的盲盒实物观察，引导学生主动分析其特点，进而提出问题，作出假设，并利用所学制定合理、可行的方案。

2.探索一：检验盲盒

（1）引导学生完整设计整个实验过程（表达交流），大家还有问题吗？请大家拿出学习单，默读任务提示后开始实验。

（2）学生分组实验。提示注意安全。

（3）我们一起来看下检测结果。对照着检测结果，你猜测4个接线柱间有几种连接方法呢？（板书：猜测　连接方法）

（4）拍照展示各组的连接方法。

追问：这种情况下两个接线柱之间没有导线连接，为什么会是通路？电流是怎样运动的？（电路检测器中的小灯泡亮了，说明电路是通路，两点之间有导线连接。）

（5）现在我们经过分析检测结果，发现有4种连接方法，那我们的猜测是否正确呢？请大家打开自己组的电路盲盒看一看吧。

（6）盲盒内部的连接方法是像我们猜测的那样吗？（板书：四种连接方法）

我们把用3条导线连接的方法叫作基础连接，其他几种叫作简化连接，工程师就是利用这些简化连接设计并制作了多样的电路。

【设计意图】通过经历"搜集证据—处理信息—得出初步结论—表达交流"的科学探究过程，引导学生自发运用分析与综合、演绎推理的思维方法厘清问题脉络，并基于证据和逻辑对观点进行评估，最终得出合理结论，实现批判性思维的进阶。

3. 探索二：盲盒设计师

（1）同学们实在是太厉害了，应用所学知识成功探究出了电路盲盒里的秘密。那大家想不想自己也来设计个盲盒呢？

（2）作为设计师，我们要明确需求，请大家以小组为单位设计一个盲盒，要求满足任意两个接线柱间都是通路，请大家画出设计思路再制作，限时5分钟。（提示：明确本组盲盒的序号）

（3）现在我们各组的盲盒都制作好了，让我们两组之间交换一下，看看你能不能解密出其他组盲盒内部的连接方式。

（4）（根据学生设计进行重点拓展）看来大家已经能熟练运用掌握的知识解决问题了。那你知道如何使用最少的导线，实现任意两个接线柱都是通路吗？有一组同学设计的盲盒既可以实现任意两个接线柱间都是通路，还用了数量最少的导线，3根。你知道他们的盲盒内部是如何连接的吗？

（5）学生利用学习单背面画出全部可能的方案。

（6）说一说这种盲盒设计的优点。作为设计师，我们的盲盒未来还可以怎样改进？

【设计意图】通过各组设计盲盒，引导学生突破老师设置的固定的"猜盲盒"的思维定式，基于真实的目的，让学生以设计者的身份发散思维，大胆创新并实践，将创造性思维落地。通过梳理、整合、调整"物质科学"和"技术与工程"领域的基本科学方法和基本探究方法，实现"推理""设计方案"到"实施方案""检验作品"再到"评价反思""改进优化"的探究闭环，激发学生运用分析与综合、比较与分类诊断思维的主动性，间接提升学生批判性思维的能力。

（三）研讨

（1）如果有 5 个或 6 个接线柱，如何进行检测？

（2）作为盲盒设计师，我们在设计产品时需要考虑哪些因素？

【设计意图】巩固所学知识，培养学生迁移应用的科学思维能力。引导学生以设计师身份思考问题，培养学生解决实际技术与工程问题的逻辑、创新思维能力。

（四）拓展

（1）我们今天认识了电路盲盒，生活中有没有电路盲盒的存在呢？（电路板）

（2）为什么导线要放在盲盒内，而不能裸露在外呢？（提示安全问题）

（3）看来同学们不但会使用电的力量，更知道如何正确地保护自己，实在是了不起。希望同学们在以后的生活中也能将所学善加利用。今天的课就上到这里啦，下课！

【设计意图】联系生活实际进行类比，在应用所学解决实际问题的同时引导学生了解科技源于生活，更服务于生活的理念。培养安全用电意识。

四、板书设计

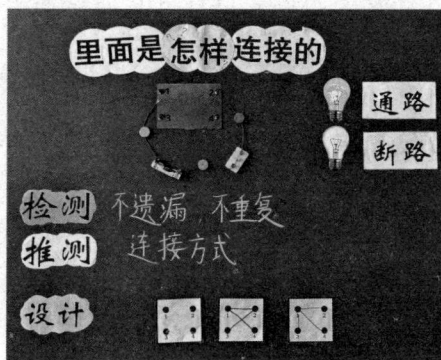

附：学习单

5.《里面是怎样连接的》

班级：_____ 组员学号：_____

挑战一：检测电路盲盒4个接线柱间是通路或断路，画出可能存在的连接方式

连接顺序	1—2				
通路					
断路					

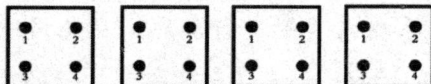

挑战二：设计本组盲盒，画出连接方式

本组盲盒序号：(___号)

★导线数量不超过3根

他组盲盒（___号）可能的连接方式：

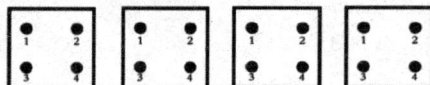

《增加船的载重量》教学设计

北京市丰台区第五小学　郑珍洁

一、教学背景分析

《船的研究》是教科版科学教材五年级下册中一个大的项目单元，本单元共 7 课时内容。通过前几课的学习，学生体验了造船材料是一个不断优化和改进的过程，知道根据人们的实际需求，对材料进行选择，把材料做成中空，可以增大体积，使沉的材料更容易漂浮在水面上。本课是单元中第 4 课时的内容，从本课开始学生将根据真实船舶的需求进行设计制作，解决载重量、持续动力等技术问题。也就是说，对船的研究将从定性走向定量，即从制作材料的研究到船体大小的研究。

基于项目学习的思想，我对单元进行了重组设计。项目开始之初，学生针对造船任务提出了如何增加载重量的问题，基于上节课学生制作的铝箔船模型，他们也会自然而然过渡到想要提升船的载重问题上。通过前测问卷，学生认为可以通过改变船的底面积、高、体积等方法来增加载重量，如果让他们去计算生活中常见船型的体积显然是有难度的。因为五年级学生刚刚学习了正方体和长方体的体积计算，因此，本课教学中让学生设计制作的船模是方形的。这样的操作，一方面便于计算体积大小，另一方面方形船模实际指向的是船舱的雏形，可以为本课后半部分研讨船舱结构做铺垫。

二、教学目标、重难点

（一）教学目标

科学观念：

1. 船的载重量与船只体积大小有关，相同重量和相同大小的材料，制作的船型体积越大，船的载重量就越大。

2. 船舱中合理放置重物有利于增加船的载重量。

科学思维：

根据真实船舶的需求设计对比实验，根据数据分析，发现载重量与体积的关系。

探究实践：

1. 能够运用具体尺寸进行设计不同底面积的铝箔船。

2. 根据计算和测试结果，不断改进船的形状和结构，提高船的载重量和稳定性。

态度责任：

1. 乐于对铝箔船载重实验进行探究。

2. 如实记录实验数据，并根据载重数据开展交流研讨。

（二）教学重点

船的载重量与船只体积大小有关，相同重量和相同大小的材料，制作的船型体积越大，船的载重量就越大。

（三）教学难点

根据真实船舶的需求设计对比实验，根据数据分析，发现载重量与体积的关系。

三、教学流程图

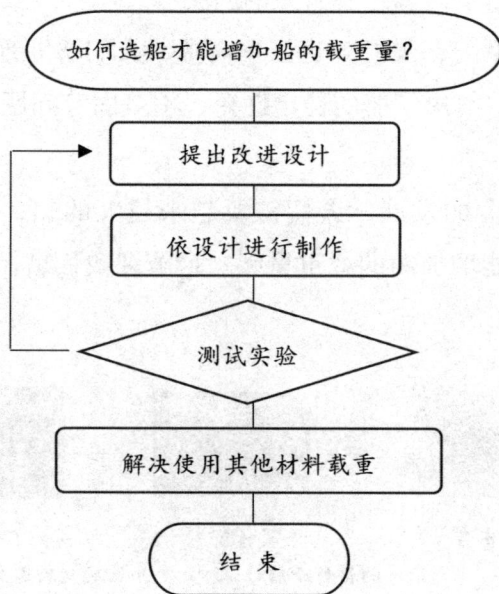

```
        ╭────────────────────────────╮
        │  如何造船才能增加船的载重量？  │
        ╰────────────────────────────╯
                      │
        ┌──────────────────────┐
     ┌─▶│      提出改进设计       │
     │  └──────────────────────┘
     │             │
     │  ┌──────────────────────┐
     │  │      依设计进行制作      │
     │  └──────────────────────┘
     │             │
     │        ╱──────────╲
     └───────＜   测试实验   ＞
              ╲──────────╱
                   │
        ┌──────────────────────┐
        │    解决使用其他材料载重    │
        └──────────────────────┘
                   │
            ╭──────────────╮
            │     结  束     │
            ╰──────────────╯
```

四、教学过程

（一）聚焦

1. 回顾

船是人类伟大的发明之一。借助它，人们可以到达许多地方，还能将货物运送到目的地。项目之初，我们发布了如上造船任务，为了完成任务，同学们提出了许多想要研究的问题。

通过前面的学习，我们知道根据需求，人们不断地对造船材料和船体形状进行优化，解决了船的稳定性差、不坚固等问题。

2. 揭题

但是随着社会的发展，人们需要越来越大的船，来满足载重的需要。如何造船才能增加船的载重量呢？这节课我们就围绕这个需求展开研究。

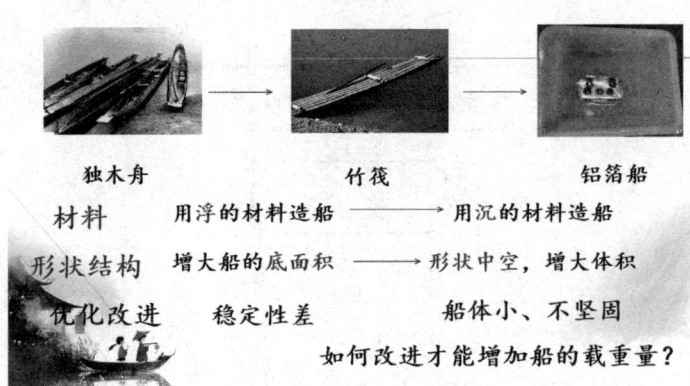

独木舟　　　　　　　竹筏　　　　　　　铝箔船

材料　　　用浮的材料造船 ——→ 用沉的材料造船

形状结构　　增大船的底面积 ——→ 形状中空，增大体积

优化改进　　稳定性差　　　　　船体小、不坚固

如何改进才能增加船的载重量？

【设计意图】从项目和之前的发现入手，提出新的需求，引发学

生思考增加船载重量的方法，调动学生的前认知，激发解决新问题的欲望。

（二）探索

1. 提出猜想

我们知道当造船的材料充足时，船的体积越大，载重量越大。但是造船是需要成本的，当材料一定，如何改进来增加船的载重量呢？

上节课我们使用边长为 12 厘米的铝箔纸进行实验，造出了这些铝箔船。结合这些船，说说你打算如何改进？

学生提出猜想：

预设 1：增大底面积。

预设 2：增加高。

预设 3：增加底和高。

看来大家的想法不太一样。我们来分析一下这些猜想，它们之间有没有矛盾或是联系？你可以闭上眼睛想一想：一张大小不变的纸，当船的底面积变大时，高会怎么样？

所以说底面积和高是会一起发生变化的，但是底面积和高的变化会引起体积发生变化，所以我们先来共同研究：船的载重量是否与体积有关？

2. 实验探究

（1）设计尺寸。

科学研究离不开严谨求证，船的载重量是否与体积有关呢？如果给你更多的铝箔纸，你打算设计一个怎样的对比实验来验证猜想？

为了能准确地了解载重量与体积的关系，需要计算和测量船舶的相关数据，如底面积、高度、体积、载重量等。以我们现在的能力，为了方便计算与测量，选择哪种船型？选择什么数据？

船的载重量是否与体积有关系？

科学研究离不开严谨求证，为了能准确地了解载重量与体积的关系，需要计算和测量船舶的相关数据，如底面积、高度、体积、载重量等。

方便计算与测量　　选择哪种船型？　　底面为正方形
　　　　　　　　　　选择什么样的数据？　整数

遵循这样的原则，如何使用边长为12厘米的铝箔纸，设计出尺寸不同的铝箔船呢？这可能要用到一些数学知识。我们来看，为了让底面是正方形，我们把小正方形的边延长，就得到了方形小船的高，按照选整数的原则，最小的正整数是1，那么下面也是1，中间是10，底面积就是100，体积是100。按照这样的方式，高还可以是2，3，4，5等。好，拿出记录单，我们一起算一算。

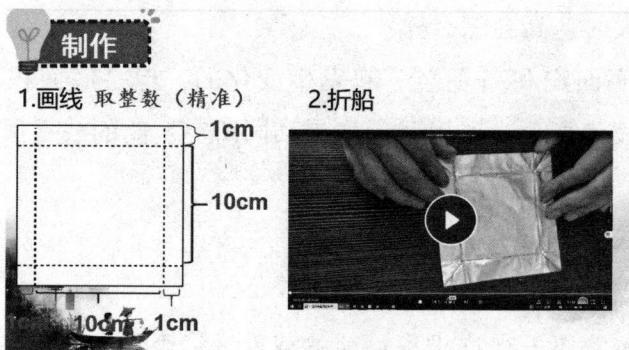

制作

1. 画线 取整数（精准）
   — 1cm
   — 10cm
   10cm — 1cm

2. 折船

【设计意图】学生的思维发展是学习的核心目标，教师通过有结构的问题启发学生思考，促使思考有价值、有方向。学生在之前虽有设计小船的经历，但是按尺寸设计，对学生来说仍有一定的困难。教师要适时引导学生设计底面为方形的船，并进行整数的取值计算。

（2）制作铝箔船。

设计好了尺寸，我们可以按照尺寸来制作了，第一步画图，第二步折船。（播放视频）

制作好的铝箔船是这样的。观察铝箔船，有没有目测存在问题的？高度为5的船，站立都困难，而且空间太小，不能用来装载货物，直接就可以 pass 掉了。其他小船我们进行测试。

【设计意图】共同体学习重视教师支架的作用，在有限的时间内教师给予有效的支架将有助于学生的高效学习。在铝箔纸上绘制设计图，以及铝箔船折角处的折叠处理比较难，借助微视频演示，给学生最直观的制作方法，提高制作效率。

（3）测试铝箔船。

因为上节课我们使用了螺母，这节课还使用螺母进行测试。为了保证公平、精确，装载测试时需要注意什么？

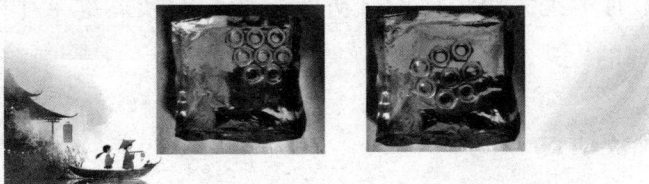

测试 装载测试不同铝箔船型的载重量

螺母

为了获得最大载重量，装载测试时需要注意什么？

根据学生的回答，明确轻放、均匀、平衡的操作要求。

根据同学的想法，我们来梳理实验方法。因为使用材料较多，先进行小组分工，根据任务职责，做好选择。

小组实验提示：

1.将大组分为2人一组。

2.一人测试一只船，两人合作完成，记录数据。

这是数据统计，先完成的小组，可以上台填写。

为了节约时间，一会儿实验时，我们将4人组分成2人小组，每人测试一只船，合作完成，之后将数据汇总在一个表格中。

数据统计表：各小组载重量平均值

	一组	二组	三组	四组	五组	六组	七组	八组	九组
体积 64									
体积 100									
体积 108									
体积 128									

（快结束时）提示小组讨论分析数据：船的载重量与什么有关？哪些数据支持你的发现。

（三）交流研讨

（1）船的载重量与什么有关？（小组讨论）

（2）观察全班数据是否也能得出同样的结论？数据越多，发现越可靠。

预设1：竖着看，能发现体积与载重量有关，体积越大，载重量越大。

预设2：横着看。同样的体积，为什么载重量不一样？和摆放方式有关系。

（3）我们是怎样知道这个结论的？

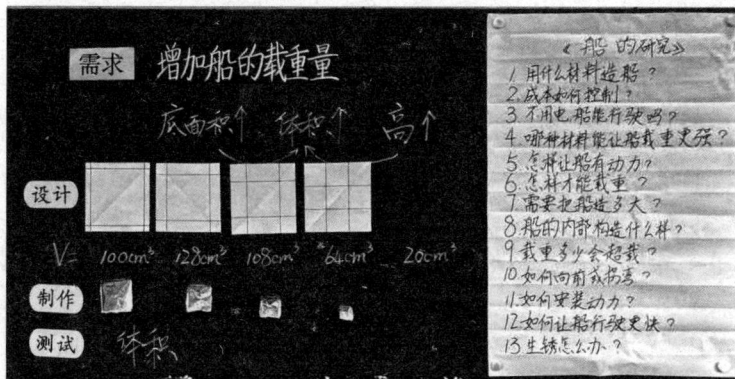

【设计意图】小组协同也是共同体学习方式的优势之一。以数据为基础，为了更好地分析和研讨，教师将全班的数据汇总在一张表格中，并进行载重量排序。直观呈现数据，从数据中总结出规律，达成共识。

（四）拓展延伸

（1）联系生活实际。

今天我们是以方形船为模型进行了研究，那么现实生活中载重大的船是不是也都是体积巨大呢？介绍4种不同载货类型的大船，它们都是体积庞大，不光有宽大的底面积，还有一定高度。

（2）拓展思考：载重量还与什么有关？

这些大船体积巨大，它们的形状却不相同，这是为什么？增加船的载重量还需要考虑什么？

如果重物会滚动，导致船容易侧翻，怎样解决这个问题？课后继续研究。

【设计意图】当装载货物变化时，帮助学生了解船舱分格的作用，体会不断改进船只的必要性。通过创设新情境，引导学生应用所学知识解决生活中的实际问题。

五、作业设计

如果将货物变成圆形小球，如何解决承载货物的问题？

六、板书设计

《改善科学教室声环境》教学设计

北京市丰台区草桥小学　石媛媛

一、教学背景分析

（一）指导思想与理论依据

经济合作与发展组织在"素养界定与遴选：理论和概念基础"项目中指出：核心素养着力解决的是提高学生面对复杂情境下的问题解决能力，使之能够适应飞速发展的信息时代和多变的未来社会。

问题解决过程分为提出问题、分析问题、提出假设、验证假设。在问题解决过程中，人们运用观念、规则、一定的程序方法等对客观问题进行分析并提出解决方案的能力就是问题解决能力。

模型建构是一种重要的科学研究方法，也是科学思维之一。模型建构主要包括观察原型、提出假设、模拟实验、解释原型等步骤。

本课中，学生将经历完整的问题解决过程：发现并提出改善科学教室声环境问题，观察、分析可能的影响因素，运用模拟实验、对比实验验证假设，类比推理出科学 2 教室声环境问题是因为装修材料反射声音能力强导致的，提出教室声环境的改进建议。

（二）教学内容分析

"改善科学教室声环境"单元隶属于物质科学领域。主要概念是：

6. 机械能、声、光、电、热、磁是能量的不同表现形式。

6.1 声音因物体振动而产生，通过物质传播。

学习内容	学习目标
	3—4 年级
6.1.1 声音可以在气体、液体和固体中向各个方向传播	举例说明声音在不同物质中可以向各个方向传播
6.1.3 声音的高低、强弱与物体的振动有关	知道噪声的危害和防治；知道保护听力的方法

本课来源于首师大版科学教材第三册"声与生活"单元《噪声与防治》一课。继《声音的产生》《声音的传播》《声音的变化》后，以我校科学 2 教室的声环境差的现象为基础，就《噪声与防治》这一课中简单涉及的"声音的反射"等内容进行学习，是对"声与生活"单元的补充、完善与深入。

结合课标要求和单元内容，本单元要渗透的核心概念为：声能是能量的一种表现形式，声音的传递有能量损耗。

（三）学情分析

1. 知识方面。

针对本课内容，在我校四年级抽取了 40 名学生进行了如下调查。

（1）播放三段声音（悠扬的音乐、嘈杂的说话声、放大声音播放的歌曲），你喜欢听哪种声音？为什么？

（2）教室里听到的嘈杂的噪声跟什么有关？

（3）当老师面向你们说话时，声音是怎样传播到你们的耳朵中的？

（4）当老师背对你们说话时，声音是怎样传播到你们的耳朵中的？

（5）怎么减小教室内的噪声？

调查结果如下。

（1）学生们对"什么是噪声"和"噪声的危害"了解较多。

（2）大部分学生知道教室里的噪声与声源音量大小有关；对教室里的玻璃等材料影响声音的大量反射，进而形成噪声的认识极少。

（3）学生知道声音通过空气向四面八方传播，直至传入耳朵中。

（4）绝大多数学生仍然用声音通过空气向四面八方传播进行解释，有少部分学生意识到——背对学生说话时老师发出的大部分声音是向黑板传播的，这些学生中，有大部分不知道如何解释此时自己是怎么听到老师的声音的，有个别学生认为声音可以绕到老师背后，所以自己听到了，只有极个别学生说到了声音应该是反射了。

（5）绝大部分学生知道减小发出的音量就能减小噪声；部分学生联系语文课文《新型玻璃》中的"吃音玻璃"，提出可以使用吸音材料减小噪声，但他们不知道"吃音玻璃"是怎么"吃音"的。

这些结果表明：学生对噪声的基本认识较多，知道控制声源可以减小噪声。知道声音通过空气、固体等向四面八方传播，但对声音遇到障碍物可以返回来的认识较少，更不清楚当教室装修材料不当使反射回来的声音增多时会影响教室里的声音环境，形成噪声，而这些恰恰是科学2教室噪声的形成原因。

2.能力方面。

经过一年多的培养，在教师的引导下，学生能根据面对的现象提出一些研究问题，并进行猜想，有较好的模拟实验和控制变量的意识；学生能够大胆地表达自己的看法，并能与他人进行交流质疑、协同学习。但是学生们提出有价值的问题的能力较弱，在设计模拟实验和对比实验时，需要教师的指导。

二、教学目标及重难点

（一）教学目标

1. 通过模拟实验和对比实验，确定材料、空间大小、密封情况等因素会影响反射声音的强弱，科学 2 教室里听到的音量大是以上因素综合作用的结果。

2. 知道光滑、坚硬的物体比多孔、疏松的物体反射声音能力强，利用多孔的物体吸音可以减弱噪声。

3. 能基于模拟实验的结果类比推理科学教室声音环境差的原因。

4. 能够分工合作开展实验，尊重证据，实事求是。

5. 能够树立防噪、减噪，保护环境的责任感。

（二）教学重点

1. 知道影响教室里反射音量的因素。

2. 知道利用吸音物体减弱教室里声音的反射，从而减弱噪声。

（三）教学难点

设计并开展探究"哪些因素影响房间反射声音的能力"的对比实验。

三、教学过程

（一）回顾研究过程，聚焦研究主题

1.回顾：在前面的学习中，我们一起学习了声音的产生、传播和变化，知道只要当音量大于 60 分贝，就是噪声，噪声会对我们的学习、生活、健康产生影响。

2.发现问题：在科学 2 教室上课时，咱们发现了什么问题？

预设：活动时的音量差不多时，科学 2 教室里的声音比科学科学 1 教室里的大。

3.呈现实地测量数据：这是感觉还是事实如此？我们使用蜂鸣器和声级计在两间教室里进行了实地测量。数据说明了什么？

预设：蜂鸣器发出的声音音量一样，在科学 2 教室里听到的声音确实比科学 1 教室里听到的声音要大。

4.明确问题：面对这个实际情况，同学们提出了研究问题——是什么原因使科学 2 教室里听到的音量更大？

这个问题提得特别好！因为科学 2 教室是被临时隔出来当科学教室使用的，假期里学校还要对它进行装修改造，如果我们知道了影响科学 2 教室声环境的因素，就能给学校的装修改造提一些建议，改善科学 2 教室里的声环境。今天，我们就来研究改善科学 2 教室的声环境问题。（板书课题）

【设计意图】回顾观察教室环境，发现并提出研究问题的过程，聚焦本课的研究主题。

（二）提出猜想

1. 对比观察。

（1）观察要求：为什么科学 2 教室里的反射音量比科学 1 教室大呢？猜想来自对事实的观察和思考！接下来，我们以小组为单位，在科学 1 教室和科学 2 教室里分别再仔细观察一下它们的整体环境，找一找，是什么原因使科学 2 教室里的反射声音大。

（2）讲解活动注意事项。

（3）在两间教室里仔细观察。

2. 猜想：结合对两间教室整体环境的观察，大家认为可能是什么原因使科学 2 教室里的反射音量大呢？

预设 1：跟教室大小有关系，科学 1 教室大，反射声音小，科学 2 教室小，反射声音大。

预设 2：科学 1 教室的墙都是扎板。科学 2 教室的两面墙是木板，一面是大玻璃，一面是一小半金属一大半玻璃，应该是材料不同导致的。

预设 3：科学 1 教室有门和窗子，科学 2 教室没有，封闭的。

预设 4：物品多少。

预设 5：科学 1 教室里有很多植物，科学 2 教室没有植物，可能植物也有影响。

预设 6：距离。

板书猜想：空间大小、材料、密闭性、植物……

3. 小结猜想：经过观察与思考，咱们提出了空间大小、材料、密闭性可能影响了教室里的反射音量。

【设计意图】本环节是模型建构的观察原型和提出假设阶段。学生在观察两个教室的内部环境的基础上，确定了建模系统：空间、材料——声音。然后经过个人思考、组内交流，在对比中，发现两个教室大小不一样，墙壁材料不一样，里面装的物体不一样，从而确定了基本变量——空间、材料、密封性，忽略其他次要因素，抽象出原型——教室空间小，反射的声音大；玻璃、木板等材料反射的声音大……

在对比观察、展开猜想的过程中，继续培养学生的问题解决能力。

（三）制定实验方案

1. 选择猜想，明确实验设计要求。

（1）过渡：到底是不是这样呢？我们得设计实验进行验证。30秒钟，小组内先确定你们要验证哪个猜想。

（2）复习对比实验要求。

提问：要验证这些猜想，需要用到什么实验方法？

预设：对比实验。

出示对比实验要求。

（3）要求：接下来，请各小组针对自己选择的猜想，设计一个对比实验。

▲要验证哪个猜想？

▲实验的不同条件是什么？相同条件是什么？

▲用到什么样的实验材料？

▲实验的步骤是什么？

▲做出假设：如果……，就证明……。

在确定大体的实验方案时，如果你们有什么问题或困难需要同学和老师帮助，请把问题或困难整理出来，待会儿我们先帮彼此解决这些困难，然后再交流具体的实验方法。

2.学生设计实验。

3.交流实验方案。

（1）分析困难，提出需求。

①需要一个东西当教室，比如箱子——模拟教室空间。

②需要毛毡板、玻璃、木板这几样材料——墙壁材料。

③声级计放在箱子里还是箱子外——听声音的人的位置。

讲解：实验材料和测量位置的确定，都必须根据现实进行选择和确定。如果跟现实无法完全相同，就找有相同特征的物品进行模拟。

（2）初步完善实验设计：接下来，1分钟时间，应用这些材料，完善自己组的实验设计。

（3）交流对比实验方案。

★密闭情况是否影响反射音量

预设：我们需要蜂鸣器、声级计和两个一样大的箱子，一个箱子盖盖子，一个箱子不盖盖子，把蜂鸣器和声级计放在这两个箱子里，距离相同，看测出的音量。如果盖盖子的箱子里测出的音量大，就说明密闭影响反射回的音量。

★空间大小是否影响反射音量

预设：在两间科学教室里再测一次，科学2教室空间小，科学1教室空间大，把蜂鸣器放在中央，声级计到蜂鸣器的距离一样，看是不是科学2教室的音量大，科学1教室的音量小。

预设：我们可以用箱子来代表房间，一个大箱子代表科学1教室，一个小箱子代表科学2教室。如果小箱子里测到的音量大，大箱子里测到的音量小，就说明空间大小真的影响反射音量。

★材料不同是否影响反射音量

预设 1：用玻璃、木板和毛毡板分别建一个"房间"，"房间"大小要一样，"房间"里分别放入同一个蜂鸣器，把声级计放在外面测音量。

预设 2：拿一个箱子当房间，在箱子里面分别贴上木板、毛毡板、玻璃，用同一个蜂鸣器发出声音，如果里面是玻璃时，测到的音量大，放毛毡板时音量小，就说明材料影响反射音量。

【设计意图】本环节引导学生确定"怎样模拟"和具体的实验步骤。在学生提出模拟实验的方案后，还要给他们充足的时间对实验方案中的变量、定量进行思考、质疑、补充、完善。在形成切实可行的模拟实验和对比实验方案的过程中，培养学生运用模型建构解决问题的能力和思维的全面性和严谨性。

（四）模拟与对比，收集证据

1. 出示实验要求，讲解注意事项。

2. 分组实验。

（五）交流实验结果，解释原型

1. 交流实验现象：哪个小组来分享你们的测试结果，结果说明了什么？

★密闭情况是否影响反射回的音量

预设：盖盖子的箱子里的音量比不盖盖子的箱子里的音量大，说明密闭好的科学 2 教室里的反射音量更大。

★空间大小是否影响反射回的音量

预设：发出同样音量的声音，小箱子里的音量比大箱子里的音量大。教室大小会影响反射音量的大小。教室大，反射音量小；教室小，反射音量大。科学 2 教室小，所以它里面的反射音量大。

★材料不同是否影响反射回的音量

①交流结果：毛毡板的箱子里的音量小，玻璃、木板的箱子的音量大。说明科学 2 教室里的玻璃墙、木板墙反射回的声音大。

②更多发现：反射声音能力弱的毛毡板比较软、粗糙、有孔，反射声音能力强的玻璃、木板比较硬、光滑、没有孔。

③对比观察：这是你们组的发现，下面请大家都来观察一下，反射声音能力强的材料和反射声音能力弱的材料是不是真有这样的区别。

④讲解：在声学上，我们把像毛毡板、棉花这样的多孔的、反射声音少的材料称为吸音材料。

2. 类比推理，解释原型：现在，你们知道为什么科学 2 教室里的反射声音大了吗？

预设：空间小、密闭、反射声音强的玻璃、木板使科学 2 教室里的反射声音更大。

【设计意图】分析模拟实验中的现象，归纳概括得出空间大小、密闭性、材料会影响反射声音的大小。然后引导学生把实验结果类推回科学 2 教室的原型中去，解释科学 2 教室反射声音大的原因。

（六）深化理解

1. 激疑：面对自己组的研究结果，大家还有什么问题吗？

预设：为什么教室小，密闭、表面光滑反射回的声音就大？教室大、不密闭、表面多孔粗糙的材料反射回来的声音就小？

2. 交流：你们认为为什么会这样呢？看看这个小录像，能不能给你

们一些启发。（播放水波向四周荡漾开来的录像）

预设：空间大，声波传得越远，振动幅度小，声音越小，再被反射，音量肯定也小。

密闭的时候，声波遇到的墙壁面积大，反射回来的声音就多，音量就大。

3. 讲解多孔吸音原理。

4. 提问：科学 2 教室反射声音大，实际是什么原因导致的？

预设：声波传递时，有能量的消耗，科学 2 教室的声音能量消耗小一些。

（七）针对教室声环境问题提出改善建议

1. 分析并提出建议：因为科学 2 教室是临时科学教室，学校后期还要进行装修改造。现在，大家能不能针对科学 2 教室里的问题，为科学 2 教室的装修改造提一些声环境方面的改进建议？

预设：把玻璃墙去掉，在墙壁上装上扎板，铺棉花、海绵，地板上铺地毯，总之，在教室里多装饰吸音材料。

2. 小结：科学 2 教室里声音大是由空间和材料等多种因素共同影响，导致反射回的音量大，所以同学们都注意到要在教室里多布置吸音材料，在声音的传播路径上减弱声音的反射，对音量进行控制！

3. 提问：除了环境设计的客观原因，我们可以怎样从自身做起，减小教室里的反射音量？

预设：慢步轻声，降低音量。

小结：这是从声音源头减小音量，加上在教室里多装吸音材料，控制声音的传播路径，多管齐下，为科学教室营造安静的学习环境。

4. 提交建议书：这些建议是我们通过本节课的研究给出的，可能里面还有不完善的地方，还有需要多多考虑的地方，但它是我们为学校营造安静安心的学习环境贡献出的一份心意，今天，就让咱班的科学课代表将这份建议书交给林校长。

（八）总结与拓展

提问：在解决科学 2 教室声环境问题的过程中，你有什么收获？

预设：我知道了科学 2 教室声音大的原因是玻璃、金属、木板太多导致的。

要知道发现的问题是不是真的，需要用实验来确定。

我们可以用实验来解决问题。

我们可以选择跟要研究的物体相似的东西做模拟实验，解决问题。

四、教学反思

1. 以真问题展开真探究。

本课以学生发现的科学教室里反射声音大的真实问题展开深入探究，学生的探究兴趣非常浓厚，在观察后提出多种猜想，在假设后展开细致的模拟测试，在分析数据、得出结论的基础上提出科学教室环境改造建议。学生们全程全身心地投入探究，解决了科学教室的实际声环境问题。在这样的过程中，学生真切地感受到了科学的研究问题来自于生活，应用于生活，科学课是在学有用的科学。

2. 引导学生利用模型建构解决实际问题。

模型建构是科学思维之一，也是一种重要的科学研究方法。本课依据模型建构的"观察原型—形成假设—模拟实验—解释原型"的过程和其中重要的类比推理，引导学生观察科学教室环境，提出空间大小、材料、密闭性、植物等可能会影响教室的反射音量等假设，然后基于类比推理选择合适的材料设计并进行模拟实验，最后依据实验结果确定科学教室声音问题的原因，并提出改进建议。引导学生利用模型建构解决问题，在解决问题的过程中培养学生的模型建构能力。

《观察与比较》教学设计

北京市丰台区草桥小学   赵　微

一、教学目标

1. 在协同探究活动中，感觉器官收集到的信息经过比较思维进行加工处理，帮助学生认识周围的事物特征及其变化。

2. 学生在反复的比较活动中，初步建立感觉器官是学习的器官的认知。

3. 在教师的指导下，学生在观察与比较的协同活动中，能利用材料和工具学习用科学语言表达自己的发现和想法。

4. 积极参与研究活动，能够仔细观察和比较，如实表达观察到的现象。

二、教学重难点

（一）教学重点

感觉器官观察到的信息，可以通过比较、分析等活动，让我们认识周围的事物特征及其变化。

（二）教学难点

基于挑战性问题，学生在反复的比较活动中，能够如实描述看到的现象，初步建立感觉器官是学习的器官的认知。

三、问题设计

1.共有课题：如果在 1 号杯和 3 号杯之间放置一个 2 号杯，2 号杯中的液体是什么样子的？

2.挑战性问题：将所有成功的 2 号杯液体进行排序，并说明理由。

3.升级版挑战性问题：1 号杯和 3 号杯液体间到底有多少 2 号杯液体呢？小组内讨论交流。

四、教学过程

（一）聚焦——调动感觉器官识别

在初始环节，学生进行了第一次快速识别，"说出两杯液体有什么不同？"学生将问题聚焦到颜色上的差异。此时学生的识别过程是很快的，可以称得上是不假思索的条件反射。在这样的速度中，学生也很难慢下来思考识别—比较的具体过程。

2号杯中液体的颜色是什么样的呢？

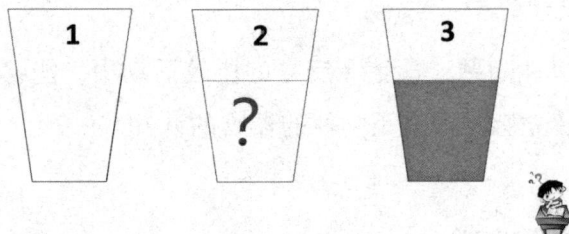

因此，教师抛出让学生思维慢下来的共有课题"如果在 1 号杯和 3 号杯之间放置一个 2 号杯，2 号杯中的液体是什么样子的"，促使学生主动关注到感觉器官在识别事物特征中的作用。

【设计意图】从学习共同体课程改革的角度分析，通常学习共同体的学校会以两个课题为基轴组织学生学习，即按照每一名学生都可以及都需要达到的"共有课题"水平（教科书水平）和可在其基础上进一步挑战的"挑战性课题"水平（教科书以上水平）这两种课题水平来组织学生学习。基于授课班级的学情以及本课的教学内容分析，确定了先通过共有课题帮助所有学生进行建构概念基础以及思维基础，之后进行挑战性课题，进而提升所有学生的学习力。从教学内容以及教学伊始学生情况进行分析发现，通过快速识别活动，调取了学生观察比较认识事物特征的前认知。可以发现学生具有主动进行观察、比较的意识，但是过程过于快速，不利于学生主动认识到感觉器官在认识事物特征过程中的重要作用，也不利于科学认识并运用比较思维。基于此，教师适时抛出可以让孩子思维慢下来的探究性共有问题"如果在 1 号杯和 3 号杯之间放置一个 2 号杯，2 号杯中的液体是什么样子的"，用这样的方式迫使学生思维减速，进而关注到观察、比较在认识事物特征中的重要意义。

（二）探究——放慢识别过程，体会感觉器官的识别作用

学生结合共有问题"如果在1号杯和3号杯之间放置一个2号杯，2号杯中的液体是什么样子的？"先进行自主思考，然后经过小组内的讨论，形成本组比较完善的解释并达成共识，建立标准。即：2号杯里的液体应为"比1号杯内的液体颜色深，且比3号杯内的液体颜色浅"。

学生以此标准为依据进行实际调制2号杯液体的活动，组内相互协同实践调制2号杯液体。在活动中反复调用感觉器官进行颜色的识别，经过思维加工之后，判断是否与2号杯液体的标准相同。

各组协同制作完成后，进行班级交流。教师有策略地选择调制失败的小组进行分享。结合失败小组的经验分享，激发全班学生基于各自的操作经验以及思考经验与失败小组共同进行反思。通过调制失败小组的经验分享，分析原因、形成并提出改进的方法。

全体学生共同经历了如"课堂实录1"中的公共分享，一同在这个试错的分析中反思、交流，逐渐体会到感觉器官在分析、判断过程所发挥的识别作用。

课堂实录1

学生1（女）：我们在制作2号杯液体的时候，不小心用滴管的力度大了一点，所以多滴了一滴，颜色就深了一点。我们应该吸取这次的教训，下次应该轻轻地滴，不能滴这么多。

学生2（男）：不过我还有个办法，可以拿滴管往3号杯里滴一滴酱油，这样有可能实验就成功了。

教师：你们原本想制作成什么样的三杯液体？

学生2（男）：我们本来想把2号杯液体颜色滴得比3号杯浅一点点，比1

号杯深一点点，却不小心滴多了，变成比 3 号杯深了。

教师：如果再给你们一次机会，你们打算怎么做？

学生 2（男）：我们打算先用滴管轻轻滴两滴，然后用搅拌棒搅一下，看看颜色是不是比 1 号杯深一点，比 3 号杯浅一点。要是不够，就再滴一滴，再用搅拌棒搅一下，然后像这样就可以把 2 号杯液体的颜色制作好了。

【设计意图】首先，学生通过全班讨论达成共识，建立了"2 号杯液体的标准"。接着每位学生都按照这个"2 号杯液体的标准"进行实践，每实践一次都需要回过头来与"2 号杯液体的标准"进行观察、比较，判断是否符合要求，如果不符合再接着实践—观察—比较—判断，直至制作成功。而后教师利用制作失败小组这一重要反思素材，营造问题情境，激发每位学生自发调取各自的调制经验，大家一同倾听、观察、比较、反思，进而提炼出观察与比较在认识事物特征中的作用。同时帮助学生认识到动手实践验证的过程，也需要慢下来，以此来体会技术的控制对于思考问题的重要性。在面对问题情境时，帮助学生形成"先观察现有材料—比较—判断滴多少—再尝试操作—观察—判断—周而往复"的思维过程。

（三）探究——加大识别难度，感悟学习器官的作用

在学生体会到感觉器官在探究中的作用之后，活动就此完结了吗？学生对于感觉器官的学习、识别功能到底是否领会了呢？此时教师提出挑战性问题"将所有成功的 2 号杯液体进行排序，并说明理由"。（学生放置 2 号杯的过程，详见"课堂实录 2"）

课堂实录 2（课堂分享）

教师：这里有 1、2、3 号杯，想一想你的"2 号杯"放在哪个位置比较合适？其他同学，我们一起看一看他的 2 号杯放的位置合适不合适？

学生 1：先观察，然后将自己的 2 号杯放在台上已有 2 号杯的后面。

教师：放在这个位置是什么意思？（学生犹豫）同组同学（学生 2）来帮忙（解释）。

学生 2：将原有 2 号杯移开，将自己小组的 2 号杯液体放在了 1 号杯和 3 号杯之间。

教师：移走的 2 号杯符合我们的要求吗？符合要保留，想一想你们组的 2 号杯放在哪个位置比较合适？

此时，教师将 1 号杯和 3 号杯之间的距离拉大。

学生 3：将自己小组的 2 号杯放在了原有 2 号杯的左边。

学生 1：（解释为什么放在原有 2 号杯的左边）因为我们的 2 号杯液体颜色要比原有的 2 号杯深一点，所以放在左边。

教师：为什么不放在 3 号杯的左边呢？

学生 3：如果放在 3 号杯的左边，就比 3 号杯深了。

教师：因为比 3 号杯浅，又比原有的 2 号杯深，所以放在了原有 2 号杯左边，3 号杯的右边。

学生 4：在讲台上与已经摆放好的两个 2 号杯进行比较，此时遇到分辨有难度的困难，因此请求本组同学帮助。大家一起观察三个 2 号杯液体的颜色并进行比较，做出判断，确定自己小组的 2 号杯应放置在两个 2 号杯之间。

学生 5：（放置的理由说明）因为我们观察发现（我们组的）2 号杯比这个 2 号杯（右边）颜色深，比这个 2 号杯（左边）颜色浅，所以放在这里。

其他 3 位同学合作完成，通过反复的观察、比较之后，确定了这三个 2 号杯的位置。

最终经过全班的集体总结发现，这些 2 号杯液体的位置是经过反复的看、比较确定的。

　　由此，学生进一步意识到在完成这样一个具有挑战性的任务时，感官的观察、比较起到了重要作用。

　　从学生活动中可以发现，学生的语言表达的落脚点，指向了要与其他2号杯液体进行比较；结合课堂上学生的动作和神态分析同样发现，学生调用感觉器官——眼睛识别颜色的功能，经过加工处理之后判断出放在哪里更为合适，而合适的标准就是"要比左边的液体浅，比右边的液体颜色深"。

　　学生在感悟到观察、比较在"制作符合要求的2号杯液体"活动中所起到的作用之后，教师再一次借势造势，借助升级版挑战性问题带领孩子们回顾、反思排序多个2号杯液体的过程，感悟学习器官在认识事物特征上的作用。（具体过程见课堂实录3。）

课堂实录3

　　教师：1号和3号杯液体间到底有多少2号杯液体呢？小组内讨论交流。

　　学生1：我们认为有9杯，我们一共有9个小组。每个小组都调制出了一个2号杯。

　　学生2：我们认为有7杯。

　　教师：你们这样提出的理由是什么呢？可以与大家说一说，或者找其他组的同学帮忙。

　　学生3：（补充说明）我们是用乘法算出来的。因为这个1号杯看起来像滴了一滴，3号杯看起来像滴了5滴，我们半滴半滴来加，每加一点点会变得深一点，所以加了7滴，才会比3号杯浅一点，要不然再加一点就和3号杯（颜色）差不多了。

　　【设计意图】学生在"排序多个2号杯液体"和"回顾反思如何进

行排序多个2号杯液体"的活动中，结合升级版的挑战性问题通过一次又一次的观察推演，慢慢地掌握了观察、比较在认识事物特征中的使用方法，意识到了其中蕴含的重要意义。本环节的设计与实施是基于以下思考进行了大胆的尝试：在"挑战性课题"的学习中，不仅高学力学生能受益更多，而且中等学力学生也可以从中获得极大的益处。同时可以帮助低学力学生通过"发展"再重新理解"基础"，攻克"共有课题"时遇到的瓶颈。这样的过程也同样形成了高学力学生群和低学力学生群相互学的关系，促进了低学力学生敢于提出自己的困难以及向他人求助的勇气；进一步促进了高学力学生的思考力和对问题的理解力。

《辽阔的国土》教学设计

北京市丰台区第五小学　周清秀

一、教学背景分析

（一）教材分析

部编版道德与法治教材五年级上册第三单元"我们的国土　我们的家园"共两课内容，本课为"我们的国土　我们的家园"的第一课，全文共分三个部分，第一部分"辽阔的国土"引导学生知道我国的地理位置、领土面积、海陆疆域，知道台湾自古以来是我国领土不可分割的一部分，祖国的领土神圣不可侵犯。

（二）学情分析

五年级的学生对国家的相关知识有了初步的认识，对祖国的热爱之情不断提升。但是，这些认识相对零散，更多的是具体微观的感性认识，学生并没有从宏观的角度深刻领会。因此在本节课的教学中要充分挖掘利用教材资源，通过协同学习、情境体验，引导学生形象具体地了解我国的地理位置、海陆疆域，初步形成对国家领土概念的正确认识，帮助学生从小树立国家主权意识和领土完整的观念。

二、教学目标及重难点

（一）教学目标

1. 知道我国的地理位置、领土面积、海陆疆域，认识到台湾自古以来是我国领土不可分割的一部分。

2. 通过读图、分析等方式，提高识图和获取信息的能力，并能联系自己的生活感受祖国国土的辽阔。

3. 建立国家认知，懂得祖国的领土神圣不可侵犯，增强热爱祖国的情感。

（二）教学重点

知道我国的地理位置、领土面积、海陆疆域，感知祖国的辽阔，认识到台湾自古以来是我国领土不可分割的一部分。

（三）教学难点

建立国家认知，知道祖国的领土神圣不可侵犯，增强热爱祖国的情感。

三、教学过程

（一）利用课前预习单交流分享

利用课前预习单，分享对祖国疆域辽阔的感受。在小组内交流各自的内容。（PPT 出示要求）

（结合生活经验介绍祖国疆域的辽阔。）

交流：课前同学们选择了用自己喜欢的方式，表达祖国疆域的辽阔。下面请大家拿出预习单在小组内交流你的表达方式。

学生小组内交流。

请哪组同学来分享一下你们喜欢的表达方式。（PPT 出示要求）

学生分享，教师适时点评。

小结：同学们能够从不同角度，感受祖国的辽阔。

【设计意图】发挥学生的主动性，让学生通过自己的观察、比较和分析得出结论。

（二）在世界地图中，寻找中国的位置

过渡：我们的祖国到底有多大？今天我们就一起来学习《辽阔的国土》这一课。

（板书课题：辽阔的国土）

1.初识世界地图，寻找中国的位置。

首先，请同学们在课本第 44 页的世界地图上，找一找我们中国的位置。完成学习单第一部分的填空。（PPT 出示世界地图）

（教师走近学生，了解学生对中国在世界的位置的描述，如果有同学用上下左右时，老师提示全班学生读地图的基本方法：辨方向，应该用"上北下南，左西右东"进行标识。）

2.独自读图，完成学习单。

> 我们的祖国位于太平洋的（　　　　）、亚洲的（　　　　），我国的陆地面积（　　　　）。

3.师生一起看PPT，对照地图完成填空（学习单上的内容）。

（板书：陆地　960多万平方千米）

4.比一比：看看世界地图中，中国的面积跟哪些地区近似？（欧洲）

5.小结：同学们能够用正确的方法，在地图上找到中国在世界的位置，并能够进行准确的比较描述。

【设计意图】利用在世界地图中寻找中国的位置的活动，加强学生的祖国归属感。通过看地图，比一比等方式，感受我国国土面积之大。

（三）协同探究：多角度感受祖国的辽阔

1.过渡：请大家根据所给资料探究祖国领土有多辽阔。

2.协同学习：小组协同，根据所给资料探究祖国领土有多辽阔。（学习前阅读PPT中的学习要求）

（1）提供资料。

资料一：比较分析

世界上陆地面积排列在前五名的国家				
国家	俄罗斯	加拿大	中国	美国	巴西
陆地面积（万平方千米）	1709	998	960	937	851

其他一些国家的面积					
国家	日本	英国	法国	德国	意大利
陆地面积（万平方千米）	37.8	24.4	55	35.7	30.1

资料二：数学计算

①高铁时速 300 千米/小时，从中国的最南到最北，需要行驶 18 个多小时。你能不能计算出从祖国的最南端到最北端大约有多远？

②飞机时速 800 千米/小时，从中国的最东到最西，大约需要飞行 6 个半小时，你能不能计算出从祖国的最东端到最西端大约有多远？

资料三：诗歌朗诵

诗歌《祖国多么广大》：大兴安岭，雪花还在飞舞。长江两岸，柳枝已经发芽。海南岛上，到处盛开着鲜花。我们的祖国多么的广大！

资料四：旅行记录

暑假里，家住天津的阳阳，坐火车前往新疆，一路上欣赏着窗外的景色，从绿树蓝天到青青草原，最后看到的是茫茫的沙漠。

寒假的时候，贝贝一家去海南旅行，从黑龙江穿着防寒服出发，到了海南就该穿短袖短裤了，温度变化太大了，这种经历真是太新奇了。

资料五：新疆一日

事件	日出	第一节课	午饭	放学	晚饭	日落
时间	8：00	10：00	14：00	19：30	20：30	22：00

（2）利用资料，小组交流探究。

（3）分享交流，教师利用 PPT 出示相应资料。

小结：大家能从多个角度发现和感受我们祖国的大，听了同学们的交流分享，老师也感受到，你们为自己的祖国感到自豪。

【设计意图】通过分析资料，让学生感知祖国很大，从而激发他们的自豪感和归属感。在分析资料的过程中，让学生小组交流各自的学习内容，增强他们综合处理信息的能力。

（四）标画地图，了解海域，感受辽阔的国土

1. 观点辨析：如果说我国国土只有 960 多万平方千米的陆地面积，这种说法是否正确呢？

2. 出示《中国的疆域》图。（让学生说一说上述观点不正确的原因）

3. 找一找：在图中我们看到，粉色的区域表示的是我国的陆地，在祖国大陆的东面有大片蓝色的区域。同学知道那是什么吗？（板书：海洋）

大家找一找，自北向南都有哪些海域相连？（渤海、黄海、东海、南海）

4. 小结：我国不仅是一个陆地大国，更有一大片广袤的蓝色国土。（板书：海域辽阔）说"我国国土只有 960 万平方千米的陆地面积"是不全面的。我国辽阔的国土是由领陆、领海、领空共同构成的。

【设计意图】通过观点辨析，让学生知道我国不仅是一个陆地大国，更有一大片广袤的蓝色国土，我国辽阔的国土是由领陆、领海、领空共同构成的。

（五）了解宝岛台湾，强调祖国的领土神圣不可分割

过渡：我国不但拥有大片的海域，而且近海岛屿众多。（板书：岛

屿众多）

1. 大家知道我国最大的岛吗？（出示中国地图）

2. 学生根据课前查阅资料和课本第 47 页的内容，小组交流"我所了解的台湾"。

（了解台湾的地理位置、风景名胜、丰富物产及其历史。）

3. 以小组为单位进行分享交流。

4. 出示法规:《中华人民共和国宪法》序言中指出:"台湾是中华人民共和国的神圣领土的一部分。完成统一祖国的大业是包括台湾同胞在内的全中国人民的神圣职责。"

5. 出示习近平总书记在纪念辛亥革命 110 周年大会上的讲话。

6. 小结：我们了解到宝岛台湾美丽富饶，台湾与我们血脉相连，海峡两岸同胞同根同源、同文同种，台湾自古以来就是我国领土不可分割的一部分。

【设计意图】学生分享自己了解的宝岛台湾，台湾的历史，知道台湾自古以来就是我国领土不可分割的一部分，祖国的领土神圣不可分割。

（六）阅读地图，找找我们的邻国

1. 过渡：我们的祖国既有广阔的陆地，也有大片的海域和众多的岛屿，还有很多的邻国，我们一起看看，找一找我们的邻居都有谁?

2. 我来找一找：阅读《中国的疆域》图，用标画的方式找一找我国周边有哪些陆上邻国？有哪些国家与我国隔海相望？

3. 小组交流。请同学具体说出标画的 14 个陆上邻国和 6 个隔海相望的国家。

4. 提问：通过标画地图找出了我们很多的邻居，你有什么想说的？

（邻国众多，同样证明我国国土面积之大。）

5. 小结：我国作为一个海陆兼备的国家，沿海多优良的港湾，有利于同各国海上往来；西部深入亚欧大陆内部，通过陆上交通就可以与中亚、西亚、欧洲各国直接往来。

【设计意图】通过阅读地图，找找我们的邻居，让学生从我国较多的邻国中感受我国国土面积之大。

（七）感受守卫国土的伟大精神，激发爱国之情

1. 出示图片：边疆哨所、边境巡逻、飘扬的国旗、肃立的界碑……

2. 思考：当你看到边境线上高高飘扬的五星红旗、肃立的中国界碑，还有那一位位坚定庄严的边防战士，为保国土而牺牲的英雄，你从中感受到了什么？

3. 学生发表自己的想法。

4. 小结：看到自然条件恶劣的边防哨所，看到鲜艳的五星红旗，看到庄严的边防战士，让我们有一种肃然起敬的感觉，会感到国土的神圣。幅员辽阔的国土，神圣不可侵犯的国土，需要每一位中国人的共同守护。（板书：神圣不可侵犯）

5. 思考：作为小学生的我们应该做些什么呢？

（作为小学生的我们，从现在做起，应该学好知识，加强锻炼，为将来保卫祖国贡献自己的力量……）

6. 小结：希望我们每一位同学从小学习做人、从小学习立志、从小学习创造，争做新时代的好少年，为祖国的发展贡献自己的一份力量。

【设计意图】走近庄严的边防战士，感受他们身上的护国之情，由

课堂回归生活，把知识学习、价值观学习与行动和情感相结合，更有效地指导学生的行为，增强学生热爱祖国的情感。

四、板书设计

辽阔的国土

陆地　960 多万平方千米

辽阔的国土　海陆兼备　　神圣不可侵犯

海洋　海域辽阔　岛屿众多

附：学习单

五上　道德与法治　我们神圣的国土——辽阔的国土　　协同学习 共同成长

课前预习　　　　　　　　　　　　　姓名：　　　学号：

辽阔的国土

1.用自己的生活体验，说一说能体现祖国幅员辽阔的事例。（用你喜欢的方式介绍祖国的辽阔）

2.介绍你所了解的我国宝岛台湾的地理位置、风景名胜、丰富物产。

3.搜集台湾自古以来是我国领土不可分割的一部分的相关资料。

五上　道德与法治　我们神圣的国土——辽阔的国土　　协同学习 共同成长

自我评价：☆☆☆

同伴评价：☆☆☆

辽阔的国土

姓名：　　　　　学号：

※ 自主学习：寻找中国的地理位置，感知祖国的面积之大。

利用课本第44页的世界地图，找找中国在世界的位置。

提示：独自读图，完成填空。

我们的祖国位于亚洲的（　　　）太平洋的（　　　）我国的陆地面积（　　　）

※ 协同探究：感受祖国的辽阔，知道祖国的领土神圣不可分割。

（一）小组协同：根据所给资料探究祖国领土有多辽阔。

提示：独自学习后，小组交流。

（二）分享交流：我所了解的台湾

提示：根据课前查阅资料和课本第47页的内容。

《用好法律　维护权利》教学设计

北京市丰台区第五小学　李莹莹

一、教学背景分析

我校学生维权意识较强，特别是经过前面几个单元的学习，法律与生活息息相关，遇事找法、依法维权的意识已在学生心中生根发芽。然而，侵权问题是复杂的，成人有时都困在其中，更何况小学生。维权的途径有哪些？如何快速有效、理性安全地维权，值得学生深度思考和学习。

二、教学目标及重难点

（一）教学目标

1. 知道权利受到侵害时，应当运用合法手段依法维权，不能采用违法方式维权。

2. 了解维权途径，知道维权要有证据。

3. 提高依法维权的意识，增强社会责任感。

（二）教学重点

知道权利受到侵害时，应当运用合法手段依法维权，不能采用违法方式维权。

（三）教学难点

提高依法维权的意识，增强社会责任感。

三、教学过程

板块一：新闻播报，引出思辨话题

新闻：张先生与王阿姨家因为直播噪声问题，产生争执。
提出问题：你们觉得张先生的做法怎样？

【设计意图】通过新闻播报，使学生聚焦生活问题，引出思辨话题。

板块二：深思共研，学习依法维权

（一）以案明理，多角度分析问题

1. 提出要求：我的观点是……，理由是……
2. 回归小组讨论，邀请调整站位的两名同学分享。
3. 学习单：看来大家的想法还是不太一样。再来看看网友们的留言，看能不能给大家带来新的思考。

4.思辨群学。

赞同方

电子板书：事情紧急

诉讼时间长

大家都这样做

（1）提问：是呀，大家都这样做的呀，这么多成功经验不该借鉴吗？

回归小组讨论。

预设1：别人都做的事情就一定是对的吗？

预设2：买家秀都是真的吗？

预设3：不能卖，为什么还有人卖？

小结：网络世界中，我们应加强安全意识，提升信息素养。从众心理不可取，要有辨别是非的头脑和独立判断的能力。

（2）提问：事情紧急，解决不了呀，怎么办呢？

回归小组讨论。

预设1：可以找居委会或物业帮忙调解。

预设2：可以先搬出去，再诉讼。

预设3：没地儿搬/搬家很麻烦的/住宾馆要花很多钱……

板书小结：看来，除了沟通、报警，还可以有其他解决问题的途径。

不赞同方

过渡：再来听听不赞同同学的想法

电子板书：伤感情

不安全

扰民违法

（1）提问：邻里之间的感情重要吗？

支架：三年级《道德与法治》中邻里情学习内容、社会主义核心价值观。

小结：邻里间应当互让互谅，邻里和睦是中华民族的传统美德，也是社会主义精神文明建设的重要组成部分。

（2）你有错在先，我以牙还牙，违法吗？

预设1：法就是法，并不会因为别人错我也错就被谅解。

预设2："以牙还牙"的思想，生活中……

小结：显然"以牙还牙""以暴制暴"的侵权方式是不可取的。

（板书：合法维权）

【设计意图】通过思辨交锋，知道权利受到侵害时，应当运用法律手段依法维权，而不能采用违法方式维权。

（二）以案促改，多途径合法维权

提出问题：同学们，张先生应该如何做呢？如果你家隔壁住着这样一位陈阿姨，你会怎样做呢？

预设1：可以找物业或居委会帮忙调解。

预设2：可以向法院提起诉讼，打官司。

（板书：沟通、报警、调解、诉讼）

小结：遇事先沟通，沟通不成，我们可以邀请第三方，比如物业、居委会、警察等，帮忙调解；调解依旧不见效果时，我们还可以通过司法程序来解决问题，法律是保护我们的权利最有效、最有力的手段。

【设计意图】联系生活实际，通过换位思考，了解更多维权途径。

在案例闭环中，进一步明确应该如何做。

（三）以案释法，多方面依法维权

1. 过渡：你们想不想看看司法部门会如何处理此类纠纷呢？

2. 视频："震楼器"引发的邻里纠纷案。

引导：在解决邻里纠纷案件中，司法部门也是本着邻里间应当互敬互让，正确处理相邻关系的原则，争取多方调解，避免激化矛盾。同时，我们也看到随着法治社会的发展，维权途径也在不断调整和完善，快速、高效充满温情的解决途径越来越多。如何用好法律，合理维权是门学问。

（板书：用好法律）

3. 案例补充：不过，如果迫不得已只能诉讼维权，杨先生的诉讼经历又会给我们带来怎样的启发呢？

提出问题：同样是诉讼，杨先生为什么没有维权成功？

课本第 92 页：什么可以作为证据呢？看看《道德与法治》书上是怎样说的。

小结：依法维权要靠证据。

【设计意图】通过视频支架，了解更多维权途径，深化解决邻里纠纷之道，知道依法维权要有证据。

板块三：建言献策，深化维权意识

1. 案例深析：本案中，法院除了调解双方矛盾外，还对一方进行了警告，有同学注意到了吗？

2.引导：对，就是它，激化双方矛盾的罪魁祸首还有它。其实，生活中还有很多隐藏在角落中的侵权事物或行为，等待着我们像法院工作人员一样，敏锐地捕捉它、发现它。

3.创造性任务：从法律的角度，关注生活中的问题，你还发现了哪些维权现象？

4.建言：让我们学会用一双"法"眼关注我们的生活，为侵权行为提出我们的建议。北京市中小学生建言献策活动就是一个很好的维权平台。希望明年能有更多同学参与其中，提出自己的宝贵意见。

小结：维权的最低成本是预防。

【设计意图】引导学生认识预防才是成本最低的维权方式，帮助学生提高自我保护的意识和能力。跳出案例，回归生活，引导学生对生活产生思考。利用北京市建议献策活动，倡导学生从法律的角度维权，增强社会责任感。

《送别》教学设计

北京市丰台区第五小学　孙　江

一、教学背景分析

（一）教学内容分析

李叔同所作的《送别》是学堂乐歌中的经典之作，也是一首难得的艺术珍品。其曲调来源于美国作曲家约翰·P.奥德威所作的歌曲《梦见家和母亲》。教材中所呈现的乐谱有两个乐段，第一乐段为齐唱，第二乐段为合唱。每个乐段由两个乐句构成。第一乐段的两个乐句，旋律起伏平缓，描绘了长亭、古道、夕阳、笛声等晚景，衬托了寂静冷落的气氛。第二乐段第一乐句与前面形成鲜明对比，情绪更加激动，似为深沉的感叹。第二乐句再现了第一乐段的第二乐句，恰当地表现了告别友人的离愁情绪。

李叔同所作的《送别》，音乐与文学的结合堪称完美。在歌词的创作方面，其词精美雅致，可以独立成篇。写的是人间离别之情，讲述的是人间美好之缘！

（二）单元教学内容分析

1. 单元位置分析。

《送别》为人音·北京版音乐教材五年级上册第三单元的内容，这是全套教材唯一一首学堂乐歌。从本单元来看，本课与单元中的歌曲都是中国经典音乐作品。这首歌曲富有深情的旋律，描绘了长亭、古道、夕阳、笛声等晚景，衬托出寂静冷落的气氛，表现了告别友人的离愁情绪。

2. 学段位置分析。

高年级学段的音乐课，从文化层面更能理解艺术歌曲，从音乐技能层面，大部分学生对音的高低已形成初步的概念，能够对节拍、节奏、旋律、速度等音乐要素具备一定的感知能力。

（三）学情分析

1. 优势。

在歌曲《送别》的学习中，学生歌曲体验上有一定认知和熟悉度；学生已具备音高概念；学生都能准确划拍演唱，稳定性良好。学生已学习四分音符、二分音符、全音符、附点等节奏相关知识，在日常训练中掌握较好。

2. 不足。

对近现代艺术歌曲风格不能深入了解，通过学习进一步把握歌曲音乐风格与告别友人的离愁情绪；对音准需加强训练，使学生能够通过演唱、朗诵歌词等表现形式来表达自己对歌曲的内心感受。

二、教学目标及重难点

（一）教学目标

1. 了解李叔同和歌曲创作背景，在演唱中感受《送别》优美抒情的旋律以及赋予的浓厚离别之情，培养对近现代艺术歌曲的审美感知。

2. 在体验探究中，通过聆听、朗诵歌词，体会歌曲告别友人离愁情绪，对节拍、节奏、音高等音乐要素进行初步的感知。通过演唱、声音指导引领学生学会歌曲、唱好歌曲。

3. 感受艺术与生活的关系，体会离别之情，能够依曲填词，鼓励创作，培养学生对艺术歌曲的热爱之情。

（二）教学重点

了解李叔同和歌曲创作背景，在演唱中感受《送别》优美抒情的旋律以及赋予的浓厚离别之情，培养对近现代艺术歌曲的审美感知。

（三）教学难点

在体验探究中，通过聆听、朗诵歌词，体会歌曲告别友人离愁情绪，对节拍、节奏、音高等音乐要素进行初步的感知。通过演唱、声音指导引导学生学会歌曲、唱好歌曲。

三、教学流程图

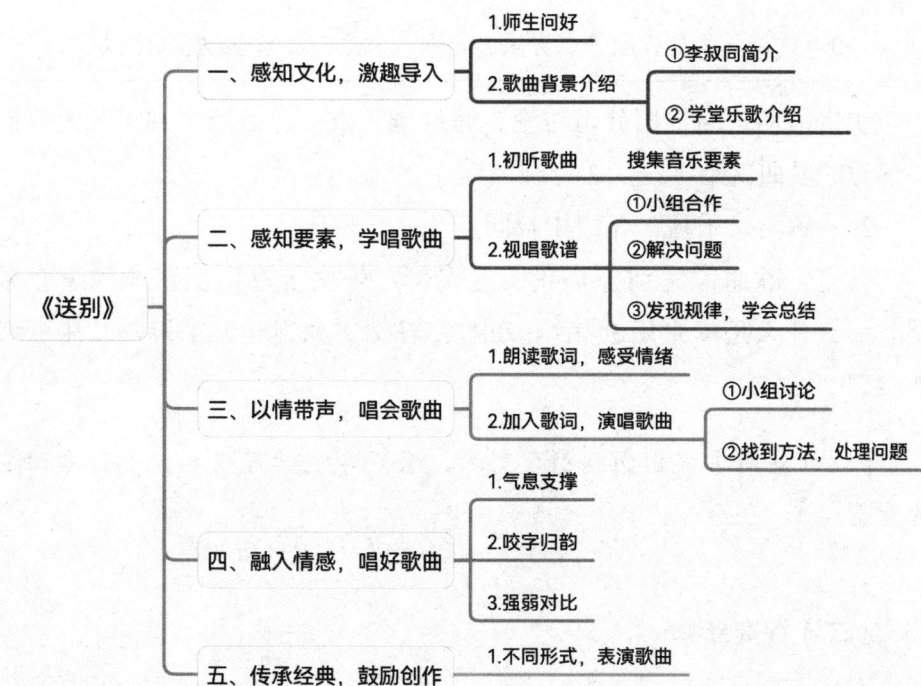

```
                                    ┌─ 1.师生问好
                    一、感知文化，激趣导入 ─┤              ┌─ ①李叔同简介
                                    └─ 2.歌曲背景介绍 ─┤
                                                    └─ ②学堂乐歌介绍

                                    ┌─ 1.初听歌曲 ── 搜集音乐要素
                                    │              ┌─ ①小组合作
                    二、感知要素，学唱歌曲 ─┤ 2.视唱歌谱 ─┤ ②解决问题
                                    │              └─ ③发现规律，学会总结

《送别》 ─┤
                                    ┌─ 1.朗读歌词，感受情绪
                    三、以情带声，唱会歌曲 ─┤              ┌─ ①小组讨论
                                    └─ 2.加入歌词，演唱歌曲 ─┤
                                                        └─ ②找到方法，处理问题

                                    ┌─ 1.气息支撑
                    四、融入情感，唱好歌曲 ─┤ 2.咬字归韵
                                    └─ 3.强弱对比

                    五、传承经典，鼓励创作 ── 1.不同形式，表演歌曲
```

四、教学过程

（一）情境导入

由提出问题引发思考，了解歌曲创作背景。

1. 介绍创作背景。

导言：今天我们要学习哪首音乐作品呢？请同学们先来看屏幕中的

三条信息。(PPT)通过这三条信息,你能联想到是哪首歌曲吗?

（1）这首歌曲是中国近现代经典歌曲。

（2）这首歌曲是学堂乐歌的典范,以西方音乐为曲调,以中国诗词为歌词。

（3）这首歌曲是我国著名音乐、美术、书法教育家李叔同填词创作。

学生活动:同学们分组讨论,通过这三条信息已经想到了今天我们要学习的歌曲就是《送别》。

2. 了解学堂乐歌,介绍李叔同。

导言:歌曲《送别》是我国近现代音乐史上有广泛影响的学堂乐歌。那么什么是学堂乐歌呢?（PPT:看文字和视频,了解学堂乐歌和李叔同）

【设计意图】提出问题引发思考,激发学生学习兴趣,了解歌曲创作背景。

（二）探究新知

（环节一）感知要素,学唱歌曲

1. 初听歌曲,感受歌曲结构及意境。

教师:下面我们就一起来听听这首好听的歌,思考一下歌曲的演唱形式和表达的思想感情?

教师播放视频《送别》,学生初听歌曲,感受歌曲演唱形式及意境。

教师小结:歌曲分为两个部分,第一部分齐唱,第二部分合唱,表现了与友人分别时的离愁别绪。

2. 练唱歌谱。

教师出示歌篇，学生跟着教师的范唱一起演唱。

导言：下面我们一起来看看歌曲的歌谱，一共分为四个乐句，请你跟着老师边划 4/4 拍边演唱一遍，一边唱一边思考四个乐句之间有什么关系？

学生演唱歌谱后教师小结：通过演唱我们不难发现，这首歌四个乐句，第一、第二、第四乐句基本相同，第三乐句情绪略有起伏。

（环节二）以声带情，唱好歌曲

1. 朗读歌词。

学生有感情地朗读歌词，体会歌词所表达的离愁情绪。

2. 学生练唱第一段歌词。

教师总结：《送别》歌词以长短句结构写成，语言精练，感情真挚。

3. 教师总结。

第一段歌词描绘了长亭、古道、夕阳等晚景，衬托寂静冷落的气氛。

4. 演唱第二段歌词。

学生跟着音乐演唱第二段歌词。

教师：这首歌曲用非常优美的旋律和清丽的歌词，表达了夕阳西下，与友人离别时不舍的感情。

5. 演唱处理，歌声动听。

①第一乐句歌声应富有磁性，气息支撑。

②第二乐句的后两小节要咬字归韵，拖住声音送出去。

③第三乐句与前两个乐句形成鲜明对比，情感加强，气息流动，富有表现力。

（三）传承经典　鼓励创作

1.完成学习单。

学　习　单

音乐知识我知道
同学们，通过学习，你知道什么是学堂乐歌吗？
歌曲曲作者是（　）
歌曲填词者是（　）

投入感情唱《送别》
请你用真挚的情感，饱满的气息来演唱这首歌曲。
你能自信准确演唱歌曲中两个声部旋律吗？

拓展作品我能行
你还知道哪些学堂乐歌？你还了解到哪些关于"送别"的诗词或歌曲吗？
快来和大家一起分享吧！

2.鼓励创作。

导言：大家小组合作，依照送别的曲子来填入新的歌词。

学生活动：学生自主总结本首歌曲风格特点，以四人小组为单位，挑选一首喜欢的古诗依曲填词进行创作。

总结：今天我们学习了《送别》，了解了学堂乐歌，送别的旋律选自美国作曲家《梦见家和母亲》，日本的歌曲《旅愁》和中国的歌曲《送别》，都是采用了这个旋律，都表现了离愁和思念的情绪。其实，音乐是人类共通的语言，是无国界的！让我们用心灵去感受，用耳朵去聆听，用歌声去表达，体验音乐带给我们的精彩世界！

附：学习单

《送别》学习单

1. 这首歌曲共有几个乐句，请你在每个乐句前标出序号。

2. 这首歌曲中有没有相似或相同的乐句？请你找一找、圈一圈。

3. 请你在小组内，划拍视唱歌曲歌谱。

《渴望春天》教学设计

北京市丰台区第五小学　　宁　宇

一、教学背景分析

（一）指导思想与理论依据

《国务院办公厅关于全面加强和改进学校美育工作的意见》（国办发〔2015〕71号）提出，学校美育工作应"坚持育人为本，面向全体。遵循美育特点和学生成长规律，以美育人、以文化人"。"注重激发学生艺术兴趣，传授必备的基础知识与技能，发展艺术想象力和创新意识……培养学生健康向上的审美趣味、审美格调、审美理想"。

本课结合《中国学生发展核心素养》《义务教育艺术课程标准（2022年版）》，以审美为核心，将歌曲《渴望春天》作为学习载体，在聆听和演唱中体会歌曲的音乐特点以及所蕴含的情感，并通过了解作曲家莫扎特加深对歌曲的艺术性认知，从而促进学生审美情趣、人文积淀、乐学善学等素养的全面提升。

（二）教材分析

1. 歌曲分析。

《渴望春天》是由奥地利作曲家莫扎特于 1791 年根据诗人奥弗贝克的一首短诗写成的抒情歌曲，深受少年儿童喜爱。歌曲以儿童纯真、活泼的语言，表达了孩子们渴望繁花盛开、小鸟齐鸣的春天到来时的心情。

歌曲为 ^{b}E 大调，6/8 拍，歌曲结构为带再现的单二部曲式。全曲以分解三和弦与级进音调交替进行的旋律为基础，配合活泼、跳跃的 6/8 节拍，曲调流畅、清晰、优美，充满着青春的活力和气息。

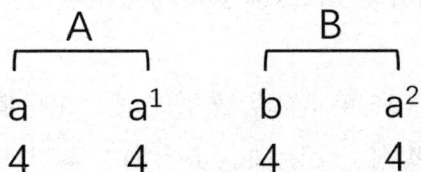

$$A \qquad\qquad B$$

$$\overbrace{\qquad\qquad} \qquad \overbrace{\qquad\qquad}$$

a	a¹	b	a²
4	4	4	4

歌曲的第一乐段：1—8 小节，由同一个材料变化重复的两个乐句组成。听起来给人一种亲切、委婉、舒畅、抒情之感。歌曲的第二乐段：9—16 小节，由于第三乐句的音调出现了变化，旋律音程出现大跳和向属调的离调，给人以清晰、明朗的感觉；第四乐句再现了第一乐句的素材，并略作变化，使全曲在欢快、活泼的情绪中结束。为了使歌曲留给人们的感觉更完美，作者在尾声的钢琴伴奏中加用了高音区的装饰音，像是模拟小鸟的歌唱，使歌曲更富有诗情画意，意境深远。

2.莫扎特介绍。

莫扎特（1756—1791），出生于奥地利萨尔茨堡的一个乐师家庭，3 岁即显露出极高的音乐天赋，4 岁跟随父亲学习钢琴，5 岁开始作曲，被誉为"音乐神童"。

莫扎特在短短的 35 年生活历程里完成了 600 余部不同体裁与形式的音乐作品，包括歌剧、交响曲、协奏曲、奏鸣曲、四重奏和其他重奏、重唱作品，大量的器乐小品、独奏曲等，几乎涵盖了当时所有的音乐体裁。他的音乐体现了古典主义时期的风格，其作品除具有古典乐派的严谨、典雅、对称的特点以外，还具有自身淳朴优美、明朗乐观的素质，他的音乐充满着真挚的温暖，闪耀着自在的欢乐，与海顿一起，确立了维也纳古典乐派。

（三）学情分析

1."审美感知"层面分析。

（1）对音乐要素的感知。

学生对节拍、速度、节奏、音高等音乐要素具备一定的感知与鉴赏能力，并能用恰当的音乐术语表述。

（2）对音乐情绪与风格的感知。

学生能够在欣赏过程中，感知歌曲所表达的音乐情感，并用音乐语言表达自己的聆听感受。

2."艺术表现"层面分析。

（1）识谱能力。

对于四年级学生来说，已具备一定的识谱能力。但6/8拍属于学生较难掌握的知识，因此采用肢体律动来加以感知，并通过击拍读节奏加以落实。在旋律演唱上注重感知，采用首调识谱的方式进一步体会乐句创作特点。

（2）情感表达。

学生能够通过歌声表达自己的内心感受，在理解诗歌内容基础上用相符合的情感进行演唱体验。

3."文化理解"层面分析。

学生对莫扎特及其音乐创作风格、作品的创作背景还没有深入的了解，因此本节课围绕相关话题拓展知识。此外，本首歌曲是学生刚刚开始接触艺术歌曲，教师可引导学生通过探索歌词、旋律、钢琴伴奏三个角度，使学生建立初步的感知与理解，并学会赏析艺术歌曲。

二、教学目标及重难点

（一）教学目标

1.能够感受音乐所表达的欢快情绪以及对生活、大自然的热爱，并用柔和、饱满的歌声加以表现，对艺术歌曲形成初步的认知。

2.通过肢体律动、击拍识读节奏等实践体验，感知6/8拍特点；通过聆听、模唱歌曲主题，感受旋律的重复与变化，建立对曲式结构的整体认识；通过视听结合、诗歌朗读等方式，体会三段歌词所表达的不同情感；了解莫扎特及歌曲创作背景，在艺术歌曲赏析中提升文化品位。

（二）教学重点

1. 欣赏艺术歌曲《渴望春天》，感受音乐所表达的欢快情绪以及对生活、大自然的热爱，提升审美感知能力。

2. 了解 6/8 拍，通过击拍、肢体律动等进行初步感知。

（三）教学难点

感受旋律，理解歌词，深入领会作曲家所表达的音乐情感。

三、教学过程

（一）诗歌导入，创设情境

1. 创设春天情境，激发学习兴趣。

导言：同学们好，欢迎来到今天的音乐课堂。在音乐课的开始，老师想为大家朗诵一段诗歌，节选自奥地利诗人奥弗贝克创作的《渴望春天》，请同学们细细聆听，感受一下诗中所表达的内容与情感。

2. 学生有感情地朗读《渴望春天》，从诗歌中感受诗人对生活、大自然的热爱之情。

【设计意图】通过图片欣赏、配乐诗朗诵视听结合的方式将学生带入歌曲情境，由诗歌所表达的内容引出歌曲的主题，激发学习兴趣。

（二）聆听歌曲，初步感受

过渡语：如此优美的诗歌如果用动听的旋律来演唱会是怎样的呢？接下来就让我们一起欣赏奥地利著名作曲家莫扎特根据这首诗创作的歌曲。

1. 初听歌曲，感知音乐特点。

问题1：请同学们边听歌曲边思考，歌曲带给你怎样的感受？

播放歌曲音频，完整聆听歌曲后，请学生表达观点。引导学生从音乐要素、情绪情感、体裁形式等角度进行赏析。

2. 复听歌曲，感知6/8拍。

问题2：接下来我们再来聆听歌曲，你能听出音乐的节拍吗？

聆听过程中先请学生自主尝试音乐律动，而后教师逐渐引导寻找拍点，感知音乐节拍特点。在师生共同探索下引出本首歌曲的节拍：6/8拍。

讲解6/8拍的含义：以八分音符为一拍，每小节有六拍。教师引导学生一起击拍体验6/8拍强弱规律：强、弱、弱、次强、弱、弱。

3. 识读节奏，了解弱起。

教师板书6/8拍节奏：请学生边击拍边来读节奏，在掌握简单节奏的基础上变化节奏型，进一步挑战。

预设问题：学生对于弱起小节知识点不够清晰。

解决策略：引导学生在心中数拍子，为弱拍进入做好准备，并提示重拍在完整小节的第一拍。

出示学习单（歌曲主旋律），将板书节奏融入歌曲主旋律中，请学生识认。

【设计意图】通过肢体律动初步感知歌曲节拍特点，在此基础上变化节奏组合使学生熟悉歌曲主要节奏型，并采用小组合作的形式识读节奏。

（三）视唱曲谱，体会乐句特点

1.首调识谱，演唱旋律。

教师：这首作品为 ^{b}E 调（板书调号，出示 Do 的位置），请小组合作，协同学习曲谱，识认唱名。

小组展示，其他同学加以评价，共同探究唱名，识谱准确后全体同学跟琴演唱。

2.再听歌曲，感知作品结构。

问题 3：再听歌曲，请你观察乐句之间有什么异同点？

引发学生深入思考，通过观察曲谱、旋律演唱，小组合作探究乐句之间的关系。

预设学生回答：第一、二、四乐句比较相似，第三乐句和其他三个乐句有不同。

追问：为什么第三乐句会带来不同的感受？

在师生共同讨论后，引出乐句变化重复的关系，关注第三乐句变化音带来的听觉感受，突出与其他三个乐句的对比性。

【设计意图】以小组合作的形式，学生自主学习进行首调识谱，而后通过旋律模唱到分析乐句，使学生对歌曲建立整体的感知。

（四）朗诵歌词，理解作品内容及情绪情感

问题 4：如此动听的旋律究竟要表达什么情感呢？我们一起来看看

歌词，你有什么发现？

1. 深挖歌词内涵，提升文化理解。

通过有感情地朗读歌词，体会诗歌的魅力，进一步理解、提炼三段歌词所表达的情感。

小组分工，分别寻找三段歌词所表达的内容与心情。

请小组分享，表达观点，师生共同探究、提炼。

［第一段］期盼春天：描绘春天的美好景色，抒发对春天的期盼之情。

［第二段］回忆冬天：一起回忆一下冬天大家欢聚在一起，做着各种游戏的快乐时光。

［第三段］渴望春天：当冬天过去，小鸟唱起了歌儿，春天已悄然来临，让我们尽情歌唱，迎接可爱的五月！

2. 以情带声，演唱体验。

请全体同学跟随视频画面完整演唱歌曲，根据歌词表达的内容有感情地演唱。

【设计意图】在朗读歌词中体会诗歌的独特魅力，在理解歌词内容的基础上，融入歌词完整演唱，感受与体验歌曲所表达的丰富情感，提升艺术表现力。

（五）文化理解，艺术提升

1. 认识莫扎特。

过渡语：我们今天欣赏的这首《渴望春天》，出自奥地利一位非常著名的作曲家，他就是莫扎特，同学们对莫扎特有了解吗？

先请学生分享，而后老师播放莫扎特介绍视频加以补充，增进对作曲家的了解。

2. 讲解创作背景，加深对作品的理解。

《渴望春天》创作于莫扎特生命的最后一年，当时他已是病痛与贫穷交加。在这种情况下，他还可以创作出如此美妙愉快和充满希望的作品，足以看出莫扎特坚定的意志和乐观的生活态度。

3. 欣赏独唱版《渴望春天》，感受作品的艺术魅力。

拓展欣赏独唱版《渴望春天》，请学生分享捕捉到的音乐信息。

预设学生回答：演唱、音乐情绪、伴奏乐器……

教师在学生的分享中进行提炼，进而总结艺术歌曲的魅力：

①旋律富有音乐美感、精心构想，有较高的声乐技巧；

②歌词凝练、经典，多采用诗歌；

③钢琴伴奏具有较高的艺术性，尽力烘托歌曲情绪与气氛。

结语：希望同学们在今后学习艺术歌曲时，也能从这些角度来体会其中的艺术魅力。

【设计意图】通过学生分享、视听结合，了解莫扎特及歌曲创作背景，在对比赏析不同版本的《渴望春天》中感知艺术歌曲的特点，提升学生艺术审美能力。

口琴课《do re mi》教学设计

北京市丰台区草桥小学　安　冉

一、教学背景分析

（一）指导思想与理论依据

随着教育改革深入发展，器乐教学已逐渐普及，并被国家教委正式列入九年义务教育中小学音乐教学大纲，成为中小学音乐教育的重要内容。新课标指出，学习器乐演奏，不单是为了掌握一两件乐器的演奏技能，而是为了通过演奏乐器更好地感受、表现和创造音乐。

在演奏教学过程中，通过节奏、节拍、力度、速度以及和声等音乐语言的变化，提高学生对音乐的感受和表现能力；再现乐曲的艺术形象，以此提高学生的创造能力。通过齐奏、轮奏、重奏及乐器合奏等训练，培养学生与他人相互合作的意识。学生在自奏、自听的吹奏练习过程中，眼看曲谱，耳听乐声，使得他们的视谱和听辨音准的能力都在不断提高。

（二）教材分析

口琴教学中的第一个音 do，位于第九个孔，吹气。re 位于第十个孔，吸气。mi 位于第十一个孔，吹气。用 do、re、mi 三个音以及四分、八分、十六分音符的节奏来创编旋律，通过分层目标的设计调动学生学习兴趣。最后以接龙游戏结束，由全班共同完成属于自己班的新乐曲。

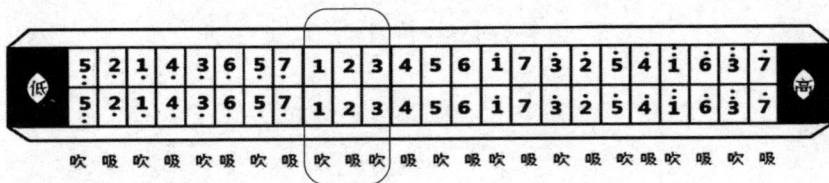

（三）学情分析

本班共有 38 名同学，对于口琴演奏和旋律创编的比例可以通过图标看出。口琴演奏——学生都能够掌握 do、re、mi 三个音的演奏，五个音的演奏有一部分同学可以掌握，而音阶的演奏就比较困难了。旋律创编——可以完成基础的创编。但是，节奏型越复杂出现的问题越多。针对学生的实际情况，并征求了同学们的意见，我们最后的决定是用 do、re、mi 三个音，运用学习过的节奏协同学习创编旋律。同时，为了照顾到不同层次的学生，还设计了分层目标，先由易到难自主学习，然后合作探究挑战更难的目标，让每一个学生都能够参与到课堂中。

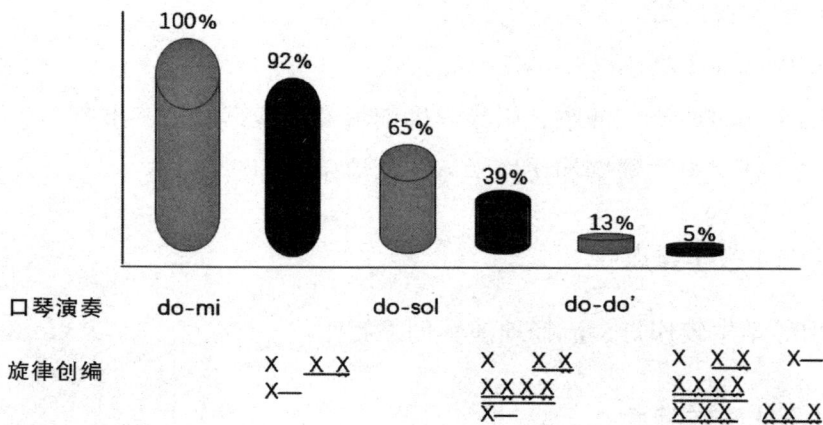

口琴演奏	do-mi		do-sol		do-do'	
旋律创编	X X X	X—	X X X	X X X	X X X	X—
			X X X X		X X X X	
			X—		X X X	X X X

三年级的学生这个学期刚刚接触口琴这样乐器，已掌握的知识：口琴的演奏姿势，以及口琴中 do、re、mi 的位置与演奏。能够掌握四分、八分、十六分音符的时值，本节课初次接触旋律的创编。结合学生已有知识储备的特点，本节课设计了以游戏为主线的教学方式。通过学生协同学习，独立完成旋律的创编和演奏，并在小组协作探索中学习新知。

二、教学目标及重难点

（一）教学目标

1.情感态度与价值观目标

通过协同学习的方式，学生创编旋律，感受不同旋律的特点。

2.过程与方法目标

（1）运用比较法使学生对乐曲中的演奏技巧有更好的把握。

（2）运用练习法引导学生掌握演奏中的难点部分。

（3）运用合作学习的方法，在唱、奏、编等活动过程中，体会作品所表达的欢快情绪。

3. 知识与技能目标

（1）通过聆听、演唱，引导学生创编及演奏第二、三小节。

（2）通过自主演奏和协同学习，创编乐曲的演奏。

（二）教学重点

引导学生较连贯、流畅地演奏创编旋律。

（三）教学难点

（1）第二、三小节的旋律创编。

（2）旋律接龙演奏时的衔接 1 2 1 3 1。

三、问题设计

基础性问题：你们能模仿老师的演奏吗？

挑战性问题：请小组协同完成第二、三小节旋律的创编，并试着演奏。

四、教学过程

（一）情境创设　基础训练

我来唱，你来吹

导语：同学们，上节课我们学习了 do re mi 三个音的演奏，接下来我们就用这三个音来做一个游戏。

学生活动：模仿教师吹奏旋律。

【设计意图】复习 do re mi 三个音的位置及演奏方法，并通过模仿吹奏的游戏，让学生在无意识状态下吹奏不同的旋律（节奏、音符），为后面的教学做铺垫。

（二）游戏挑战，创编旋律

1. 协同学习，自主创编（游戏一）

导语：下面我们来做一个创编游戏。你能试着创编第二、三小节的旋律，并试着演奏吗？

（1）学生创编旋律。

（2）视唱和试奏旋律。

（3）学生分组汇报。（要求：其他同学将学习单扣在桌子上，都来做小评委，看看哪个组创编的旋律又准确，演奏的又流畅。）

2. 用卡片 $\boxed{1}$ 表示

活动1：选择一个创编准确、演奏流畅的组，作为旋律1。

活动2：从慢速到快速演奏。

【设计意图】通过自主创编和演奏旋律，给学生更多思考和协同学习的空间，调动学生学习积极性，为后面的创编做铺垫。

3. 分层目标，挑战创编（游戏二）

导语：接下来我们再挑战一个更难的游戏，这次有三个目标，你们可以任意选择挑战，看看哪个组能挑战最难的目标？

（1）学生协同学习，自主选择目标完成。

（2）选择要完成的目标，并协同完成演奏。

学生活动：根据目标要求，自主选择创编内容，尝试演奏。

（3）按标准学生选出创编和演奏最好的两条旋律，作为旋律2和旋律3。

（4）用卡片 ② 和 ③ 标记。

（5）学生按顺序，边唱边用手势演奏。

（6）学生分组演奏 1、2、3 旋律。

学生活动：三组分别演奏自己创编的旋律，其他同学自己选择一个旋律，做手势演奏。

① 学生用 do 和四分、八分音符创编的旋律。

② 学生用 do re mi 三个音和四分、八分音符自主选择创编的旋律（未知）。

③ 学生用 do re mi 三个音和四分、八分、十六分音符自主选择创编的旋律（未知）。

（7）按数字顺序视唱并演奏旋律。

导语：今天我们第一次尝试创编旋律，同学们完成得非常棒。大家不但完成了创编旋律，还演奏出了一首属于咱们班自己的乐曲。下面我们全班同学一起来演奏这首乐曲，咱们也请各位老师帮我们录下来，发到咱们班的群里。

【设计意图】学生小组协同学习创编旋律，全班协同学习演奏完整旋律。培养学生协同学习的意识和能力。

（三）拓展延伸或总结

导语：同学们通过今天的学习你们都学到了什么？

学生活动：总结本节课所学到的知识。

（四）试一试

（1）找到 fa 和 sol 的位置。

（2）用 do re mi fa sol 五个音，分别演奏上行和下行音阶。

（3）用五个音创编一条四小节的旋律。

《发展下肢力量》教学设计

北京市丰台区第五小学　雷文朋

一、教学背景分析

对于下肢力量的练习，运动负荷大，学生课上容易产生抵触心理，缺乏练习兴趣，了解到课堂练习内容后更是对本节课失去信心，重复性的练习内容对于中年级学生不容易接受，从而影响课堂效果。基于学生不喜欢大运动量的下肢力量练习，本节课用游戏的方式，代替以往的枯燥练习，让学生在小组合作中互学互助，使学生能积极主动地参与到锻炼中，在玩中学，在学中练。

二、教学目标及重难点

（一）教学目标

1.积极参与体育游戏，掌握简单蹲走、蹲跳方法，通过游戏，锻炼下肢力量，提高运动能力。（运动能力）

2.理解锻炼下肢力量的好处，游戏中能与同学积极配合，体验成功与快乐。（健康行为）

3.培养学生遵守纪律的良好习惯和规则意识，磨炼顽强拼搏和团结协作的精神。（体育品德）

（二）教学重点

学会简单的蹲走、蹲跳，锻炼下肢力量。

（三）教学难点

动作协调连贯，努力配合同学，不断挑战自我。

三、教学流程图

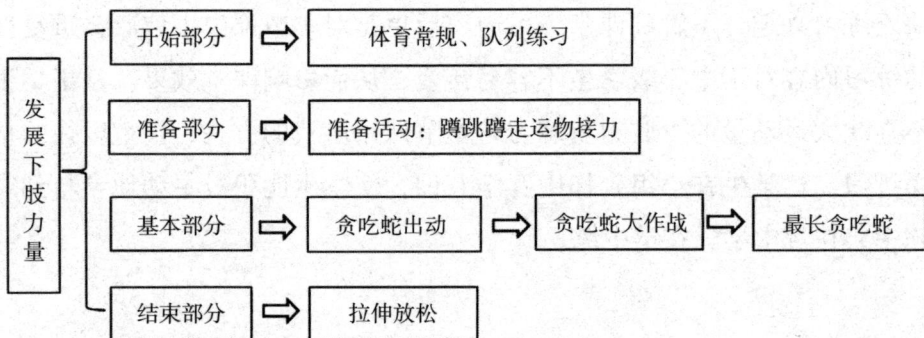

四、教学过程

第一部分：开始部分，体育课堂常规

1.师生问好。进行教学常规训练。

2.体委整队报告人数。（使学生有序排队，快速站成体育队形，了解班级上课情况。）

3.宣布本节课内容，用孩子们常玩的游戏贪吃蛇进行情景导入，让孩子快速了解接下来的活动内容，引发学生的好奇心、激发学习内驱力。

4.队列练习：

（1）原地三面转法；（2）原地踏步与立定。

（要求：学生做到声音洪亮，注意力集中，精神饱满，保持队形整齐。）

【设计意图】规范课堂常规，养成良好的体育课堂习惯。情景导入，带学生进入体育课状态。队列练习培养学生遵守纪律、听从指挥的常规课堂习惯，进而锻炼良好的身体姿态。

第二部分：课的准备，热身活动

1.关节操，包括头部运动、肩绕环、腰绕环、膝绕环、轻跳运动等，使身体各个部位和关节得到预热，做好运动前的准备。

2.游戏"蹲跳、蹲走运物接力"：4人一组，手持标志碟，个人以蹲

跳的方式进行往返接力比赛。（既是热身活动的小游戏，也是让孩子初步体验蹲跳、蹲走的基本动作，了解动作过程中的发力方式，选择适合自身的动作幅度和节奏行进。）

【设计意图】养成科学锻炼习惯，活动开身体各部位，从身体状况，技术动作方面，为接下来的主要锻炼环节进行铺垫。

第三部分：基本部分，游戏环节

（一）合作性小游戏"贪吃蛇出动"

1.组织学生四人一组，前后相接，以蹲跳、蹲走的方式到达指定地点，然后运物返回。

2.以小组的方式进行游戏练习。（锻炼同学之间互相配合的意识。通过要求贪吃蛇不能断，来提高对小组协同合作的要求。提示可以用口令、喊口号的方式，来保持小组动作协调一致。）

【设计意图】练习蹲跳、蹲走的动作，强调以小组合作的方式完成，要考虑每个人的运动能力，以强带弱，鼓励每个小组成员都要尽力而为，为后边增大难度的游戏做技术层面和游戏规则层面的铺垫。

（二）挑战性游戏"贪吃蛇大作战"

在篮球场大小的场地内，散点放置若干个标志碟作为"食物"，4人一组进行"贪吃蛇大作战"——到场地内"抢吃食物"，规定时间内"吃"到最多的为胜利。（此环节开始逐步达到课堂的高潮，练习方式和基本规则、动作等，学生基本都已掌握。在课堂上加入小组间的竞赛环节，让学生从"会玩"到"玩好"，在"玩好"的条件要求下，学生需要考虑到很多内容，包括技术动作，每一个队员的运动能力，游戏策略等。在玩的时候要会玩，在比赛的时候要考虑协同合作，要考虑小组队员的感受。）

【设计意图】用4人组成小组进行比赛，来提高游戏难度，增加锻炼趣味性，激发学生兴趣，培养学生协同合作能力。

（三）创造性游戏"最长贪吃蛇"

全班同学分为4组，每组8人，各小组队员拿颜色不相同的标志碟，队员们均匀分散在篮球场大小的场地内，小组长作为贪吃蛇的起点，去"吃"与自己相同颜色的小组组员，以达到"贪吃蛇"不断变长的目的。行进过程以蹲走、蹲跳的方式进行，先达到8人组成的"贪吃蛇"为获胜。（此游戏要进行两次，第一次主要是熟悉规则和方法，通过游戏发现比赛中需要注意的问题，然后进行小组讨论，激发学生去思考获胜的方式方法，并且在第二次比赛中进行尝试。）

（要求："贪吃蛇"不能断，一定要等待并且帮助小组内能力弱的同学，协助配合组员共同完成。）

【设计意图】8人小组间进行竞赛，难度增加，趣味性提升，更考验团队合作力。同时为学生提供发挥创意空间：自主设计路线，通过小组讨论，群策群力，挖掘游戏中的规则，设计游戏取胜方式。

第四部分：结束部分，放松总结

1. 放松活动：拉伸操。
2. 根据课堂实际情况进行总结。
3. 集合整队，宣布下课。

【设计意图】放松身心，缓解肌肉酸痛，表扬优点，总结不足。

五、作业设计

1. 平板支撑 3 组。
2. 完成大腿、小腿的肌肉拉伸放松。

六、课后反思

本课优点：以游戏"贪吃蛇"为情景展开教学，以蹲走、蹲跳为主要锻炼内容，课堂活动凸显整体性，练习方式从简单到复杂，人数从少到多，难度从小到大，负荷从低到高，课堂层次分明，孩子整节课都情绪高涨。充分发挥器材作用，简单的器材一物多用，在每个环节都发挥着不同的作用，简单却高效。

本课不足：锻炼大腿和臀部力量比较有效果，也很磨炼意志，但是对能力弱的孩子还是有一定难度，作为体育教师，练习时各种方法需要科学搭配使用，注意练习时候的运动负荷。

《下压式接力》教学设计

北京市丰台区第五小学　　高金扩

一、教学背景分析

本节课以全面锻炼学生身体，促进学生身心健康，提高学生的身体素质和运动技能为主要目的。是依据体育与健康课程标准水平目标（三）的要求以及学生的身心特点与认知规律而设计的教学过程。在教学中，采用项目式的学习方法，选择多种练习形式和激励手段，激发学生的运动兴趣；发挥学生的主体地位，让他们在学中练，练中思，关注学生在学习中的个体差异，培养学生创新意识，使每一个学生都能体验到学习和成功的乐趣。

本节课所教授的内容为下压式接力跑。接力跑深受学生喜爱，是学生展示自我，发展跑的能力的一项趣味性极强的运动项目。下压式接力跑的关键环节是接力棒的交接，目的是在发展跑的能力的同时，发展学生身体的灵活性和协调性，提高学生学习的兴趣和与他人协同配合的能力。通过本课内容的学习与练习，既能增强学生的奔跑能力，还能培养学生合作意识和集体主义精神。

五年级学生乐于参加体育锻炼，思维活跃，接受新事物快，善于思考。跑类运动在体育课中经常接触，学生对之兴趣浓厚。由于下压式接力是小组合作项目，所以在本课的设计上采用了项目式学习的形式，设疑答疑，引导学生积极思考，让学生共同探讨并掌握接力棒的交接方法，同时，采用学生相互观察、自我尝试、小组讨论等教学手段，提高合作意识，让每个学生都能充分展示自我，体验成功的喜悦。

二、教学目标及重难点

（一）教学目标

1.继续学习下压式传接棒动作方法，改进传接棒技术。

2.通过设疑、问答、项目合作等学习方法，选择多种练习形式和激励手段，发展学生的奔跑能力，提高速度、力量等身体素质。

3.培养学生果断的品质以及团结协作的意识。

（二）教材重点

传接棒时机准确。

（三）教材难点

在较高的等速下传接棒。

三、教学过程

（一）开始部分（课堂常规）

1. 体育委员集合整队并报告人数，师生问好，宣布本节课内容，检查服装，安排见习生。

2. 教师创设情景，讲述阅兵式解放军走方阵时威武的英姿，激发学生主动、积极参与练习的热情。

3. 组织学生模仿解放军，进行队列练习（四列横队）：齐步走——立定。

（要求：站队时快、静、齐。）

【设计意图】调动学生情绪，培养学生的纪律性和秩序感，为教学做好准备。

（二）准备部分（热身互动）

教师组织学生进行准备活动：

1. 徒手操：头部运动，肩部运动，腕、踝关节运动，膝关节运动，弓步压腿，侧压腿，轻跳。（每组运动均为四八拍，教师示范一节，然后由学生带着做。在学生练习的过程中，教师相机提示动作的幅度和节奏。）

2. 高抬腿 15 秒钟、屈腿跳 15 个。

3. 游戏：星球运动。

教师讲解游戏规则：一、三列同学向后转，与二、四列同学两人一组，互为星球。当听到教师一声哨响，一、三列同学迅速出发，绕二、四列同学旋转一周后,最先回到自己原位置的同学获胜。当听到两声哨响,二、四列同学迅速出发,绕一、三列同学一周后,最先回到自己原位置的同学获胜。

(要求:认真练习、动作到位、遵守游戏规则。)

【设计意图】提高学生神经系统兴奋性,提高体温和代谢水平,增强肌肉活动能力,调节心理状态,激发学习运动兴趣,确保本节课安全有序地进行。

(三)基本部分(新授、练习与展示)

1. 下压式接力。

(1)教师提问,学生思考"如何在不失掉速度的情况下,快速准确地完成传接棒?"

教师讲解动作要领:接棒人的手臂后伸,掌心向上,虎口张开朝后,拇指向内其余四指并拢向外,传棒人将棒的前端由上向前下压,放入接棒人手中。

(2)学生自主练习,并研究讨论正确的接力方法。(分为6个小组,每组5—6人)

(3)练习5分钟后集合,各小组选派一名代表说一说自己小组采用的接力方法。

(4)教师在大屏幕上播放下压式接力的正确方法。

(5)小组练习。

(6)总结方法的要点:传棒与接棒的同学要保持速度基本相等,这样的情况下进行交接棒的速度是最快的。

(7)组织学生再次进行练习,教师巡视各组的练习情况,并做相应的指导。

【设计意图】让学生在交流与练习中学会下压式传接棒的方法，并能较好地掌握其方法要点，从而提高学生的技术水平与身体素质。

2. 游戏：接力比赛。

分 6 个小组进行接力比赛，如下图，中间为 10 米的交接区，进行交接棒的学生站在起跑线上，其余学生站在一侧，由第一个同学绕过前后两个标志物交给自己下一个队友，依次传到最后一位，率先完成的小组，为胜利小组。教师在学生比赛时，要观察学生遵守规则情况，并给学生判定名次。

（要求：严格按照游戏规则进行练习，注意安全！齐心协力！胜不骄、败不馁！）

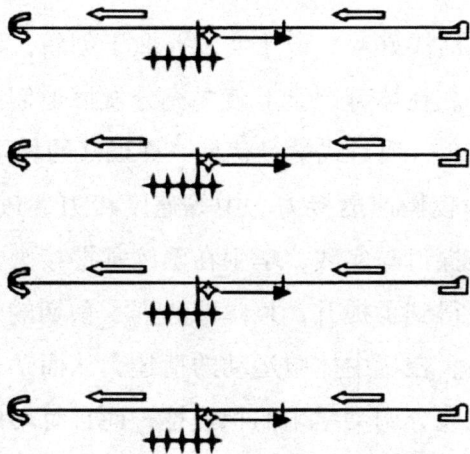

【设计意图】巩固学生课上所学下压式传接棒的动作方法，活跃课堂气氛并提高学生练习的兴趣，提高学生之间的合作能力。

（四）结束部分（整理放松，进行小结）

1. 教师组织学生做放松操：爱心树舞蹈。
2. 进行教学小结，让学生收还器材、宣布下课。

【设计意图】使学生身心得到放松，让学生学会做事情要有始有终。

四、作业设计

在家里和家长交流接力的方法，并观看一场 4×100 接力比赛。

五、课后反思

富有想象力，活泼好动，敢于实践，敢于创新，敢于胜利，这些都是学生的宝贵财富。在体育课堂上就要充分发挥他们的优势，多给他们创造展示自我的机会，项目式学习就是一种很好的教学方式。

本节课设置的较慢速度接力、中等速度接力、较快速度接力环节，让学生进行了深入探讨与实践，学生在熟练掌握接力方法与动作要领的同时，项目能力也得到了提升，整堂课达到了预期的效果。让学生能在玩中学、在学中练、在玩中体验运动的情趣，从而达到锻炼的目的。课中的分组练习，能充分调动学生的积极性，而且练习的次数多，又不单调，研究与练习相结合，适合孩子的身心特点。

教学是学生理解知识、掌握知识的重要过程。所以要尽可能地创造条件，让学生主动参与这个过程。学校正好有 LED 大屏，利用这个资源，做好课件，进行动作示范，可使学生更直观地看到正确的动作。学生对新鲜事物都很敏感，也很有兴趣，最后很自然地便掌握了正确的动作要领，更主动地去参与练习。但是我做课件的水平很有限，只是做了慢动作演示和一些照片截图，其实还可以做得更精细一些，例如把慢动作的重点部分做个特写，或者加个能引起学生注意的标志等，使学生更清晰地看清每一个动作，从而更好地让学生进行项目讨论，得出正确的技术动作。

《漂亮的童话城堡》教学设计

北京市丰台区第五小学　万晓丹

一、教学背景分析

《童话城堡》是一年级下册第4课，属"造型·表现"领域的内容。城堡是童话王国里最漂亮、最神奇的建筑。在孩子们的心目中，童话城堡里住着神秘的人物，会发生许多有趣的故事，会带给他们无限的梦幻想象。因此，孩子们都喜欢城堡，更愿意描绘自己心目中的童话城堡。本课以童话城堡的造型设计为主题，非常符合低年级学生的兴趣和年龄特点。

义务教育艺术课程标准强调以美育人，以美化人，以美润心，以美培元，引领学生在健康向上的审美实践中感知，体验与理解艺术，逐步提高感受美，欣赏美，表现美，创造美的能力。神奇、梦幻般的童话以超现实的形式为孩子们的童年生活敞开了自由遐想的空间。所以，本课要求学生在对现实生活中的建筑感知的基础上，艺术化地创造出新的建筑群。

二、教学目标及重难点

（一）教学目标

1. 初步了解城堡的外形特征，感知高低、宽窄、前后、不同形状等多样变化能使画面产生美感。能用不同的线条、形状和颜色画一座自己想象出来的童话城堡。

2. 通过引导学生对城堡外形、结构的观察分析，探究用基本型概括物象的方法，并在发现式、问题驱动式教学活动中，调动学生的发散思维，激发学生的想象力。

3. 通过对童话城堡的创作表现，引导学生感受城堡建筑的形式美，以及它与生活的密切关系。体验图形组合、创新表现城堡造型的乐趣，丰富学生的想象，寄托学生对生活的美好愿望。

（二）教学重点

运用不同的线条、形状表现出具有高低、大小等变化的城堡造型；根据想象，适当添加创意，使城堡变得独特有趣，富有童话色彩。

（三）教学难点

注意表现出城堡高低错落、形状各异的特点，造型新颖而富有创意。

三、教学过程

（一）情景导入

听说，童话公主们要建造城堡，可大家意见不一，都说自己的城堡才是最美的，争吵不休（播放自制动画），白雪公主想邀请咱们班的小设计师帮助她们设计出最美的城堡，你们愿意吗？

那你们心中最美的城堡应该是什么样子的呢？（学生畅所欲言）

小结：每个人心中都有属于自己的童话城堡，只要是按自己的喜好设计的城堡就是最美的。今天，就跟着老师一起走进"童话城堡"的世界吧。（引出课题：童话城堡）

【设计意图】通过设置情境的方式引导学生不知不觉中融入其中，在他们兴趣盎然的时候引出课题，激发了孩子们的强烈的求知欲和学习的热情。

艾莎说："我心中最美丽的城堡，是用晶莹剔透的冰雪变成的魔法城堡。"

乐佩说："冰天雪地太冷了，用我的金色魔发建一座空中城堡怎么样？"

（二）探究新知

1. 城堡之旅，文化理解

让我们先来一场世界城堡之旅吧。

比较城堡与一般建筑，思考：

城堡和一般楼房有什么不同？

城堡由哪几部分组成？（PPT播放动画）

总结：城堡由城门、城墙、塔楼以及塔顶组成。

【设计意图】通过世界城堡之旅，开阔学生的眼界，提升学生文化理解的核心素养。

2. 课前实践，联系生活

生活中，你们见过哪些城堡？快来听听同学们的分享吧！

学生 1：这是一本立体书，打开就可以看见漂亮的童话城堡。

学生 2：这是我们一家人去哈尔滨看到的冰雕城堡。

谁还想分享自己生活中见过的城堡？

学生 3：这是上海迪士尼的城堡，高低错落，颜色也特别的漂亮！

【设计意图】贴近学生生活，注重课堂内容与现实生活的联系。

3. 互动拼摆，审美感知

（1）学习用基本图形组合的方法表现城堡。

提问：我们快来一起说说这座城堡都由哪些形状组成？

（分别点击图片建筑上的不同形状，学生与老师一起找。）

小结：城堡就是由这些大小、长短等不同的基本形状组合出来的。

（2）你们说的这些图形，就在你们桌上，两人一小组，看看能不能摆出一座高低错落、有前后遮挡的城堡。（示范拼摆）

教师巡视，给予指导和帮助，找出拼摆不同样式的城堡，颁发小奖励！

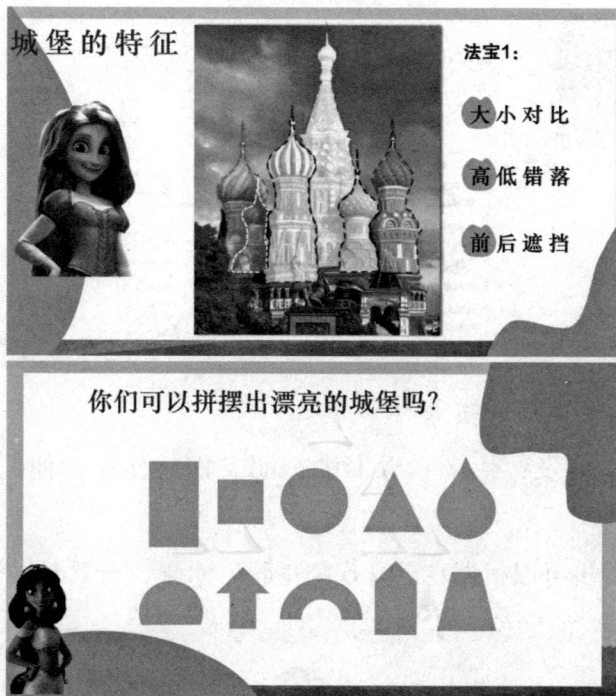

【设计意图】通过小组活动，学生协同合作完成拼摆城堡，了解城堡的特征和外形结构，解决本课的教学重点，提升学生艺术表现的核心素养。

4. 装饰妙计，艺术表现

城堡的外形有了，怎么让我们的城堡更加独特和好看呢？

快快打开公主们给你们的小锦囊，里面有很多我们前面一节课学过的漂亮线条，通过线条的装饰，我们的城堡就更加漂亮了。（教师画出漂亮线条，贴上替换的城堡线条）

【设计意图】运用小锦囊的教学策略，为学生搭建支架，通过线条的装饰，创作漂亮的童话城堡，提升学生艺术表现的核心素养。

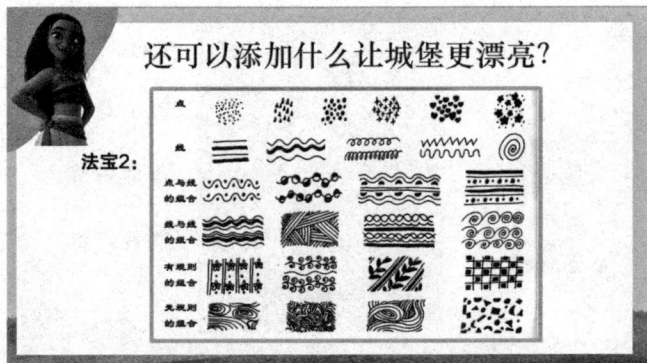

5. 颜色启发，创意联想

（1）文本启发：快来看看书中小朋友们的作品，他们都用了哪些颜色。

（2）我们也可以根据自己喜欢的植物、水果、玩具对城堡进行创想。

【设计意图】注重分层教学，通过连连看，引导学生联想，培养学生艺术创造力。

6. 教师示范

（1）教师现场示范：完整的城堡的创作。

（2）微课示范：有创意的城堡的创作。

【设计意图】明确完整的绘画过程。

（三）艺术实践

在情境创设中进行艺术实践。

根据自己的喜好和公主的要求，运用不同的形状画出最美丽的童话城堡！

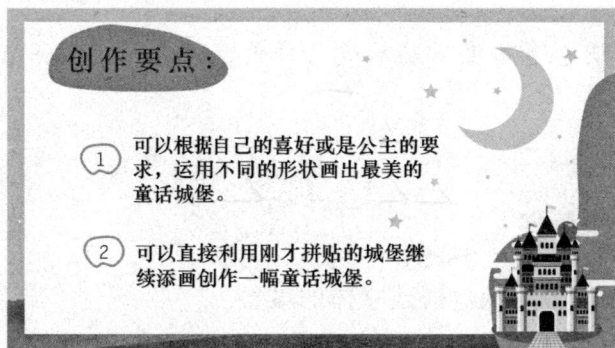

【设计意图】培养学生艺术创作能力。

（四）评价展示

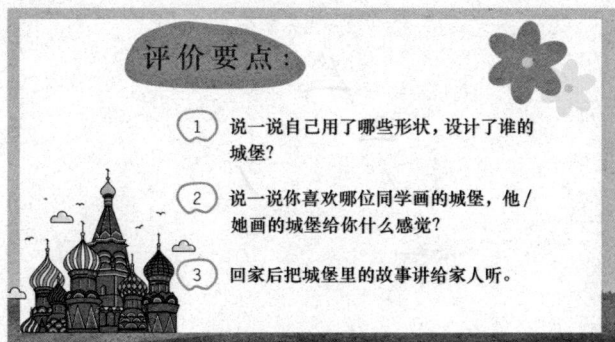

（1）作品展示：学生将自己设计好的"童话城堡"作品立在展台上，进行展示。

（2）自评：学生讲解自己设计的城堡的特点。

（3）同学评：从这些漂亮的城堡中评出你心目中的"线条表现奖""细部刻画奖""突出进步奖""最佳表达奖"。

（4）老师为每一个小设计师颁发城堡小奖章，以示对学生学习成果的认可。

【设计意图】多角度多层次进行评价，培养学生的语言表达能力及审美鉴赏能力。

（五）拓展延伸

（1）引导学生用纸盒搭建立体的城堡。

（2）运用超轻黏土创作漂亮的城堡。

《中国画——学画大熊猫》教学设计

北京市丰台区第五小学　陈玟漪

一、教学背景分析

本课是"造型·表现"艺术实践课程，是国画系列学习的重要内容。

本课承接《笔墨游戏——猫头鹰》一课，在学生掌握中锋、侧锋的用笔方法，浓墨、淡墨等五种墨色，浓破淡等技法的基础上设计的。

本课的重点应放在对学生进行水墨画绘画技巧（用笔、用墨、用水）的训练上，让学生在绘画过程中，能够得心应手地充分展示自己对绘画对象的想象力，使画面充满童趣。与此同时，教师可以用一些简单的语言来启发学生，进一步加深其对技法的理解。

本课的教学更加注重对熊猫各种不同姿态的表现，是把以前所学知识综合运用的过程，通过画熊猫体会中国画的笔墨情趣给人带来的审美感受。为下一个阶段的国画学习打下坚实的基础。

学生容易出现的问题：大熊猫姿态的造型不准，特征不明显。笔中的水分控制不好，容易把四肢画得过于臃肿。

因此，教学时，教师应加强直观演示，边示范边讲解笔中水分的控制方法，尽可能多地提供大熊猫的形象，加强数量练习。

二、教学目标及重难点

（一）教学目标

1. 审美感知。

简要了解大熊猫的生活习性及形态特征，复习墨的浓淡、干湿等中国画的绘画语言。

2. 艺术表现。

初步运用中锋、侧锋和墨的干湿，以及浓墨、淡墨表现出大熊猫的不同形态，并能适当添加环境要素构成一幅画面。

3. 创意实践。

通过体验、探究活动以及运用墨的浓淡、干湿变化，表现绘画大熊猫的过程，初步掌握大熊猫的绘画方法，加深对传统绘画技法的了解。

4. 文化理解。

通过学习墨的浓淡、干湿，丰富学生的绘画技法，提高学生的笔墨表现能力，激发学生学习传统绘画的兴趣，培养学生热爱传统绘画艺术的情感。

（二）教学重点

了解大熊猫的墨色浓淡特点、干湿用笔和动态绘画。

（三）教学难点

大熊猫墨色变化的控制及熊猫不同动态的表现。

三、教学过程

（一）视频导入

1.播放介绍大熊猫的有趣视频，引出课题。

2.板书课题《中国画——学画大熊猫》。

【设计意图】介绍国宝大熊猫，视频激发学生的学习兴趣，增强学生主动学习意愿。

（二）探究学习

1.观察图片：熊猫的特点有哪些？小组讨论。

头圆尾短、体态肥圆

黑白相间、"八字"黑眼圈

【设计意图】快速观察大熊猫的外形特点，初步感受大熊猫绘画的特点。

2.大熊猫的动态有哪些？

播放大熊猫动态视频，观察大熊猫动态；展示大熊猫动态照片，引出国画绘画动态图。

看图分析：坐、卧、立、仰、爬。

小组讨论：大熊猫身上的黑点、黑块大小一样吗？为什么？

总结：角度不同，动态不同。

【设计意图】视频展示大熊猫各种动态姿势，增强学生对动态的感受。利用"黑白"效果，让学生更直观感受不同动态时的墨色大小、形状变化。

3. 播放视频：吴作人的熊猫绘画视频及其简介。

一只憨态可掬、活泼可爱的大熊猫，在绘画大师吴作人的笔下被描绘得惟妙惟肖。

寓意：正以清白的气节。

感受笔墨变化。

4. 比眼力——用笔：侧锋　中锋

中锋淡墨——大熊猫轮廓

侧锋浓墨——画出眼、四肢、皮毛

比眼力——墨色变化　浓淡变化

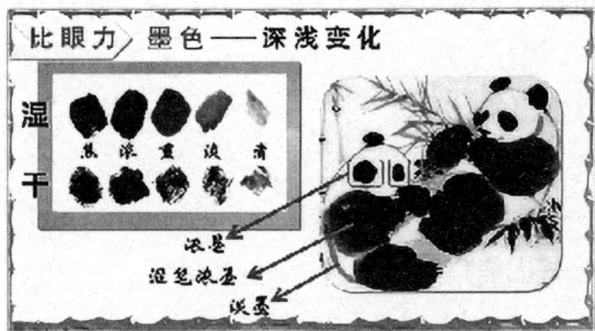

总结：干湿浓淡的用墨技法，淡墨勾勒出大熊猫的轮廓线，重墨画出四肢和五官。

【设计意图】回顾旧识，探究大熊猫用笔、用墨变化，为绘画大熊猫做铺垫。

5.连线国画家演示干湿、浓淡的笔墨技法。

注意墨的干湿浓淡变化表现、笔法运用。

学生练习绘画：一笔画出有浓淡变化的墨色。（完成学习单）

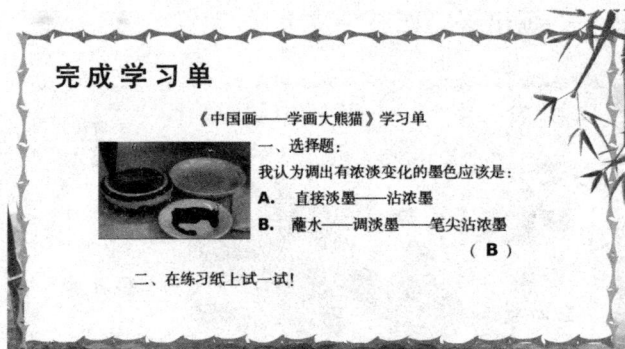

【设计意图】巩固墨色调色方法，加强学生练习效果。

（三）教师示范

讲解：浓墨绘画五官、淡墨勾勒轮廓、有浓淡变化的墨色绘画四肢，注意大熊猫的动态。

（四）艺术实践

1. "集团书画展作品展览"情境导入，作业要求：

用中国画的方法画几只可爱的大熊猫，可适当添加环境。

2. 辅导要点：

（1）浓淡不同的墨色和中锋、侧锋不同的用笔方法。

（2）说出想象的大熊猫活动的样子。

（3）采用不同的用笔方法。画浓淡不同的墨色变化。画出丰富的动态。

（五）展示讲评

1. 以"熊猫乐园"为主题进行展示，张贴自己的作品。

2. 引导学生从动态、墨色两方面进行自评互评。

四、板书设计

中国画——学画大熊猫

中锋淡墨——大熊猫轮廓

侧锋浓墨——画出眼、四肢、皮毛

大熊猫的不同姿态

《三点水》教学设计

北京市丰台区第五小学　丁玥格

一、教学背景分析

本课是人美版《书法练习指导》四年级下册第 3 课。本课引导学生掌握三点水的形态特征及其写法。练习三点水例字，体会三点水汉字的结字规律。在教学中渗透汉字源流知识，积累书法文化素养。培养学生养成细心观察、认真书写的好习惯，感受书法艺术之美。

纵向分析：在本套教材中，学生在四年级学习笔画的书写变化和左偏旁的写法，五年级安排学习右偏旁、字底、字头的写法，六年级将学习独体字的写法以及结构布势等。

横向分析：在本册教材中共两个单元。第一单元为左偏旁的写法（一），第二单元为左偏旁的写法（二），由易至难，循序渐进。本课学习中，学生在基本掌握了学习方法的基础上，拓展教学内容，在本册书中起到承上启下的作用。

二、教学目标及重难点

（一）教学目标

基本目标：掌握三点水的形态特点。

高级目标：掌握三点水笔画的搭配关系。

技术目标：自主探究、合作学习三点水例字的字形结构，临摹实践、体验书写过程，提高书写表现能力。

艺术目标：临摹三点水汉字，初步做到结构美观、用笔到位。

文化目标：培养正确的书写习惯，受到书法艺术的感染与熏陶。

（二）教学重点

分析三点水结构，掌握三点水的书写要领。

（三）教学难点

写好三个点的位置关系，使它们彼此呼应，并体会三点水例字结构特征。

三、教学过程

（一）导入

观视频，了解"水"的字形演变。

通过视频我们了解到"水"是一个象形字，当水从地下滴出时，就是上学期我们学过的"泉"。今天我们把"水"变成形符组字，学习《三点水》。（板书课题）

【设计意图】汉字动画激发学生兴趣，渗透汉字源流与字形演变的书法知识，丰富学生文化底蕴。

（二）探究新知

1. 以《九成宫醴泉铭》中几个带有三点水的字为例，说一说三点水在字中有什么特征？

三点水：三点水整体瘦长，三个点画形态不同，三点水的字一般左窄右宽。

【设计意图】通过观察欧体楷书中不同字的三点水，感知三点水的整体特征与其他部件的组合关系。

2.同伴合作，探究三个点的位置关系。

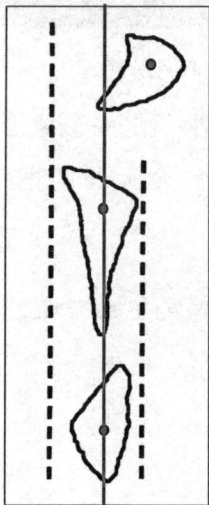

①探究三个点的位置关系。

②用箭头标注三点的粗细变化。

学生通过小组探究，发现三个点画略成弧形，粗细变化的方向不同，进而总结出三个点画互相呼应的结构规律。

【设计意图】直观感受三个点画的位置、形状与粗细变化。

3.分析用笔特点、教师范写。

根据用笔图示，边示范边讲解三点水的用笔特点：第一笔形似短撇，向左运行，笔画短而有力，略平；第二笔竖点靠左，顺势而下，向下运行流畅有力，略长，由上而下笔画渐细，末笔挑点短而有力。三点之间动势明显。与右边的部件相呼应。

学生观察示范，完成3个三点水练习。展示、评价同伴的"三点水"。

【设计意图】通过示范与笔法讲解，引导学生体会三点水的用笔规律。

4.字形分析。

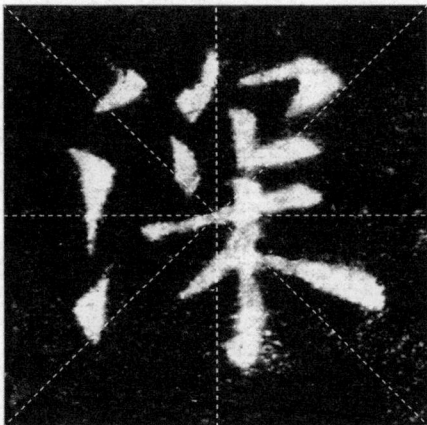

请同学们打开书，走进欧阳询的原帖，观察米字格中的"深"字，在学习单上适当圈画或添加辅助线，小组共研：

（1）左右两部的宽窄关系。

（2）左右两部的长短关系。

（3）左右两部的疏密关系。

通过自主学习、小组共研，学生发现"深"字左窄右宽、左短右长、左疏右密的结构特征。

【设计意图】设问的方式引导学生提升自主读帖、分析的能力，锻炼学生合作意识，共同解决结构问题。

5. 教师示范。

在示范中讲解笔画要点，提示关注整字笔顺。并重点关注老师书写时笔尖的运动规律、各笔画的位置和起笔、行笔、收笔的动作。

【设计意图】学生通过观察老师示范时毛笔运动的轨迹与笔端的动作，感知例字书写的用笔规律。

（三）书写实践

指导学生打开课本第7页，先观察课本中的三点水及"深"字的结构形态，再分析它们的写法，做到心中有数，最后再拿起毛笔尝试临摹。

强调学生在书写过程中要注意保持正确的书写姿势和书写环境的整洁。

个别辅导，纠错，示范。

【设计意图】培养学生养成良好的临帖习惯，提升学生读帖、书写技能。

（四）展示评价

评价标准		姓名	自评			互评		
深	形态准确 用笔到位		✿	✿	✿	✿	✿	✿
深	结构准确 用笔到位		✿	✿	✿	✿	✿	✿

【设计意图】巩固本课所学知识重难点，以字形特征与笔画形态为标准进行评价，引导学生关注到自己的优势与不足，帮助学生树立信心。

（五）拓展延伸

曾子曰："吾日三省吾身：为人谋而不忠乎？与朋友交而不信乎？传不习乎？"每天深切的省悟自己替别人做事有没有尽心竭力？和朋友交往有没有诚信？老师传授的知识有没有实践过？

我们可以在《九成宫醴泉铭》中集字《深省》，完成竖幅小作品。

【设计意图】植根文学经典，渗透在书写中举一反三，丰富文化内涵，拓宽视野。

四、板书设计

三点水

左窄右宽
左短右长
左疏右密

《身边的循环结构》教学设计

北京市丰台区第五小学　李　萌

一、教学背景分析

《义务教育信息科技课程标准（2022年版）》中指出，信息科技课程旨在培养科学精神和科技伦理，提升自主可控意识，培育社会主义核心价值观，树立总体国家安全观，提升数字素养与技能。

新课标中倡导真实性学习。创新教学方式，以真实问题或项目驱动，引导学生经历原理运用过程、计算思维过程和数字化工具应用过程，建构知识，提升问题解决能力。通过生活中的实例了解算法的特征和效率，能用自然语言、流程图等方式简单描述算法，通过编程验证该过程。

因此，结合学校一直以来开展的"目标导向、问题引领、深度学习"的研究主题，设计出主题课程"身边的算法"。课程设计突出"身边"，从学生熟悉的情境出发，了解身边的算法，初步学习基本概念和基本原理，并体验其应用。在教学中，我尝试让学习主题选自生活，学习过程经历发现问题、提出问题、分析问题和解决问题的步骤，学习结果再运用到生活中。

　　本单元的教学内容属于信息科技《身边的算法》的教学内容。在北京版《信息技术》第三册中，循环结构分别在第 16 课《制作简单动画》和第 17 课《改善动画效果》中出现。第 16 课《制作简单动画》的教学目标是认识"重复执行"等命令模块，了解循环结构程序设计的思想和方法。在本课中，学生利用" ▆▆ "让角色重复动作。而第 17 课《改善动画效果》一课中，学生则运用" ▆▆ "和" ▆▆⑩次 "实现烟花重复绽放的效果。

　　新课标中要求：结合生活中的实例，了解算法的顺序、分支和循环三种基本控制结构，能分析简单算法的执行过程与结果。针对简单问题，尝试设计求解算法，并通过程序进行验证。

二、教学目标及重难点

（一）教学目标

1. 了解循环结构的特点。

2. 学会使用 Mind+ 软件，添加扩展分类"画笔"。

3. 学会使用脚本命令" ✏落笔 "" ✏落笔 "和" ✏全部擦除 "的方法，绘制虚线和正方形、正三角形。

4. 通过绘制虚线和正多边形、正三角形，理解循环结构的特点。

5. 培养学生运用流程图梳理设计思路，培养计算思维。

（二）教学重点

1. 学会使用脚本命令" ✏落笔 "" ✏落笔 "和" 移动⑩步 "，绘制虚线和正方形、正三角形。

2. 理解循环的特点是重复执行，即执行相同的动作。

（三）教学难点

理解循环的特点是重复执行，即执行相同的动作。

三、教学流程图

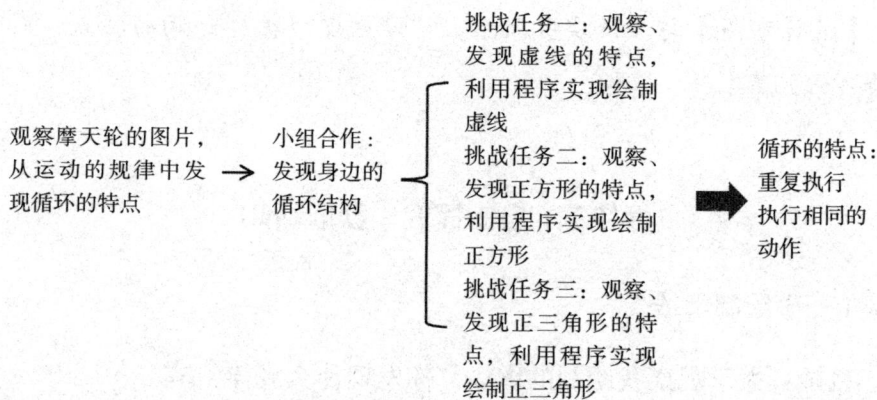

观察摩天轮的图片，从运动的规律中发现循环的特点 → 小组合作：发现身边的循环结构 {

挑战任务一：观察、发现虚线的特点，利用程序实现绘制虚线

挑战任务二：观察、发现正方形的特点，利用程序实现绘制正方形

挑战任务三：观察、发现正三角形的特点，利用程序实现绘制正三角形

} ⇒ 循环的特点：重复执行 执行相同的动作

四、教学过程

板块一：与生活实际结合，引入本课学习内容

教师：摩天轮，大家都坐过吗？

教师：试一试，用一句话描述摩天轮座舱是怎样运动的？

预设：重复、周而复始、相同的动作……

教师：生活中还有类似的例子吗？列举出 2—3 个。

要求：

1. 相邻的 2 名同学，和同伴说一说你想到的例子。

2. 想一想，它们有什么样的规律？

教师：哪组愿意说一说你们交流的结果？

预设：日月交替、四季、轮胎、转转杯、风车……

教师：这种重复执行相同的动作，我们称之为"循环"。

教师：今天，我们来研究身边的循环结构。

【设计意图】与生活实际联系，让学生发现循环结构的特点，引入本课学习内容。

板块二：自主探究、获取新知

（一）绘制虚线

教师：大家观察我绘制的虚线，你发现什么规律？

预设：

1.（先移动 40 步长的直线，再移动 20 步长）学生知道运动规律，但是不知道要绘制；

2. 学生知道绘制需要添加"画笔"分类，落笔和抬笔；

3. 学生知道重复是"落笔""移动 40 步""抬笔""移动 20 步"。

教师：如果使用 Mind+ 绘制这段虚线，你的设计思路是什么？

要求：相邻的 2 名同学，和同伴说一说你的设计思路。

教师：哪组同学愿意说一说？

教师：我们一起看任务一。

1. 打开程序"神奇的画笔之虚线"；

2. 添加"画笔"功能模块；

3. 绘制如下图所示的虚线；

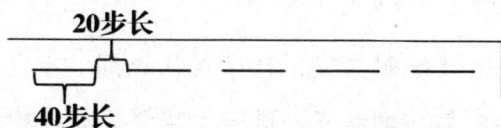

4. 运行并调试程序；

5. 时间：3分钟。

屏幕计时。

教师巡视，个别指导。

教师：我们一起来看看同学们的任务完成情况。哪位同学愿意展示你的程序？请切换到全屏演示布局下演示。（提示：观看同学的程序运行效果，是否实现我们的要求。）

教师：请演示的同学切换回完整布局，我们一起来读一读他编写的程序。

教师：从程序中，大家观察重复执行的是什么？重复执行了几次？

教师：我们用循环结构流程图再一起来回顾一下。

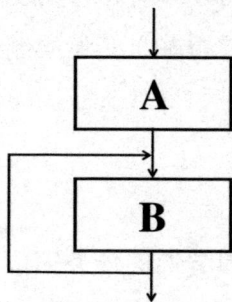

教师：循环结构是指因为在程序中需要反复执行某个功能而设置的一种程序结构。它由循环体中的条件，判断继续执行某个功能还是退出循环。

教师：我们只绘制程序中重复执行的部分。

【设计意图】通过绘制虚线，让学生认识到"重复执行"和"执行相同的动作"是循环结构的特点，进一步理解循环结构的原理。

（二）绘制正方形

教师：正方形中也包含循环，你们仔细观察一下。正方形中重复执行的是哪部分？重复执行几次？

教师：我们一起看任务二。

1.编写程序：绘制步长为 200 的正方形，如下图所示：

2.角色从坐标点（−100，−100）开始绘制；

3.时间：3 分钟。

屏幕计时。

教师巡视，个别指导。

教师：我们一起来看看同学们的任务完成情况。哪位同学愿意展示你的程序？请切换到全屏演示布局下演示。（提示：观看同学的程序运行效果，是否实现我们的要求。）

教师：请演示同学切换回完整布局，我们一起来读一读他编写的程序。

（三）挑战任务：绘制正三角形

教师：如果绘制正三角形，要怎么做？

教师：请看任务三。

1. 修改程序：绘制步长为 200 的正三角形，如下图所示：

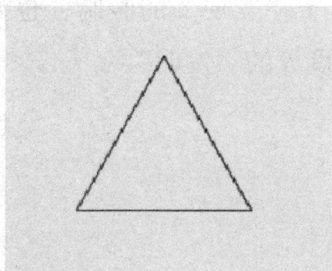

2. 角色从坐标点（-100，-100）开始绘制；

3. 每次绘制前，要清空舞台；

4. 时间：5 分钟。

屏幕计时。

教师巡视，个别指导。

教师：我们一起来看看同学们的任务完成情况。哪位同学愿意展示你的程序？请切换到全屏演示布局下演示。（提示：观看同学的程序运行效果，是否实现我们的要求。）

教师：请演示同学切换回完整布局，我们一起来读一读他编写的程序。

【设计意图】通过绘制正方形和正三角形，进一步让学生理解到"重复执行"和"执行相同的动作"是循环结构的特点。

板块三：本课小结

教师：生活中处处都有"循环"的身影，从我们玩的风车，每天的日月交替，一年的四季轮回，再到为我们提供了源源不断绿色动力的风力发电。

我们要拥有一双善于"发现"的眼睛，也许生活中一次不经意的"发现"，就会成为改变世界的"发明"。

协同 探究 共生

丰台区学习共同体项目研究课堂教学案例

▌中学卷▐

杨晓辉◎主编

中国言实出版社

图书在版编目（CIP）数据

协同　探究　共生：丰台区学习共同体项目研究课
堂教学案例：小学卷、中学卷 / 杨晓辉主编. -- 北京：中国
言实出版社，2024.12. -- ISBN 978-7-5171-4993-4

Ⅰ. G632.421

中国国家版本馆CIP数据核字第2024M3F103号

协同　探究　共生

责任编辑：王君宁　史会美
责任校对：王建玲
封面题字：顾明远

出版发行：中国言实出版社

地　址：北京市朝阳区北苑路180号加利大厦5号楼105室
邮　编：100101
编辑部：北京市海淀区花园北路35号院9号楼302室
邮　编：100083
电　话：010-64924853（总编室）　010-64924716（发行部）
网　址：www.zgyscbs.cn　电子邮箱：zgyscbs@263.net

经　销：新华书店
印　刷：徐州绪权印刷有限公司
版　次：2025年4月第1版　2025年4月第1次印刷
规　格：710毫米×1000毫米　1/16　32.5印张
字　数：380千字

定　价：98.00元（全2册）
书　号：ISBN 978-7-5171-4993-4

编委会

序 | 走向协同共生的教育新生态

当今时代的教育变革，正经历着从知识本位向素养导向的深刻转向。在人工智能重构人类认知方式、社会复杂性日益加剧的背景下，教育如何突破传统课堂的桎梏，构建师生共同成长的生态土壤呢？《基于协同探究的课堂教学改革实践》和《协同　探究　共生——丰台区学习共同体项目研究课堂教学案例》以丰台区多所学校的实践探索为样本，系统呈现了学习共同体理念在本土化实践中绽放的智慧之花。书中记录的不仅是课堂转型的路径，更折射出对教育本质的深刻追问：当课堂从"教"的场域转向"学"的共同体，教育的形态将发生怎样的质变？

"协同""探究""共生"三个关键词，恰似支撑教育新生态的三维支柱。

协同，意味着打破师生、生生、师师之间的单向度关系，构建平等交互的网络。在丰台区"学习共同体"学校的课堂中，教师不再是知识的垄断者，而是学习的设计师与协作者；学生不再是沉默的接受者，而是通过伙伴关系的建立，成为彼此的学习资源。这种协同不是简单的分组讨论，而是通过倾听关系的深度培育，让每个声音都被听见、每个思维的火花都能在群体智慧中激荡。

　　探究，指向学习本质的回归——将课堂转化为问题驱动的思维场域。书中详述的挑战性问题设计策略，彰显着教育者的匠心：真正有价值的问题不是标准答案的诱饵，而是能点燃认知冲突、激发思维纵深发展的火种。当学生为解决问题而检索、辨析、重构知识时，学习便超越了机械记忆，升华为素养养成的真实历程。

　　共生，则是这场变革的终极旨归。它既包括师生在课堂对话中的共同成长，也涵盖教师群体通过专业共同体的互助迭代，更指向学校管理机制对教学创新的制度性支持。这种共生关系的确立，使教育不再是零和博弈的竞技场，而是生命相互滋养的生态花园。

　　细览书中案例，处处可见教育者对这三个维度的创造性诠释。在创设心理安全环境的探索中，教师通过"容错机制"和"等待的艺术"，重构了课堂文化的基本语法；在教师学习共同体建设中，观课、评课从评判走向"焦点学生观察"，实现了教研范式的革命性转变；在学校管理层面，弹性化的评价体系与赋权型的管理模式，则为课堂变革提供了制度性保障。这些实践背后，贯穿着共同的教育哲学：真正的学习发生在关系网络中，发生在思维碰撞中，发生在主体间的相互唤醒中。

　　当前，中国基础教育正经历着新课标落地与核心素养培育的双重挑战。丰台区基于协同探究的课堂教学改革实践启示我们，教育改革不仅需要顶层设计的引领，更需要基层智慧的创造性生发。本书的价值，不仅在于为区域教学改革提供了可操作的行动指南，更在于它证明了：当教育者以协同突破孤立，以探究超越灌输，以共生替代竞争，每一间平凡的教室都有可能成为孕育未来公民的精神摇篮。这种转型或许艰难，但正如书中所记录的，当教师学会蹲下身子倾听，当学生眼中闪烁探究的光芒，教育便已悄然抵达它最本真的样态。

目　录

初中篇

高中篇

初中篇

协同学习 启智润心

——探究协同课堂教学案例《皇帝的新装》

北京市丰台区第八中学 赵润润

一、课例背景

随着《义务教育语文新课程标准（2022 年版）》的颁布和实施，语文教学改革也在不断深入。课堂中有效的学习方式不仅可以提升学生的学习积极性，促进知识建构，还可以培养学生的学科素养以及全方面发展。协同课堂是以学生之间的互帮互助、互教互学为核心，以教师的引导为辅助的一种课堂学习模式。在协同课堂中，教师为学生进行协同学习提供保障，学生是学习的主体，可以互相讨论、自由发表个人观点，也可以让"小老师"用学生之间的语言指导相关知识薄弱的同伴，互帮互助、共同进步。

结合初一年级学生刚入学不久，在写作方面存在很多不足的学情，本节课主要的侧重点是对续写时学习方法的指导。通过本节课的学习，能够让学力较低的学生明确在续写本文的时候应该采取的依据以及要求，使学生在写作的过程中有章可循，在想象的过程中合情合理，符合文本；也为学力高的同学在写作思路方面提供指导，为学业质量测试中的想象作文的写作提供了一定的支持与帮助。此外，协同课堂已自开学起实践了 1 个多月，此次检测也是为了探究学生在协同学习方面存在的问题，并及时做出调整。

二、课例描述

（一）生生协同，互帮互学

关注要点	续写本文故事的要求	

依据思维导图，探索续写本文故事的要点和要求

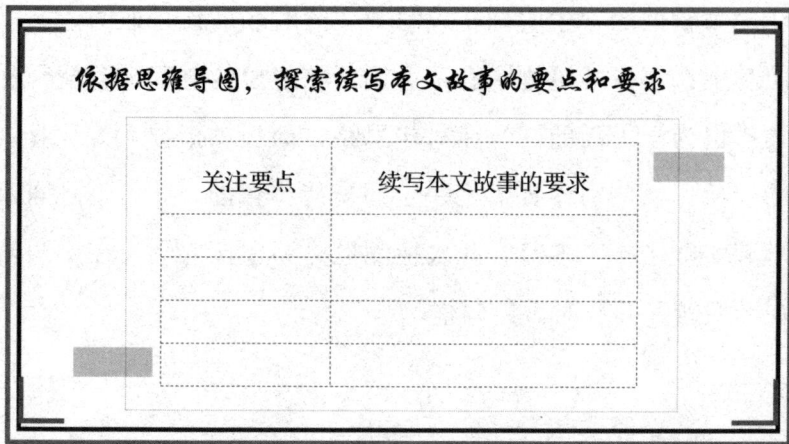

协同的课堂以学生为主，生生之间互帮互助互学，进行深入交流。协同课堂的前提是认真倾听，引发思考，然后将自己的疑惑或者心得在小组之内进行分享。

下面是观察员老师观察到的探究过程：

教师布置完任务后，小郭同学并不知道要干什么，迟迟不动笔，这时候他的同桌小杨及时关注到了他，两人小声交流后，小郭明确任务开始写，但是写的好多字都是拼音。根据大家的答案和以上情况，观察员判定了本组学力情况，小郭是学力弱的学生。小组在小杨"大家有什么想法吗？"的询问中开始了讨论，小郭说："我感觉续写情节一定要非常有意思，不要跑题。"小饶同学听完了他的回答后问道："你说得太概括了，你要解释为什么要有趣。"小郭说："因为之前的故事就非常有趣啊，皇帝没穿衣服就去游行了，哈哈哈！风格不能变。"这时候小王同学说道："我认为两个骗子一次次骗国王，而国王却一次次听信，也挺有意思的。"小杨说："课文的最后，那么多大人都看到

国王没穿衣服，但是都不想承认自己是愚蠢的，都夸赞国王的衣服好看，我感觉也挺有趣的。"这时候其他同学在书上补充圈画并批注。小饶说："我同意，所以小郭说得对，续写时情节要有趣。小郭你还有其他想法吗？"小郭听到他的答案得到了肯定，特别开心，又说道："结局一定要写骗子。"他们组接着又讨论起结尾怎么写。在讨论的过程中，小杨问道："假如你是皇帝，你会对这两个骗子怎么样？"小郭接着这个问题侃侃而谈，谈皇帝应该怎么处置这个骗子，最后他说："也有一种可能，这个皇帝最后变成了一个好人，从此以后这个国家治理得非常好。"小组其他三个人听后都默认点头。这时，赵老师恰好观察到这个组，发现了三个孩子正被带跑偏的情况，于是向他们组提了一个问题，"皇帝变好指的是什么？"他们回答："不喜欢新衣服了，开始管理朝政。"这时赵老师又问道："那你们再回到文章中读一读，思考一下皇帝会不会改变自己对于新衣的态度。"大概 1 分钟之后，小饶在文章中找出了答案，说道："我认为皇帝改过自新是不可能的，因为文章开头就讲到，皇帝是一个一直以来就喜欢换衣服穿的人，大家看第一段用了很多词语，如'总是''炫耀''每一天每一点''所有'，这些词都写出来了他喜爱衣服的程度。江山易改本性难移，他的秉性是不可能变的。"其他几位同学听后表示赞同，于是他们重新开始讨论这个问题，纷纷从书本中寻找依据，又掀起了深入探究的高潮。

从观察员分享的探究过程可以看出来，该小组的生生协同促进了组内的探究学习。首先，同学们能够及时关注学力弱的同学，并及时给予帮助，让每一位学生能够快速融入课堂之中，使深入探究得到保障。其次，每位同学的探究性语言让生生协同的学习得以进行，如：你解释一下为什么？你是怎么想的？最后，每个学生能够对其他同学的发言进行补充并思考，重回文本，不断咀嚼与吸收，促进自己更深入地探究。

（二）师生协同，启智促学

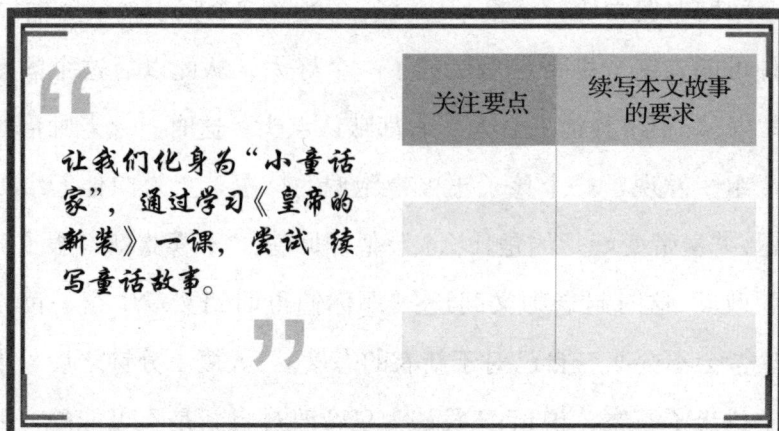

	关注要点	续写本文故事的要求
"让我们化身为"小童话家"，通过学习《皇帝的新装》一课，尝试 续写童话故事。"		

一是挑战性任务的选择。通过课前的学情调研发现，70%左右的学生在续写故事时，内容大意为：皇帝意识到了自己的问题，开始改过自新，并且从此不再爱新衣服，开始管理朝政。由此可以看出本班学生的思维能力还是比较狭窄浅层的，且语文的学科能力不足，不能够依据文本进行分析，而是天马行空，脱离文本进行想象。因此本节课的挑战性问题是：结合本篇童话的特点来探究续写本文故事的关注要点和要求，为续写故事提供支撑和依据。

二是学习情境的设计。《义务教育语文新课程标准（2022年版）》

中指出，"义务教育语文课程实施应该从学生语文生活实际出发，创设丰富多样的学习情境，设计富有挑战性的学习任务，激发学生的好奇心、想象力和求知欲，促进学生自主、合作、探究学习"。因此笔者在进行之前的教学设计的时候，关注教学情境，以案件的形式来展开调查。通过试讲发现忽略了本篇童话的特点，学生感觉上的是一节政治课而不是语文课，在语文学习方面的收获不大。因此，结合单元整体目标，基于写作任务，发挥联想和想象，经过调整，设计了符合学生学习情境，使学生化身为小童话家，续写童话故事。首先让孩子们明确方法和依据，课上设计出来续写的依据。然后课下完成续写，并通过对文本的朗读深入理解文本，了解童话的特点，感受作者丰富的想象力。整节课以读促写，注重发展学生思维能力，激发学生的联想和想象力，发挥创新思维，落实语文核心素养。

三是教师在学生探究的过程中及时关注学生，及时点拨。在探究过程中，除了上面提及的关注到学生跑偏情况外，还发现小程、小李和小王三位同学在探究的过程中，当从语言、情节方面归纳出了续写的要求后，就停止了对话。赵老师听完他们的交流后，提示他们回顾昨天预习学案上的思维导图，看有没有新的发现。后来根据观察员老师反馈，小李同学有了新的想法：人物性格要突出，当她将想法分享到组内后，组内又掀起了一波探究高潮。

适当的挑战性课题、引人入胜的学习情境、恰当地关注学生探究的过程，可以启发学生在课堂上更好地摩擦出智慧的火花，将协同课堂逐步走向深入。

合理设置挑战性任务　促学生协同学习深度

——以《与埃舍尔对话——平移》一课为例

北京市丰台区第八中学　吴　悠

一、课例背景

本节课《与埃舍尔对话——平移》源于人教版义务教育教科书《数学（七年级下册）》第五章《相交线与平行线》，学习内容为平移的概念，探索平移的性质，应用平移的性质分析解决问题、设计图案等，同时，本节课围绕"真实情境下设置的挑战性任务""学生课上协同学习的表现""创新思维的发展与延续"展开研究。

二、课例描述

（一）真实的学习情境有助于提出激发学生创造性思维的挑战性任务

平移这一学习主题，教材第33页给出数学活动建议，借助平移进行图案设计，选取素材为荷兰版画家埃舍尔的作品。本节课结合学校开展科技节中"与大师对话"活动，数学组与综合组美术部共同商议初一年级活动主题为"与埃舍尔对话"。创设真实情境，与学生一起欣赏埃舍尔作品并分析解读，在此过程中概括平移的概念、探索平移的性质；应用平移的性质分析埃舍尔飞鸟图作品的设计思路；设计图案并进行展示评价，使学生进一步感受数学的魅力和应用价值，发展创造性思维，提升核心素养。

思考挑战性学习任务设置的意义及策略，对初期设计的学习任务进行调整。以与学生共同解析埃舍尔作品为核心任务，激发学生兴趣，鼓励学生质疑，促进协同学习的深度。探究作品设计思路，后续应用平移进行作品设计（图1）。第一课时学习任务设置如表1所示。

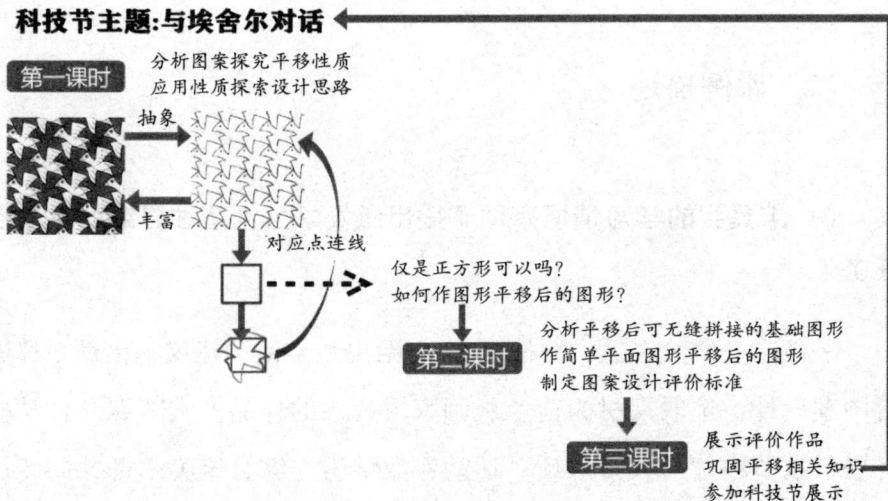

图 1 学习活动设计图

表 1 《与埃舍尔对话——平移》第 1 课时学习活动设置

教学环节	教学活动	学生活动	设计意图
欣赏图案 发现特征 提出问题	1. 介绍学校科技节活动及埃舍尔相关内容，总结平移概念，明确探究任务。 2. 探究埃舍尔飞鸟图的设计思路。 子问题 1：飞鸟是如何通过平移铺满整块画布的？ 子问题 2（挑战性问题）：单只飞鸟的设计思路是什么？	1. 欣赏埃舍尔飞鸟图作品，观察该作品特征，提出相关问题。 2. 认识平移	结合学校科技节"与大师对话"活动，激发学生探究兴趣、明确驱动任务、培养空间观念、模型观念以及创新意识等

续表

教学环节	教学活动	学生活动	设计意图
抽象图案 探究问题 归纳知识	1.介绍研究方法，将原图抽象为利于研究的图形（排除颜色干扰） 2.归纳平移性质，介绍对应点概念等	独立思考 交流协作学习 展示想法 交流评价	经历抽象图形的过程，探究归纳平移的性质，在评价中强化对知识及研究思路的理解和认识
聚焦问题 探索思路 总结收获	聚焦挑战性问题：单只飞鸟的设计思路是什么？ 选取利于设计飞鸟的位置，框出正方形，揭秘单只飞鸟的设计思路 	独立思考 交流协作学习 展示想法 交流评价	提高分析解决问题的能力；加深对知识及研究方法的认识；积累活动经验，为后续图案设计以及研究其他图形变化内容等奠定基础；提升应用意识和创新意识；感悟数学美和数学的学习价值
课后思考	下列常见几何图形中哪些可以达到上述类似正方形的效果，使得创作的图形平移后能够无缝隙且没有重叠？为什么？ 		

本节课在欣赏埃舍尔介绍视频及作品后，学生非常感兴趣，发现了作品中的很多特征，例如：这幅图是由同一只飞鸟平移形成的，飞鸟除了颜色不一样，形状、大小均相同，这些飞鸟能够没有空隙地紧密相连等。

除此之外，学生还在与埃舍尔对话任务的驱动下提出了问题，如：埃舍尔到底是怎么画出这样一幅画的？这些飞鸟能够这样紧密地连接在一起，好像是特意计算过的，这只鸟是如何画出来的？等等。在这样的情境驱动下，学生主动探索发现作品中的平移现象，共同总结平移的概念，而非由教师直接告知，同时是由学生提出本节课的核心学习任务，即探究埃舍尔飞鸟图的设计思路。本节课的挑战性问题为：飞鸟是如何通过平移形成整幅画的？为什么飞鸟平移后无空隙且无重叠？单只飞鸟是如何设计的？这样的设计既激发了学生的学习兴趣，又引发学生主动提问，明确探究任务，有助于思维发展。在后续探究飞鸟图设计思路时，学生表现也非常专注，小组之间呈现了非常平等和谐的倾听互学氛围，学生借助动手操作、连线度量、分析交流等方式，不断持续深入地揭秘作品的设计思路，在完成挑战性学习任务的过程中探索出平移的性质（图2）。

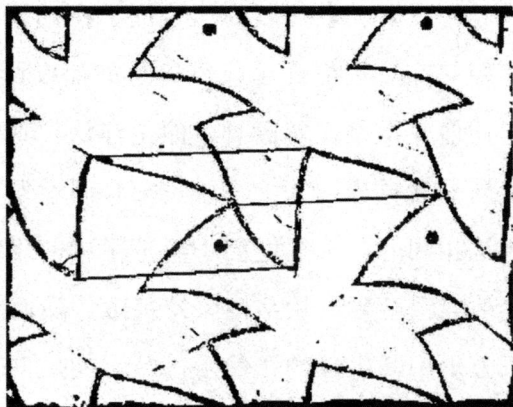

图 2　学生课上分析情况

（二）合理设置挑战性任务，有利于学生协同学习的深入

为了更好地帮助不同学习水平的学生突破挑战性任务，教师为每个小组提供学习锦囊，内含埃舍尔作品中的飞鸟若干、平移后不可无缝隙无重叠的飞鸟若干、课前调研材料一份（图3）。

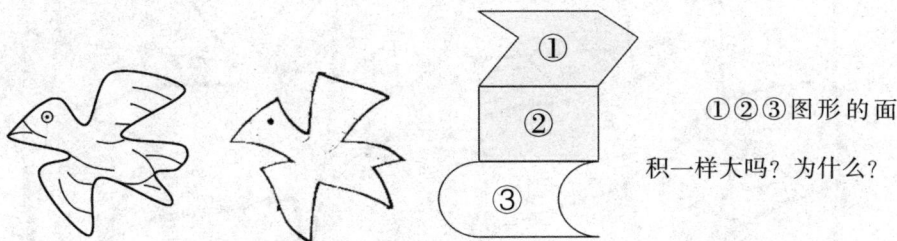

①②③图形的面积一样大吗？为什么？

图 3　学生探究锦囊材料

通过课堂观察，发现在探究活动中，并非由学习水平最高的学生提出推进挑战性学习任务的关键性问题。如某一小组观察员老师分享，在探究任务初期，该小组学习处于 C 水平的同学手中一直拿着教师提

供的飞鸟道具，起初观察员老师以为这位同学在把玩手中的飞鸟，未认真参与学习，但是在后续探究单只飞鸟是如何设计的过程中，C同学的发言表明起初他并不是在玩道具，而是在认真观察这只飞鸟的结构。学习水平最高的A同学还没有思路时，C同学发言，他发现飞鸟轮廓左侧和右侧是相同的，于是他们小组把手中的飞鸟全都拿了过来进行拼接，发现鸟嘴跟鸟尾形状结构保持一致。随后A同学提出：飞鸟有可能是从正方形中裁出来的，然后进行了向左向右向上向下的平移。随着思考的深入，小组同学框出的正方形也有所不同，A同学是用正方形框住了整只飞鸟后进行观察，而C同学提出："需要先有这只飞鸟才能平移生成图案，飞鸟怎么画的？"A同学恍然大悟，在受到启发后，小组又聚焦到单只飞鸟上对应点连线之间的关系，发现埃舍尔就是借助平移实现了单只飞鸟的创作（图4）。

图4　学生探究情况

此环节学生进行了约 20 分钟的探究，结合本节课课堂观察，发现学生在探究共同课题时，不同学习水平的学生都能受益。学习能力较强的学生在给学习基础薄弱的同学讲解平移的性质时也加强了自身对平移的理解；在分析解决挑战性问题的时候，学习水平不是最高的同学也发展了创新意识，启发了学习水平高的同学突破挑战课题，继续深入研究。

（三）在协同学习过程中突破挑战性任务，有利于学生创新思维的发展与延续

本节课在学校科技节活动中融合跨学科学习设计，从数学的角度解读美术作品，使得学习任务更加真实、开放。学生面对真实世界更加有兴趣和动力进行分析思考，不断深化和拓展，这样的学习有利于呈现学生多元化的思路，形成创新性学习成果。

在课堂中，学生协作学习交流后，有学生提出，不只是眼睛的位置，所有部位对应点连线都能围成若干个大小一样的正方形。在这样的探索下，师生共同揭秘应用平移设计单只飞鸟的思路。整节课学生在探究挑战性任务的过程中认识平移的概念、探究平移的性质，逐步深入地理解平移性质在作品中的应用，进一步理解基础知识，感悟数学之美。

学生理解创作原理后，借助平移创作了自己的个性化图案（图 5）。

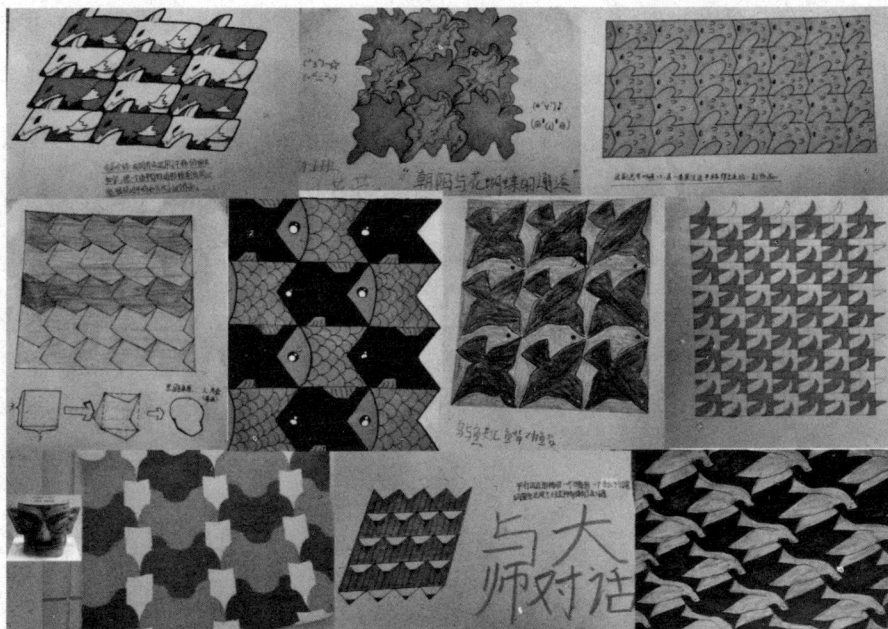

图 5　学生创作作品

三、课例分析

本节课学习任务由基础任务到挑战性学习任务转变为挑战性学习任务前置，在探究过程中落实基础学习目标。学生的学习方式由以往的被动参与转变为主动参与、自由探索、全身心地投入学习，呈现出专注、充实的学习状态，可见合理设置挑战性任务，有助于学生在探究中自由思考、协作学习，理解学科知识、获取学科能力及兴趣，发展创新思维，促进核心素养的培养。

在日常教学中，教师应细心挖掘真实情境下各问题反映的学科本质，精心设计挑战性学习任务，促进学生课上协同学习的深度；由传统课堂中教师教的教学模式转变为学生间的互助互学模式；关注不同学习水平学生创新思维的表现，挖掘学生的思维障碍点和生长点，及时鼓励并引导学生养成借助数学的知识和方法分析解决问题的习惯，促进学生对知识的理解、思维的发展及核心素养的逐步养成。

《从图象的角度再认识二元一次方程组的解》教学设计

北京市第十八中学　闫　娟

一、教学背景分析

《从图象的角度再认识二元一次方程组的解》是第八章二元一次方程组的章末活动课。本节课以问题引导 + 任务驱动的方式，利用多媒体、希沃授课助手、Geogebra 图形计算器辅助教学。

学情分析：由于七年级的学生是第一次听说方程的图象，本节课由教师引导变为学生小组合作自主探究。学生已经掌握用代数的方法（代入消元法和加减消元法）解二元一次方程组，但对于方程组有无数解和无解这两种情况接触得比较少，从代数的角度解释也比较牵强，同时，所教班级的学生两极分化比较严重，所以对学生进行异质分组，由程度较好的学生带动较弱的一起参与这节课，程度较好的学生喜欢思辨、思维活跃、有一定的分析能力，也有合作探究的数学活动经验，这样分组有利于带动本节课的学习。

二、教学目标及重难点

（一）教学目标

1. 理解二元一次方程图象的定义、会画二元一次方程的图象，并利用二元一次方程的图象再认识二元一次方程组的解。

2. 学生在动手操作、观察图象的过程中，提高合作探究、归纳概括的能力，体会数形结合的数学思想，掌握从特殊到一般的数学方法。

3. 通过对猜想的验证，培养学生严谨认真的科学态度和直观想象的核心素养。

（二）教学重点

利用二元一次方程的图象对二元一次方程组的解进行研究。

（三）教学难点

1. 对二元一次方程图象定义的理解。

2. 从"形"的角度分析二元一次方程组解的情况。

三、教学过程

板块一：回顾旧知，引入课题

（一）问题导入，回顾旧知

昨天我们解了下面这三个二元一次方程组，下面请一位同学来说一说它们解的情况：

（1）$\begin{cases} x-y=1 \\ 2x+y=5 \end{cases}$ （2）$\begin{cases} x-y=1 \\ 2x-2y=2 \end{cases}$ （3）$\begin{cases} x-y=1 \\ 2x-2y=4 \end{cases}$

（二）学生思考，独立回答

预设：

（1）有唯一解$\begin{cases} x=2 \\ y=1 \end{cases}$。

（2）有无数解。

（3）无解。

（三）教师总结，引入课题

小结：这三个方程组我们都是利用代入消元法或加减消元法得到它们的解，那么今天我们利用方程的图象，从图象的角度再认识这三个二元一次方程组的解的情况。

【设计意图】通过解这三个方程组，让学生大致了解二元一次方程组的解的情况，不单有常见的唯一解，还会出现无数解和无解的情况，进而引出这节课的课题。

板块二：描点画图，理解定义

（一）给出定义

二元一次方程图象的定义：以二元一次方程的解为坐标的点的全体叫作二元一次方程的图象。

教师提示：（1）二元一次方程的解是一对有序数值；（2）平面直角坐标系中点的坐标能表示一对有序数值；（3）二元一次方程的一个解与坐标系中的一个点对应；（4）二元一次方程有无数解，那么它的所有的解描出的点就构成了它的图象。

（二）画图举例

以 $x-y=0$ 为例说明：

$$\begin{cases} x=1 \\ y=1 \end{cases} \to (1,1) \to$$

$$\begin{cases} x=-2 \\ y=-2 \end{cases} \to (-2,-2) \to$$

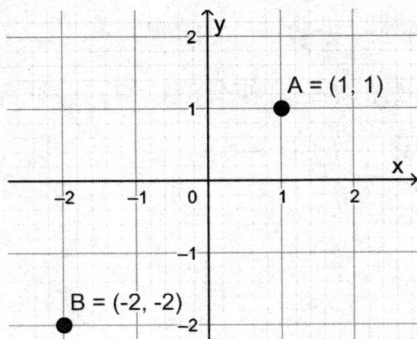

【设计意图】给出二元一次方程图象的定义，为后面画图象作准备。以特殊的二元一次方程 x-y=0 为例，帮助学生理解定义。

板块三：活动探究，小组合作

活动1：探究二元一次方程的图象

内容：

（1）画二元一次方程 x-y=0 的图象。

规则：小组合作；时间5分钟。

提问：大家都是用有限的点画 x-y=0 的图象，那这条直线上的其他点都是这个方程的解吗？用 Geogebra 去验证。

（2）每人再选择一个二元一次方程，在坐标纸中画出它的图象。

规则：独立操作；时间3分钟。

思考：任何一个二元一次方程的图象都是一条直线吗？

（3）猜想：一般的二元一次方程 ax+by=c 的图象是什么样子？并用 Geogebra 去验证你的猜想。

规则：小组合作交流，共同验证猜想；时间5分钟。

预设：（1）x-y=0 的图象。

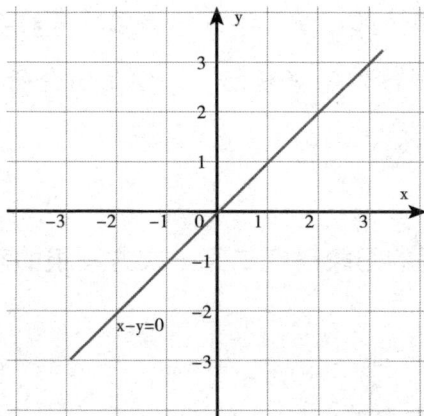

x–y=0 的图象是一条直线。

①以 x–y=0 的解为坐标的点都在这条直线上；

②这条直线上的任意一点的坐标都是 x–y=0 的解。

（2）学生们画了不同的二元一次方程的图象，例如：x+y=0，x+y=1，x–y=1……得出的图象都是一条直线，根据这个规律可猜想出二元一次方程的图象可能是一条直线，并感受画二元一次方程图象的过程：列表—描点—连线。

（3）任何一个二元一次方程的图象都是一条直线。

①以一个二元一次方程的解为坐标的点都在一条直线上；

②这条直线上任意一点的坐标都是这个方程的解；

③画二元一次方程的图象只需要两个点（图象是直线，两点确定一条直线）。

【设计意图】通过画特殊方程的图象，深刻理解二元一次方程的图象定义。尽可能多地去画二元一次方程的图象，并能根据特殊情况猜想一般方程的图象情况。学生不可能画完所有的二元一次方程图象，可以借助高新科技帮他们验证猜想，让学生体会研究数学问题常用的从特殊到一般的方法。

活动 2：用方程的图象研究二元一次方程组的解的情况

内容：

（1）在同一平面直角坐标系中画出 $\begin{cases} x-y=1 \\ 2x+y=5 \end{cases}$ 中每个方程的图象（坐标纸中操作）。

规则：独立完成；时间 3 分钟。

（2）在两个坐标系中分别画 $\begin{cases} x-y=1 \\ 2x-2y=2 \end{cases}$ $\begin{cases} x-y=1 \\ 2x-2y=4 \end{cases}$ 中方程的图象（坐标纸中操作）。

规则：合作完成；时间 3 分钟。

（3）从图象的角度分析这三个方程组解的情况。

规则：小组分享交流；时间 8 分钟。

预设：从图象的角度分析二元一次方程组的解的情况。

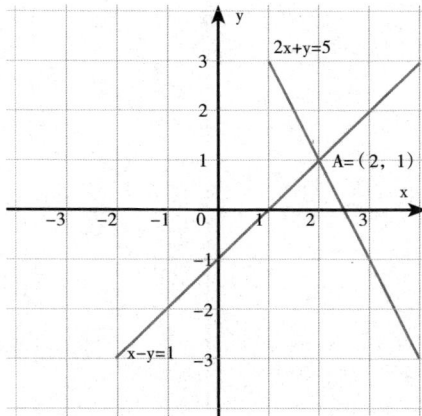

① 两条直线有一个交点，说明这两个二元一次方程有一个公共解，那么这个二元一次方程组有一个解，解是两直线交点的坐标；

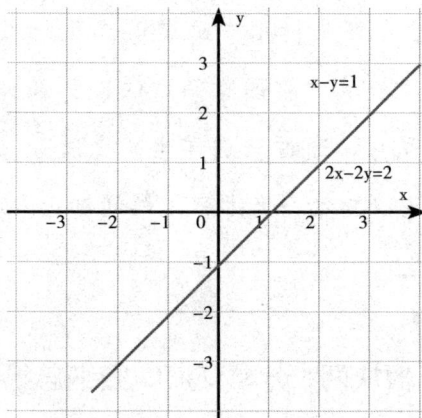

② 两直线重合，有无数个交点，说明这两个二元一次方程有无数个公共解，那么这个二元一次方程组有无数解，解是重合直线上所有点的坐标；

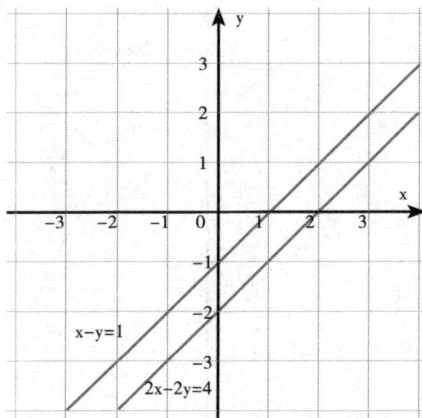

③两直线平行，没有交点，说明这两个二元一次方程没有公共解，那么这个二元一次方程组无解。

【设计意图】学生在坐标系中画这些二元一次方程的图象，能让他们熟练掌握画二元一次方程图象的方法，并在作图过程中感受所画图象与方程组解的联系。通过个别学生的交流分享，能让大多数学生从图象的角度再次认识二元一次方程组解的情况。

板块四：分享交流，归纳总结

（一）分享交流

通过本节课的学习，你有什么收获？

学生自发总结：

（1）任何一个二元一次方程的图象都是一条直线；

（2）可以利用二元一次方程的图象再次认识二元一次方程组的解，进而根据图象特征分析出解的情况；

（3）掌握了从特殊到一般的数学方法和数形结合的数学思想。

（二）板书设计

从图象的角度探究二元一次方程组的解。

1. 二元一次方程的图象：以二元一次方程的解为坐标的点的全体（一条直线）。

$$\begin{cases} x=1 \\ y=1 \end{cases} \rightarrow (1,1) \rightarrow$$

$$\begin{cases} x=-2 \\ y=-2 \end{cases} \rightarrow (-2,-2) \rightarrow$$

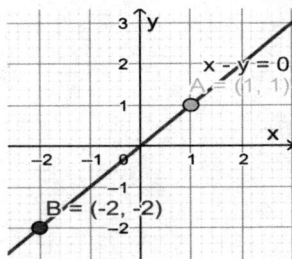

2. 二元一次方程组解的情况（从图象角度分析）。

① → 唯一解（解为交点坐标）。

② → 无数解（解为重合直线上任意一点的坐标）。

③ → 无解（无交点）。

3. ①特殊到一般的数学方法。

②数形结合的数学思想。

【设计意图】让学生回忆本节所学，整理重点内容，通过板书进行知识回顾和总结，强调重点和难点。

板块五：课后作业，巩固加深

在同一平直角坐标系中分别画：

① $y=-x+1$；② $y=x+1$；③ $y=2x+1$ 的图象，观察所画图象，你有什么发现？写出你的结论，并用 Geogebra 去验证。

【设计意图】巩固本节课所学，从图象的角度解决代数问题，并为今后学习一次函数的图象作铺垫。

注重问题设计　促进深度学习

——以外研版九年级上 Module 3 *Heroes* Unit 2 为例

北京市丰台区第八中学　马　琳

一、课例背景

本学期，为了聚焦高质量问题设计，提高学生分析问题和解决问题的能力，从而促进学生的深度学习，我承担了题为外研版九年级上 Module 3 *Heroes* Unit 2 *There were few doctors, so he had to work very hard on his own* 的一节校内学习共同体公开课。

同时，本课例是为了让学生在 9 月 30 日烈士纪念日即将到来之际，通过了解和介绍英雄人物白求恩，思考和探究他能成为英雄的原因，帮助学生加强对英雄主题深度和广度的理解，思考与挖掘英雄可贵的品质。在学习该课例的过程中，学生互相学习，协同探究，不断深入，在倾听与分享中，学生的思维得以拓展；在互动过程中，培养合作与交流意识；在与他人合作学习和探究中，形成正确的英雄价值观。

（一）教情分析

本单元的核心概念围绕"英雄"这一话题展开，本节课阅读语篇的标题为 *My hero—Dr Norman Bethune*，文章介绍了国际共产主义战士白求恩。文章共分为五段，采用总分总的结构，第一段阐明本课的主旨——白求恩是一位伟大的英雄。第二、三、四段分别讲述他在葡萄牙、中国战场发明医疗器械、培训医生护士以及连续手术等行为。最后一段呼应首段，使课文内容具有一定的系统性和整体性。文章有两条线索：时间线索为明线，讲述白求恩的生平事迹；白求恩的品质为暗线，通过他的人生经历，可以概括出他勇敢、有创新精神、无私、敬业等优秀的品质。

（二）学情分析

本节课的授课对象是初三（4）班学生，学生学习英语的热情比较高，整体态度比较认真。通过学前的调研和第一单元的学习发现，学生虽然在语文课学习过白求恩医生的相关内容，但对他的认识还不够立体和全面。大部分学生能列举出一些英雄人物，比如：邓亚萍、杨利伟、钱学森等，但对于英雄的理解及其典型事迹的了解还不够深入。另外，语言方面，学生在七下 Module 9 学习了谈论作家的生平，对过去时态比较了解，为本堂课的语法学习做好了一部分准备。但学生使用 so, because, so that 引导的状语从句有逻辑性地介绍英雄的能力还需要进一步提升。

基于以上分析，笔者将本节课的教学目标确定为：通过学习，能够正确运用逻辑词去描述白求恩的人生经历；学习他的优秀品质，在平时的学习生活中刻苦努力，积极向上。同时让学生体会到，并不是受欢迎的明星就是英雄，为国家、为社会做出重大贡献的人才是真正的英雄；并不是只有名人、伟人才可以成为英雄，身边有着可贵品质的普通人也可以成为英雄。

二、课例描述

笔者第一次试讲的呈现效果不够理想，问题设计比较细碎，学生的学习收获和思维能力的训练都有待提高。学生虽然在语文课上了解过白求恩医生，但当需要用英语来表达时，学生会因语言障碍而卡壳。

（一）呈现真实问题，建立文本与学生的结合点

初次实践之后，在校领导、专家老师和英语组老师们的建议和指导下，笔者回归到设计这节课的初衷和本意，对这节课的教学设计进行了调整。笔者将本节课读前、读中、读后的课堂提问围绕英雄这一主题进一步简化，由易到难，由认知经验类问题到理解分析类问题再到学科育人类问题，层层递进，共设计了具有逻辑关联的三个问题。

读前，教师创设语境，展示学习任务，并提出真实性问题一：

In order to commemorate（纪念）heroes, our school will hold an activity to make an introduction about heroes. Today we are going to introduce Dr Norman Bethune.

T：What do you know about Dr Bethune?

S1：He is a doctor.

S2：He is Canadian.

S3：He helped a lot of Chinese people...

即使学生存在了解不全面和语言障碍这两个困难也没关系，学生可以带着问题进入阅读，在学习过程中寻找答案，解决问题。

（二）提取问题解决思路，促成文本深度理解

读中环节，教师提出挑战性问题二：Why is Dr Bethune a hero? 引导学生自读文章，在文章中画出有关白求恩医生的关键信息，完成思维导图并分享。教师从学生导图的绘制与分享情况判断其是否能全面地获取与英雄白求恩有关的信息，是否能准确地概括白求恩医生能成为人们心中英雄的原因。在学生分享导图的过程中，其他学生可以在彼此内容的基础上进行补充和完善。

学生们借助真实情境下有意义的挑战性任务自主思考，深入探究，在宽松、民主的课堂氛围中，与同伴协同探讨，充分地讨论与交流，在此过程中将自己的信息与同伴提取的信息进行串联和整合，在分享和展示的过程中不断深化自己对于英雄这一主题的理解，可以看出学生的理解是多角度、多层次的。

（三）充分交流分享，促进知识深度运用

在读后环节，学生首先跟随视频朗读文章，熟悉并模仿录音的语

音语调，内化本课语言，为后面输出作铺垫。然后教师通过开放性问题三 "What kind of person can be a hero?" 引导学生根据自己的理解表达观点并阐述理由，培养学生的批判性思维。学生通过自主思考和同伴交流，不仅给出自己的观点，同时也给出了精彩的诠释。

S1：I think great people can be heroes because they help people a lot. They have great spirits just like Zhong Nanshan.

S2：I think heroes should have strong will, just like Deng Yaping.

S3：I think maybe heroes also can be common people, because they can do uncommon things, such as our parents.

第二次实践时，和预想的一样，学生带着问题直接进入阅读探究。学生先自主阅读，积极思考，借助思维导图分析概括白求恩医生能成为英雄人物的原因。随后，小组合作补充完善导图内容并全班分享交流。在大的挑战性问题之下，教师学会放手，尽量减少对学生独立思维的控制，给予学生充分的时间自主探究，合作交流，让他们通过理解、分析、评价、概括和创造等高阶思维活动，乐于、勇于思考和表达，对挑战性问题二和开放性问题三形成自己独特的理解。

三、课例分析

要使教学真正促进学生的学习，教师在进行教学和问题设计时，必须考虑学生的思维逻辑，要对教学内容有全盘的把握和深度的理解，并根据学生的兴趣、需求等来确定问题。本节课充分体现了"以学生为主体"的教学原则。文章结构、内容框架的分析及评价基本上都是学生先完成，再由教师补充和总结。教学流程衔接合理，教学目标基本实现，学生积极思考，回答问题、阅读、讨论和反思环节张弛有度。通过两次小组合作探究，学生发展了独立学习的能力。

Life History—writing 教学设计

北京市第十八中学　　王瑛玮

一、教学背景分析

（一）指导思想与理论基础

《义务教育英语课程标准（2022 年版）》指出，"推动实施单元整体教学。教师要强化素养立意，围绕单元主题，充分挖掘育人价值，确立单元育人目标和教学主线；深入解读和分析单元内各语篇及相关教学资源，并结合学生的认知逻辑和生活经验，对单元内容进行必要的整合或重组，建立单元内各语篇内容之间及语篇育人功能之间的联系，形成具有整合性、关联性、发展性的单元育人蓝图；引导学生基于对各语篇内容的学习和主题意义的探究，逐步建构和生成围绕单元主题的深层认知、态度和价值判断，促进其核心素养综合表现的达成"。

《义务教育英语课程标准（2022年版）》还指出，"学生是语言学习活动的主体，要引导学生围绕主题学习语言、获取新知、探究意义、解决问题，逐步从基于语篇的学习走向深入语篇和超越语篇的学习，确保语言学习的过程成为学生语言能力发展、思维品质提升、文化意识建构和学会学习的成长过程"。

（二）文本分析

1.单元学习内容说明。

本课是第九模块的写作课，模块主题是人生经历。模块以著名的美国作家马克·吐温和被誉为世界文豪的英国著名剧作家、诗人莎士比亚的生平介绍为例，带领学生了解他们的人生经历和部分作品。学生通过学习本模块，可以了解两位著名作家的人生经历，感悟他们为目标不断前进的品质，启迪成长智慧，提高人文素养。

Unit 1 为听说课。本单元以 Betty 和 Tony 讨论英语课报告的对话形式展开，这段对话讨论了马克·吐温在不同时间节点的经历，很自然地导入了有关时间表达和过去时的用法。本单元结束之后，学生对马克·吐温的学习、工作和写作经历有了初步的了解。

Unit 2 为阅读课。本单元课文 *The life of William Shakespeare* 按照时间顺序介绍了英国著名作家莎士比亚的家庭背景、教育经历、工作经历以及他的影响。课文是传记文体，按照总分的结构，第一段先总体介绍了莎士比亚，然后分段按照时间顺序从多个方面对人物进行介绍。

2. 课时内容分析。

本节课是该模块话题下基于前两个单元内容的综合语言运用课。模块的任务是让学生谈论自己偶像的人生经历。一方面，期望学生通过完成本课写作任务，能够整合本模块的所学内容，提高综合语言运用能力，特别是语言的逻辑性和谋篇布局的意识；另一方面，学生通过讲述自己偶像是如何通过努力获得成功的人生经历，从他 / 她身上汲取力量，从而促进自我成长。

3. 文本与学生弱项之间的关联。

本班学生在写作时语法使用最常见的错误是动词时态。本模块的 Unit 3 写作内容非常契合本班学生在写作能力上的弱项。在 Unit 2 阅读文本中出现了一般过去时和一般现在时，分别用来描述过去的经历以及现在对世界的影响，从文本中可以很好地体会不同时态的使用语境的差别，从而提高学生的语言表达能力，最终实现以读促写的目的。

此外，文本清晰的结构及时间表述特点为学生提高表达的逻辑性及很好地谋篇布局提供了有利的学习条件。

（三）学情分析

1. 聚焦问题。

本课例的授课班级为北京市第十八中学的初一（7）班，班内共有学生 36 人，其中男生 20 人，女生 16 人。大部分学生对英语的学习兴趣较浓，英语基础较好。在写作时语法使用的常见错误为动词时态错误等，学生的错误实例如下：

（1）Then I eat lunch, it is delicious.

（2）On that day, I get up at six.

2. 学生能力情况。

测试结果显示，在语言知识运用方面，班级的平均分七上为 66 分（合格线为 60 分），七下为 86 分（合格线为 60 分），达到了初一年级语言知识运用能力要求。学生能够在熟悉话题的语篇中，理解和使用常见的单词、短语、固定搭配及词块；理解和运用时态、简单句和并列句等语法项目。

此外，在日常写作测评中，学生表达的逻辑性，特别是谋篇布局的能力还比较薄弱，主要体现在不分段落，表达的顺序无条理等方面。

二、教学目标

1. Focus on the language and structure of the life story of Shakespeare.

2. Write the life story of our role model using the simple past tense.

3. Promote a positive attitude towards life by describing our role model.

三、教学过程

Pre-writing

Step 1. Show the teaching objective.

In this lesson, we will be able to...

1. Focus on the language and structure of the life story of Shakespeare.

2. Write the life story of our role model using the simple past tense.

3. Promote a positive attitude towards life by describing our role model.

【设计意图】使学生明确本节课的教学目标。

Step 2. Read and understand the writing task.

Writing task：

某英文网站正在开展以 *The life story of my role model* 为题的征文活动，请你用英语写一篇不少于 50 词的短文投稿。内容包括你的偶像是谁，介绍他 / 她的生平经历，以及你从他 / 她身上学到了什么。

提示词语：be born, meet difficulties, never give up, hard-working, helpful.

提示问题：

1.Who is your role model?

2.What was his/her life story?

3.What do you learn from him/her?

Evaluation Form	√
1. I know the topic of the writing.	☐
2. I know how many words at least I should write.	☐
3. I know what I should write about in the writing.	☐

【设计意图】学生在教师问题的引导下能够明确写作任务，提高自己的写作审题能力。学生通过口头回答，可以了解自己是否明确写作话题、要点及字数的具体要求。在评价表的帮助下学生能够明确写

作任务，提高写作的审题能力。

While-writing

Step 1. Write down the 1st part of the writing.

1. Talk about who your role model is.

2. Read and find out what aspects the writer introduce Shakespeare in the beginning.

3. Add some basic information of your role model, and write it on the worksheet.

4. Do the self check according to the evaluation form.

Evaluation Form √			
name	☐	nationality	☐
job	☐	achievement	☐

【设计意图】回归阅读文本，教师通过分析作者介绍莎士比亚的内容，将话题迁移到介绍自己的偶像，从而丰富学生对偶像基本信息的了解，并辅以评价表来帮助学生检验是否达成信息的丰富度。

Step 2. Write down the 2nd part of the writing.

What was his/her life story?

1. Talk about what you can introduce about your role model's life story.

2. Read and find out what was Shakespeare's life story.

3. Think and answer the questions.

① Why does the writer choose these moments to introduce Shakespeare's life story?

② In which order does the writer introduce Shakespeare's main experience?

③ What tense does the writer use?

4. Write down your role model' life story.

5. Do the self check according to the evaluation form.

Evaluation form	√
important events（事件）□	
in time order □	
simple past tense □	

【设计意图】通过回归阅读文本，聚焦作者介绍莎士比亚生平的具体内容，以及教师问题的引导，明确介绍偶像生平时应注意介绍重要的事件、使用时间顺序以及使用一般过去时。并辅以评价表来帮助学生检验。

Step 3. Write down the 3rd part of the writing.

What do you learn from him/her?

1. Talk about what have you learned from your role model.

2. Read and find out what have you learned from Shakespeare.

3. Discuss and write down the things you learn from your role model.

【设计意图】学生通过回归阅读，分析从莎士比亚身上学到的东西，并讲述自己从偶像身上学到了什么。此环节放在介绍偶像生平故事后，旨在培养学生写作的内在逻辑性。

Post-writing

Step 1. Do a self-editing using the evaluation form.

Check（√）the ones you have and better your writing with your blue pen.

Evaluation Form		
内容完整 Content	要点齐全 Key points	1 ☐　　2 ☐　　3 ☐
	生平信息 Information	1—2 ☐　　3 ☐　　≥4 ☐
语言准确 Language	语法 Grammar	错误1—2处 ☐　错误3—4处 ☐　错误5处以上 ☐ error1—2　　　　error3—4　　　error more than 5
	拼写 Spelling	错误1—2处 ☐　错误3—4处 ☐　错误5处以上 ☐ error1—2　　　　error3—4　　　error more than 5
逻辑合理 Logic	你从偶像身上学到的东西是否与其生平故事有关？ ☐ Are the things you learn from your role model related to the life story?	

【设计意图】学生利用评价表可对已经完成的文章进行自我评价。

Step 2. Do a peer-editing using the evaluation form.

Check（　√　）the ones your partner has and underline the good sentences with your red pen.

Evaluation Form		
内容完整 Content	要点齐全 Key points	1 □　　2 □　　3 □
	生平信息 Information	1—2 □　3 □　≥ 4 □
语言准确 Language	语法 Grammar	错误 1—2 处 □　错误 3—4 处 □　错误 5 处以上 □ error1—2　　　　error3—4　　　error more than 5
	拼写 Spelling	错误 1—2 处 □　错误 3—4 处 □　错误 5 处以上 □ error1—2　　　　error3—4　　　error more than 5
逻辑合理 Logic	你从偶像身上学到的东西是否与其生平故事有关？　□ Are the things you learn from your role model related to the life story?	

【设计意图】利用评价表完成同伴互评。既可以培养学生与人合作和善于分享的良好习惯，又让学生在写作实践中获得积极的情感体验，使写作变得有意义、有乐趣。

Step 3. Show your writing to the class and do a class-editing.

Evaluation Form		
内容完整 Content	要点齐全 Key points	1 □　　2 □　　3 □
	生平信息 Information	1—2 □　3 □　≥ 4 □
语言准确 Language	语法 Grammar	错误 1—2 处 □　错误 3—4 处 □　错误 5 处以上 □ error1—2　　　　error3—4　　　error more than 5
	拼写 Spelling	错误 1—2 处 □　错误 3—4 处 □　错误 5 处以上 □ error1—2　　　　error3—4　　　error more than 5
逻辑合理 Logic	你从偶像身上学到的东西是否与其生平故事有关？　□ Are the things you learn from your role model related to the life story?	

【设计意图】通过希沃授课助手进行全班展示评价，学生在这个过程中进一步体会到作文评价的标准。

基于物理学科本质的挑战性问题的设计与思考

北京市丰台区第八中学　柳乃嘉

一、课例背景

我校于 2017 年开始接触学习共同体课堂，当时对于这种教学方式还有很多的不了解，甚至很多教师持观望态度。教改的浪潮从未停息，我们也在各种声音中不断地刷新着对现有教育理念的认识。2019 年学校全面开展学习共同体课堂模式改革，多次组织校外观摩、读书、分享等活动，课堂上也开始逐渐尝试。我们从学生座位、分组、倾听、交流、挑战性问题等方面去建设、摸索。就学生座位的摆放、交流音量的控制等，我们在不同的项目校看到了很多好的做法，回来带着孩子们一起去营造氛围，做学法指导。经过一段时间的努力，各班学习共同体课堂初具模样。但我们发现，我们更多的是在"形似"的路上不断修饰，孩子们学习时的眼神中还是少些思索、恍然大悟抑或是喜悦。我在想，课堂真正地发生了学习，那学生们一定是在进行着很有价值的思考。那么最有价值的课题一定是基于学科本质的，对新事物的探索，因此我决定在挑战性问题的设置上再做些尝试。

二、课例描述

课例 1

第一次尝试是在《功》一节的授课上。功的概念很抽象，学生不易理解，对于机械做功这件事情，很难想到从力和沿力的方向通过距离去理解。教师在传统授课时，讲了理论讲实例，甚至为了便于理解，还会采取类比的方式举例子，往往脱离了学科本质。最终学生只能靠强化记忆，记住做功的两个必要因素，然后套用标准去判断机械做功情况。

希望学生达到协同学习的状态，那么这种抽象又有难度的课题让学生们自己去探讨，岂不是一个很好的方式吗？因此，我将平时做功和不做功的几种情景用图片的形式提供在学案上，问题设置为："总结情景中物体受力与运动状态。"初次尝试，为了帮助学生对比，在学案上提供了一个空表格，横纵列都没有任何提示。在课上，我在提出本节课的课题后，发布了这个任务。我在巡视时发现，孩子们开始有点不知所措，后来有的孩子开始逐个图地去进行受力分析，有的孩子开始在表格横向上列对比的项目，大多数孩子都是用铅笔在学案上标标写写，说明他们很谨慎。继续巡视发现，有的孩子进入了窃窃私语的状态，我心中大喜，这不就是学习共同体课堂想要的自然的发声吗？大概 20 分钟左右，学案上的表格越来越丰富，孩子们思考的角度真的很多，发表观点时，孩子们总结了每个情景中的被研究对象的受力情况，以及力的效果，这不就是我们所说的做功的情景吗？借助孩子们的发现，我将做功和不做功的几种情况进行了总结。将以往传统的先研究做功、再列举不做功、再进行规律总结的传统登山模式的研究方式，转变为由一个问题引领，同时得出多方面结论的研究方式。这节课上得很开心，由此可见，一个好的课题，能够激发起不同学力学生的思考，通过交流碰撞出更多的火花。

下课后，我急忙将课上情况记录下来。通过翻阅学生的学案我发现，学生对比的角度各有不同，而教师需要做的是将学生有价值的对比进行筛选整合，减少弯路。在挑战性问题的设置上，指向性再明确些，学生的研究方向会更加明确。

课例 2

有了前面的思考，我在《功的原理》一节课上又进行了新的尝试。机械效率在初中物理力学领域应该是难度最大，综合性最强的一个知识板块了，学生需要理解机械效率的物理意义，还要掌握其计算方式。往往学生在学习机械效率这一物理量的概念时就容易与功率混淆，在解计算题时更是因为物理量间的关系复杂而思维混乱。知道学生的主要障碍点后，我从本章的核心知识"功"这一物理量入手，在解析机械效率这一物理量的同时，帮助学生梳理本章的几个核心物理量。我设计了两个不同的滑轮组提起相同物体，我有意将两个滑轮组的数据进行了设计，使它们在速度、绳端拉力、额外功等不同方面各有优势。问题设置为："用这两个简单机械提起物体，你会如何选择，为什么？请通过计算说明。"

滑轮组各物理量的计算，上一章简单机械时讲过，也正好作为计算机械效率的基础，在运用中复习。发布这一任务后，学生的比较角度特别丰富，甚至好几个方面是在课前没有预设到的，比如滑轮组的组装是否方便，绳端移动距离在实际做功中的优势等。最终，两个机械以 4:5 的投票结果结束，各有优势。在这个过程中，学生计算了两个机械的有用功、总功、额外功，根据这三种评估方向得到了不同的结论。那么问题来了，究竟如何选择更好呢？学生们发现，有用功占总功的比例大，说明能量在转化时更多是有用的。机械效率这一物理概念的建立水到渠成。

课例 3

通过对前面两节课的总结和反思，我对挑战性问题的设置有了自己的构架方式。很快佐藤学教授下校巡课，我接到了这次公开课的任务。在确定课题的时候，我有意选择了一节概念课《内能》。作为初中物理中微观概念的建立，内能的定义非常抽象。微观内容的学习，学生需要通过宏观现象去判断微观事实，这节课的学习方式本身就是一个挑战。这节课的开始为学生演示给试管中水加热，塞子冲出的实验。挑战性问题为："请你通过实验现象思考这个过程中试管里发生了什么现象或什么变化（宏观、微观角度均可）。"对于这一问题，不同学力的学生都是有发现的，有的学生根据思维习惯先描述宏观现象，有的学生根据本章知识的前后关联，想到温度变化引起的微观改变。我依然是一个记录的角色。当黑板上写满了学生们的发现后，他们开始有了主动串联的意识。学生对水温升高到塞子冲出这一过程的因果关系有了自己的见解。水蒸气能够对塞子做功，是因为有了能量，能量的增加源于分子状态的变化。内能这一很抽象的概念，学生们通过发现、补充、串联以及思维的不断碰撞，建立起来了。学生们在探讨中不断地有新的发现，并将之间的因果关系有逻辑地串联。而影响内能的因素，在黑板上的宏观发现中也很容易寻到依据。

第二个挑战：如何提高一根铁丝的内能？学生们再次投入到积极的交流中，摩擦、煮、烧、晒……分类总结为两种方式：做功和热传递。基于以上内能概念的建立，学生们的挑战再登台阶。教师演示了两个做功的过程：物体对外界做功和外界对物体做功，基于实验现象，让学生们判断能量的转化过程。很快，学生们通过观察实验现象，准确判断出能量的变化。整节课在两个挑战性问题的引领下，学生成功地对内能这一物理量有了深刻的理解。

很高兴，现场专家对这节课的评价很高，说道："这节课是对物理本质的探究，学生自己建模，自己表达，自己体验，基于实验现象总结构建符合物理建模的思想。课上学生对实验现象的观察、记录已经做得很好了。探究问题是基于小组学习而发生的，不是为了讨论而探讨。"有了教授这样的鼓励，我知道我对挑战性问题的研究方向是对的。

三、课例分析

首先，挑战性问题看似宽泛，实则方向明确。让学生们的思维有足够的空间去发散，但又要有个明确的话题，引导学生思考的方向。不同学力的学生都能够参与，由于思考的深度和广度不同，可以很好地互补和碰撞。

其次，任务单上细节的设置对于问题的记录和思考有帮助。比如功的任务单是一份空的表格，看似什么也没有，但其实列表格本身就是一种很直观的对比方式；《内能》一节的任务单，左侧设计的微观角度、右侧设计的宏观角度，强调对现象的多角度思考。

再次，对于逻辑性强的理科，尤其是新概念的建立，不要求一步到位。开始我在设置挑战性问题时，想到直接问到问题的根本上，比如在《内能》一课建立概念时，直接问：对塞子做功的是什么能量？或者是什么原因使水蒸气对塞子做功了？对于这样的问题，学生更愿意通过读书去直接找答案，而忽略了过程本身的变化。我只问到"试管内的变化"，其实先是对碎片化思维的一个收集，而学生通过碰撞和补充，将碎片化的思考进行筛选和串联，从而找到内在的逻辑。这一过程对概念的建立更加有意义。

最后，每一节课在设置挑战性问题时都要尽可能地基于物理本质，而教师应尽可能多地对学生进行预设，了解学生的最近发展区，在学案的设计上也尽可能花些心思，使学生真正进入到深度学习。

《生活中的变阻器》教学设计

北京市第十八中学　马　闯

一、教学背景分析

　　课程改革背景下的教学实践要求重视创设真实、综合的教学情境，加强实验、实践和探究，在教学实践过程中，注重渗透、培养学生的物理核心素养，培养学生的创新思维能力，让学生能够综合知识，灵活、创新地解决生活中的实际问题。

　　笔者基于以上思想，设计本单元教学活动，通过生活中的实际问题——音响的音量调节键，引入对于变阻器的认识，并通过问题引导、器材观察、探究实验，逐步加深学生对于滑动变阻器的认识。在学生们有了相关认识之后，通过生活中的情境，如音量调节键坏了，如何选择合适的电位器来更换？进一步让学生通过探究活动，在真实的物理情境中，认识到滑动变阻器的作用，体验真实的探究过程，从中培养学生创新思维能力。

变阻器是初中阶段电学一个非常重要的器材，滑动变阻器的正确使用，不仅在欧姆定律、电功电功率的相关内容上起到非常关键的作用，在电学的所有重要实验中也会用到，而更重要的是，在生活中也有很多电阻器的应用。同时，在学生们进入高中阶段后，会进一步对滑动变阻器的功能进行学习。

基于以上情况，本单元通过几个活动设计，让学生体验探究过程，逐步加深对于变阻器的认识，并且在初中要求的基础之上，有所提升，为高中的进一步学习打下基础。

在知识层面上，学生在学完欧姆定律的基础上经过了一定的强化训练，对于串并联电路的电压、电流、电阻规律有了比较深入的认识。

在能力层面上，学生已经能够比较熟练地进行物理探究实验，已经掌握了一定的物理探究实验方法。

在思维层面上，生活中有大量应用变阻器的电器，但学生缺乏对这些应用的认识，也缺少用知识分析解决实际问题的科学思维。

二、教学目标及重难点

（一）教学目标

1.通过生活中的应用、探究实验初步认识电阻器，再通过一个生活中的问题引入，进行实验操作、定性分析、定量计算，逐层递进，提高学生对滑动变阻器在电路中的调节控制作用的更深层理解。

2.通过问题引导，使学生打开思维限制，重新审视、提升原有认知，培养学生的质疑、解决问题的能力。

3.通过生活中遇到的一个具体问题，鼓励学生提出可探究问题，并利用建模设计实验来获得认知，培养学生科学探究生活实际问题的方法、技能，提升思维分析能力，重点突出"从生活走向物理，从物理走向社会"这一课程标准理念。

（二）教学重点

通过探究实验掌握滑动变阻器的使用方法，并认识到滑动变阻器在电路中的调节作用。

（三）教学难点

在真实情境中，建立用物理方法分析解决实际问题的思维模型。

三、教学过程

第1课时教学设计《认识变阻器》

环节一：认识生活中的变阻器

情境引入：

用音响播放一段《我和我的祖国》，调节音响上音量的旋钮开关，让学生仔细听音量的变化。播放完毕后，通过提问引发学生的思考：

"你们听到声音有什么变化？"

"生活中有哪些家用电器在使用过程中有非常类似的现象？"

进一步引导学生思考"是电路中的什么物理量发生变化，从而使得声音的大小发生了改变？"

"电路中的电流产生变化的原因又是什么？"

【设计意图】启发学生从生活中寻找问题，设置悬念，激发学生利用物理知识探究问题的兴趣，并渗透爱国情怀。

环节二：探究滑动变阻器的工作原理

"用什么办法可以改变导体电阻的大小？"

"哪种方法最简单？"

分步引导学生利用教师提供的器材，设计实验来研究改变电阻的长度和粗细的两种方法中，哪一种方法更简便？

归纳总结：

引导学生得出变阻器的变阻原理是通过改变连入电路中电阻丝的长度来改变电阻。

"我们若要让灯泡逐渐变得更暗些，该怎么办？"

"又细又长的电阻线使用起来不方便，怎么办？"

"是绕在金属筒上还是绝缘筒上？"

教师拿着实物边演示边说明没绕多长，就没空间了，提出问题：

"为了提高空间的利用率，电阻丝该怎样缠绕在绝缘筒上？"

"线圈与线圈紧密接触的话，会出现什么问题？该如何解决？"

教师利用多媒体课件把改进得到的变阻器雏形展示出来，进而提出新的问题：

"将电阻丝两端的接线柱接入电路能否起到变阻的作用？若不能，该如何改进？"

"金属滑片不够稳当，怎么固定？"

"注意观察，此时金属滑片和电阻丝是不导电的，该怎么办？"

【设计意图】学生通过复习已有知识，奠定利用知识的基础，并通过引入新知识从而使学生产生进一步学习的愿望。培养学生分析、概括问题的能力，使得学生通过动手探究明白变阻器的原理。通过提问引发学生发现直线式变阻器的不足，通过讨论逐渐改进其不足之处，最后得出滑动变阻器的模型。学生在此过程中思维得到发散，创新思维也得到锻炼，而且对滑动变阻器的构造认识更深刻。

环节三：认识滑动变阻器

给各组同学下发滑动变阻器，请各位同学认真观察手上的变阻器，并推测滑动变阻器铭牌上数值的含义。

【设计意图】让学生观察滑动变阻器，结合之前学习过的其他仪器，了解滑动变阻器的特点，培养学生的观察能力。

环节四：探究滑动变阻器的使用

"滑动变阻器有四个接线柱，连入电路中只需要两个，有哪几种接法？"

请同学们通过实验，探究不同的使用方法。

将学生设计的电路图和数据表格投影在大屏幕上。

请学生分析实验探究的结果。

引导学生根据实验数据表格分析思考以下问题：

"你还发现了什么？"

"为什么会有这样的发现，你能解释吗？"

根据学生的回答来总结滑动变阻器的使用方法和注意事项。

【设计意图】学生间讨论交流，通过多边互助交流，启发，补充，使得思维得到拓展，培养学生的合作意识和能力。教会学生通过分析、归纳现象，寻找共性和规律。

环节五：变阻器的其他类型及其应用

教师提示学生，在本节课刚开始提到的家用电器里类似变阻器的部件实际上是电位器。

教师出示旋钮式电位器的实物，结合课件让学生了解滑动变阻器的变形——电位器。

让学生参照屏幕中电位器的原理图，提出问题："若要让录音机的音量变大，该接入电位器的哪个接线柱以及如何旋动旋钮来改变电阻？"

【设计意图】学生观察生活中的电位器，领会到其中的奥妙，使学生认识到物理知识和社会生活的联系。锻炼学生运用相同原理解决不同问题的能力，教师提出的问题也正好和课前提到的例子相呼应，让学生对之前有关变阻器应用的知识所存在的疑惑得到更彻底的解决。

板书设计

认识变阻器

变阻器 —— 滑动变阻器 —— 原理 / 结构 / **使用方法**

电位器

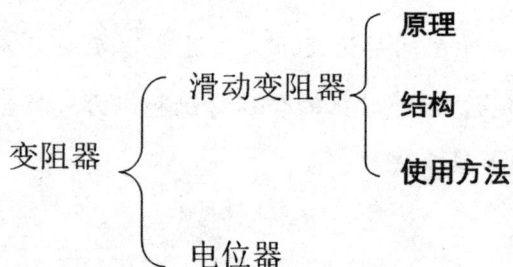

作业与拓展学习设计

1. 整理本节课中对于滑动变阻器的认识。

2. 根据本节课所学内容，察看家里哪些电器使用了电位器，了解这些电器中的电位器是如何发挥作用的？

第 2 课时教学设计《如何选择合适的变阻器》

环节一：引入新课

课前播放 MV《我和我的祖国》，引导学生们观看 MV。

这首歌曲我们都很熟悉，我在播放这首歌的时候，遇到一个问题，我家里音响的音量键坏了，我想修好它。拆开之后，是这样一个小的电位器，它实际上就是一个变阻器。我在淘宝上查了一下价格，想买一个合适的换上。看到这儿，你们能猜到老师在购买的时候遇到了一个什么困难吗？

你们知道为什么有这么多种类吗？

这里面肯定有一款合适的，那么你们能不能帮忙找出一个判断办法来帮助我选出一款合适的电位器，从而很好地调节音响音量？

我们怎么把它转化成一个在实验室能探究的问题？（引导问题：音量怎么检测？在实验室条件下，可以通过什么替代？通过什么仪器来控制音量的大小？）

【设计意图】创设物理情境，由生活中的真实问题引入，激发学生的思考。渗透转换法的思想，让学生利用实验室的器材，解决实际问题。渗透爱国教育。

环节二：提出可探究的科学问题

如此我们就把问题转化为了：什么规格的滑动变阻器可以很好地调节控制灯泡的亮度？

（引导问题：灯泡亮度变化了就代表此滑动变阻器能很好地调节了吗？）

这样我们先提出一个可探究的科学问题，确定自变量和因变量。

研究对象是谁？

如何对其进行操作？

观察什么现象？

灯泡亮度能不能量化？

为了能记录数据以便更好地分析，我们可以怎么办？

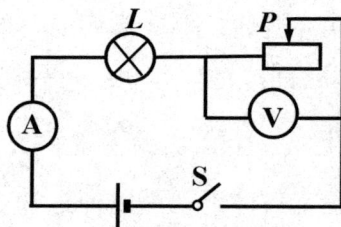

这样我们就确定了自变量和因变量，也就明确了探究的问题：电路中的电流 I 怎么随滑动变阻器的阻值 R 的变化而变化？请同学们总结出电路需要电压表的原因。

为了使读数更加准确和节约时间，用数字万用表代替电流表和电压表。并且为了方便处理数据，为大家准备了一个表格，能够自动生成相应的图像。

【设计意图】学生运用已学的电学知识，把一个实际生活中遇到的问题逐步抽象，简化为物理学习中可探究的科学问题。引导学生留意观察身边丰富多彩的世界，联系生活实际，同时也激发了学生进一步学习和探索的兴趣，激发帮助教师解决实际问题的热情，更重要的是在这个过程也中培养、锻炼了学生物理建模的能力。让学生进行自主学习、思考，通过实验方案的展示，实现了生生间的交流讨论，加强了自我纠偏、解决问题的体验。

环节三：学生实验和定性探究

老师给大家准备了不同规格的滑动变阻器，"200Ω　0.25A"，"50Ω　1.5A""20Ω　2A""5Ω　3A"，你们觉得哪种能够较好地控制、调节电路中的电流大小？

I-R图像

I/A

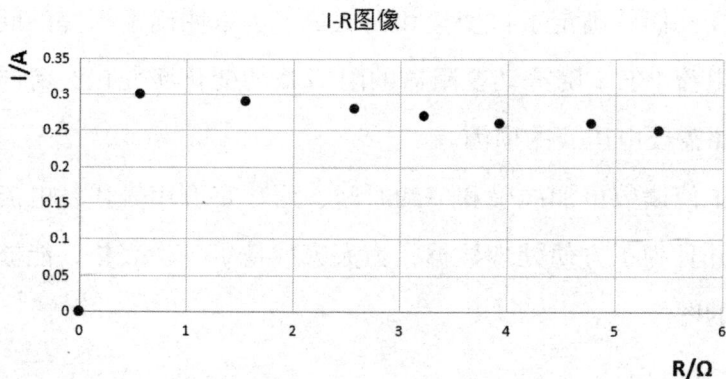

指导学生做实验，采集 10 组左右的数据。引导学生结合灯泡的亮度变化情况，深入探究。

做出 I–R 图像并保存，注意横坐标为 R，纵坐标为 I。

I-R图像

I/A

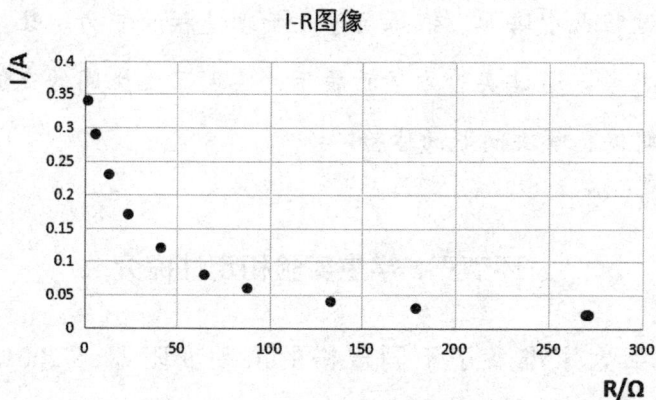

灯泡的亮度能很好地调节吗？音响的音量能很好地调节吗？怎么分析出来的？

在这个 0—200Ω 的滑动变阻器上，又遇到了什么问题？

操作上如此，从图像上能得到类似的结论吗？

你会选择这样的滑动变阻器吗？如果用它来调节音响会产生什么现象？

0—20Ω 和 0—50Ω 的滑动变阻器可以吗？那么我们怎么能看出滑动变阻器控制调节的优劣性呢？

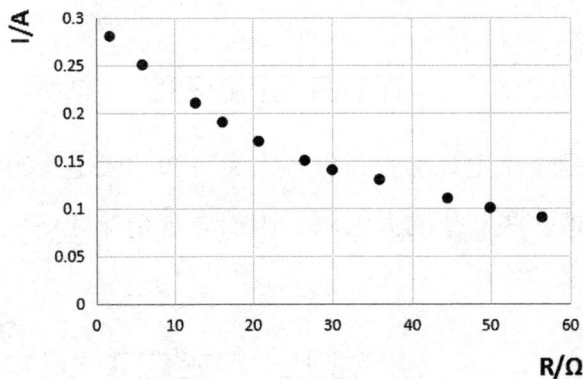

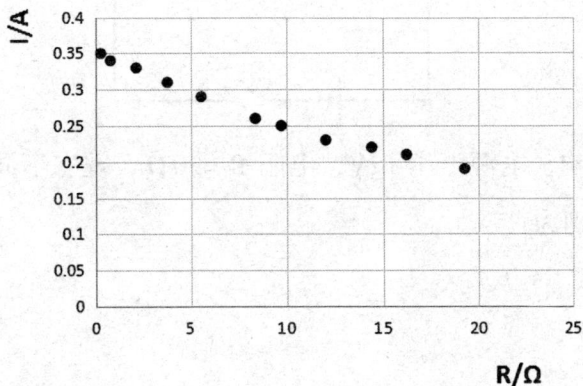

【设计意图】小组协作实验，经历完整的实验过程。学生们结合

实验现象以及数据图像，思考、分析，选择哪种滑动变阻器能比较方便地调节电路中的电流或者灯泡的亮度。通过学生间、师生间的交流质疑、提问，促使学生倾听别人的观点、意见，从而不断思考，修正自己的认识，有效地把个人学习和合作学习结合起来。在这个过程中，培养学生的实验探究能力以及团结协作精神。

环节四：定量探究

物理不能光靠主观感觉，以"太大"和"太小"为判断标准太模糊，我们能想一些其他的办法吗？咱们先定量计算一下，再理论分析确定。

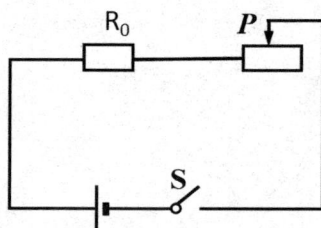

一个音响，电源电压 12V，电阻 $R_0=20\Omega$，现有不同规格电位器，最大阻值分别为：

1. 10Ω。

2. 20Ω。

3. 40Ω。

4. 100Ω。

5. 180Ω。

求电流 I 的变化范围，并选择一个合适的电位器。

我们来看一下计算结果，不同最大阻值的滑动变阻器，对电路电流的调节范围是多少？如果让电路电流有比较明显的变化，但又不浪费太多的电阻，哪些滑动变阻器比较合适呢？确定实验结论：

1. 电路电流变化比较明显。

2. 滑动变阻器的无效长度尽量短。

【设计意图】通过定量计算，使学生们能够从感性的分析，提升到理性的认识，经历完整的解决问题的过程。

环节五：总结提升

现在我知道如何选择电位器了，也就可以修好这个音响了。物理可以让我们学以致用，解决生活中的实际问题，让我们更智慧地生活。那么我们来回顾一下这节课所经历的一个非常重要的解决实际问题的探究过程：

提出问题—建立模型—确定自变量、因变量—设计实验—进行实验探究—分析（定性、定量）实验—得出结论

【设计意图】通过让学生回顾整节课的过程，重温解决实际问题的物理方法，体会物理的魅力，激发学习的热情。

板书设计

选择合适的滑动变阻器

⇓

如何选取合适的电位器？　　自变量：R

⇓

滑动变阻器的阻值对电流的影响

⇓

实验探究　　因变量：I

⇓

初步结论

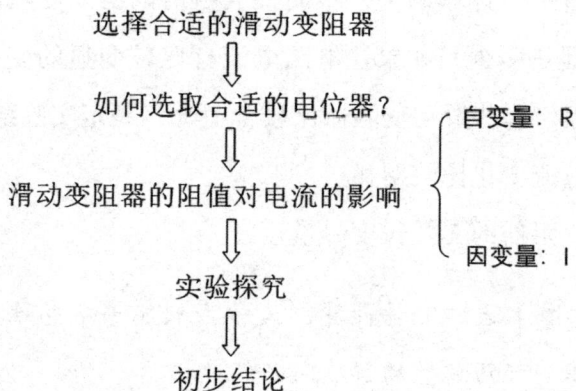

作业与拓展学习设计

1.我们家里有很多电器应用了电位器，尝试通过研究电器的铭牌，或者通过网络查阅资料，了解电位器的规格和参数。

2.结合这些电器的工作电压，尝试总结不同电器使用电位器的规律。

四、特色学习资源分析、技术手段应用说明

1.利用 iPad 教室，及时上传学生成果，方便讲解与分享。

2.利用 iPad 和 Excel 表格，将学生的数据直接生成图像，方便学生进行分析，从而得出结论。

3. 利用高中阶段才使用的万用电能表测量电流、电压，提高实验精确度。

五、教学反思与改进

1. 本单元的设计不仅涉及传统教学中主要强调的学生对于滑动变阻器的认识和简单使用，更结合生活中的实际问题，逐层引导，让学生认识到变阻器对电路的调节和控制作用，是对初中基本要求的延伸，也为学生在高中进一步学习滑动变阻器奠定基础。

2. 学生活动的设计层层递进，让学生逐步经历物理学习中探究解决实际问题的完整过程。从发现问题、明确研究目标，到设计实验，制定实验方案，数据收集，对数据进行深入的思考、分析、论证与评估，整节课，学生用所学知识解决身边的实际问题，体会到了收获感，感受到了知识的力量以及学习的乐趣。

3. 本次主题教学活动更关注知识的综合应用、学生能力的提升及价值观念的培养，学生在学习过程中，较以往的课题学习兴趣更加浓厚、学习主动性增强。

4. 学生充分运用已有的物理知识，解决生活中的实际问题，在探究过程中，创新思维得到了培养。

六、课后评课

维度：学习目标（北京市第十八中学　李永兰）

我观察的维度是学习目标。本节课的流程分为 4 个环节，第一个环节：建模，教师提出生活问题："如何选取合适的电位器？"学生讨论，将其转化为物理问题：滑变阻值对电流的影响。第二个环节：设计方案，小组合作探究问题中的自变量和因变量，并设计电路图。第三个环节：动手实践，自主实验，改变阻值，收集数据，定量绘制图像。第四个环节：解决问题，最优化问题，以学生汇报为主，根据图像的变化特点，选取最合适的滑变。

物理核心素养中的四大要素：（1）物理观点，本节课运用物理知识来解释生活，解决生活中的问题；（2）科学思维，本节课具有建构模型的意识；（3）实验探究，本节课展开了充分的实验探究；（4）科学态度和素养，学生的精神饱满，热情非常高。通过实验操作、定性分析、定量计算三步走，逐层递进，提高学生对滑动变阻器在电路中的调节控制作用的更深层理解；通过生活中遇到的一个具体问题，鼓励学生自己利用建模，并提出可探究问题，进而设计实验来获得认知，培养学生科学探究生活实际问题的方法、技能，进而提升分析能力，重点突出"从生活走向物理，从物理走向社会"这一课程标准理念；通过问题引导，使学生能够打开思维限制，打破固化思维，认识到原来一些想当然的东西还有可以改变和提高认知的地方，培养学生质疑、解决问题的能力；通过解决实际问题，使学生认识到物理是实际有用的，增强学生学好物理的信心。

维度：协同学习（北京市第十八中学　李焱）

通过小组协同学习、交流，分析出实验目的、自变量、因变量。当如何测量自变量，伏特表与哪个用电器并联这个关键点小组内发生分歧时，学生通过交流讨论得出正确的认识，并分析出如何正确测量自变量。

实验探究时，小组内协同合作，正确连接电路，操作非常规范。小组分析小灯泡亮度与滑动变阻器阻值的关系，在马闯老师的指导下，得出实验探究的结论，并通过分析数据、分工合作，帮助马闯老师选择出合适的电位器。

本节课，小组通过相互帮助、相互学习、相互补充、协同合作、共同理解，解决实际问题，对物理知识有更加全面、更加深刻的理解。

维度：活动设计（北京市第十八中学　郑燕春）

马老师这节课围绕教学目标，设计了若干个学生活动，第一个学生活动是在引课之初，让学生运用已学的电学知识，把一个实际生活中遇到的问题逐步抽象，简化为物理学习中可探究的科学问题。这个活动引导学生留意观察身边丰富多彩的世界，联系生活实际，同时也激发了学生进一步学习和探索的兴趣，以及帮助教师解决实际问题的热情。应该说这个任务还是比较有挑战性的，有的学生刚开始面对实际问题时是毫无头绪，无从下手的，经过同组同学你一言，我一语的讨论交流，要研究的问题逐步明确、清晰化，在这个过程中也培养锻炼了学生物理建模的能力。第二个活动，让学生进一步明确实验探究目的，并根据此目的设计合理的实验电路，制订实验计划。这个活动既有学生的自主学习、思考过程，又通过实验方案的展示，实现了生生间的交流讨论，加强了自我纠偏、解决问题的体验。我观察的小组有个同学，刚开始设计的电路是有错误的，当他看到同组同学的电路图跟他的不一样时，就主动询问为什么要测变阻器的电压而不测小灯泡的，在交流中意识到了自己的一些错误，并且改了过来。第三个活动是小组协作实验。马老师事先并没有规定学生在实验中的角色担当，但我观察到，学生们自发地根据自己的优点，特点，积极参与到实验中来。动手能力比较强的主动连接电路，测数据；擅长电脑操作的负责输入、处理数据；平时不太动手，学力比较弱的，也并没有游离于实验之外，而是始终在关注同组同学是怎么做的，并且持续关注电脑中数据处理的情况，也经历了完整的实验过程。当实验现象、数据图像得出后，马老师又设计了一个，我认为是本节课最具有挑战性的学生活动，让学生们结合实验现象、数据图像，思考、分析选择哪种滑动变阻器，能比较方便地调节电路中的电流或者灯泡的亮度。通过学生间、师生间的交流、质疑、提问，促使学生倾听别人的观点，意见，不断思考，修正自己的认识，把个人学习和合作学习有效结合起来，最后再通过定量计算，将学生从感性地分析，提升到理性地认识，经历完整的解决问题的过程。

可以说，整节课，几个学生活动的设计层层递进，逐步让学生们经历了物理学习中探究解决实际问题的完整过程。从发现问题，明确研究目标，到设计实验，制定实验方案，到数据收集，再到对数据进行深入的思考、分析、论证与评估，整节课，学生用所学知识解决身边的实际问题，体会到了收获感，感受到了知识的力量以及学习的乐趣。

维度：课前准备（北京市第十八中学　王琳）

课前，马闯老师早就等在教室里，做检查和准备工作。我观察到教室里桌椅摆放整齐有序，桌子上整齐地码放着实验器材以及上课用到的导学案，多媒体已经打开，是一个漂亮的水晶球。整个环境让人感觉非常温馨，让人对这节课充满期待。

学生在课前 5 分钟左右进入教室，多媒体开始播放视频《我和我的祖国》，介绍的是我们祖国日新月异的科技变化，与大环境与小环境都非常契合。学生立刻被吸引，开始津津有味地看起来。也有的学生被实验器材吸引，和同组组员以及邻组组员交流起来。也有的同学拿起导学案，认真思索起来，偶尔和同学展开交流。老师也会走到学生中间，时不时与学生交流几句。尽管教室里人来人往，时不时还有闪光灯亮起，但学生们仍专注于视频、教具。

交流的时候，很多学生脸上都洋溢着笑容，可见学生之间，师生之间关系是非常融洽的。

总之，课前准备非常充分、用心，为上课营造了良好的氛围和环境。

维度：师生关系（北京市第十八中学　张艳茹）

我观察的维度是师生关系，相信大家都能感受到，整个课堂的氛围是轻松、愉悦的。我将从以下两个角度说明我的观察。

（1）课堂时间分配。

学生开展三个任务的时间分别是 2 分钟、9 分钟和 17 分钟，加上学生发言时间，学生活动时间总共 31 分钟，将这么多时间给学生，充分体现出马老师以学生为中心的教育思想。马老师发言 14 分钟，其发言并不是将结论告诉学生，而是在倾听了学生的发言后，将这些问题梳理引导出新的问题，将问题串联起来，顺利过渡到下一个任务。问题的设计也是有层次有梯度的。

（2）对学生的关注。

从老师走位和眼神可以观察到他对每一个学生都有所关注，眼神波及教室最角落的同学。

对于不同层次的学生，马老师给出了不同层次的问题，确保每一个学生都能参与其中。

学生活动时，对于学习能力强的组，马老师只是在旁边观察，不打扰，给了学生思考空间和时间。对于学习能力弱的同学，马老师先观察，发现其困难点在哪，再针对困难点给予针对性的指导。

总之，这堂课师生关系和谐，是值得我们学习和借鉴的一堂优质课。

维度：价值引领（北京市第十八中学　张银屏）

科技是国之利器，义务教育阶段我们如何培养学生的科学精神与科学态度？马老师课堂上呈现出的"是什么？为什么？怎么做？"的理性思辨之路，是我们科学课学习任务设计的必经之路和强有力的阶梯。本节课探究交流环节发言的学生，是该组中学力较弱的学生。他说得非常好，可想而知这个小组中的合作学习过程平等、组员间的分享充分。

挑战性问题的设计与实施促协同探究、智慧生成

——以初三化学"自制钙片"为例

北京市丰台区第八中学　滕朝辉

一、课例背景

"自制钙片"课例是基于学习共同体课堂研究而研发的课例，聚焦"真实情境引入挑战性任务""探究性对话促学生创新思维发展""交流发表，智慧共享生成解决问题的思路和方法"等问题展开研究。

同时，本课例是为了解决初三化学学习中的工艺流程问题和青少年成长需要补充钙元素而设计的课例，该研究重在形成解决生产实际问题的思路和方法。通过该课例学习，学生提高探究协作解决问题的能力，培养交流合作能力，以及融合化学工程技术等知识和方法解决问题的能力，提升核心素养。

（一）现实依据

石灰石、大理石随处可见，学生了解其主要成分是碳酸钙。学生学习了营养素的相关知识，知道钙元素是组成人体骨骼和牙齿的重要元素，青少年处于成长的关键时期，如果缺少钙元素容易导致佝偻病，老年人如果缺少钙元素容易导致骨质疏松。13—16岁的青少年每日补钙量约为1200毫克，这些钙元素如果日常饮食不能提供，可以适当食用钙片补充。钙片的主要成分是碳酸钙，一瓶60粒的钙片约60元，如果以石灰石或大理石为原料，提取纯净的碳酸钙，制成钙片，则能够节约成本，意义重大。

（二）课标依据

《义务教育化学课程标准（2022年版）》中"物质的性质与应用"主题要求：能利用常见物质的性质，分析、解释一些简单的化学现象和事实；能基于真实问题情境，依据常见物质的性质，初步分析和解决相关的综合问题。"物质的化学变化"主题要求：能利用化学反应相关知识分析和解释自然界、生产生活、实验中的常见现象，能基于真实的问题情境，多角度分析和解决生产生活中有关化学变化的简单问题。

（三）研究目标

基于以上分析确定研究目标，以石灰石为原料制备纯净的碳酸钙，最终制得钙片。形成解决生产实际中的工艺流程问题的思路和方法，巩固含钙物质转化关系，提升学生之间交流合作探究解决问题的能力。

（四）课例规划

阶段	任务	时间
课前	1. 调研学生对钙元素与人体健康的了解 2. 了解学生体测状况，拍摄情景剧	10min
第一课时	1. 观看情景剧，引起共鸣，明确任务 2. 完成任务：（1）设计以石灰石为原料生产纯净碳酸钙的工艺流程图，交流展示，完善作品 （2）总结生产实际问题中的解题思路	45min
第二课时	1. 制作钙片并分享 2. 解答生产实际问题，形成技能	45min

二、课例描述

（一）情景剧引入，提出挑战性任务，激发学生学习兴趣和探究欲

本课例借助真实体育测试事件反映出来的学生腿疼、腿抽筋的现象，拍摄情景剧，以实际问题引入新课学习，激发学生兴趣并提出挑

战性问题："如何以廉价的石灰石为原料制备钙片，解决青少年成长中缺钙的问题且经济实惠？"

情景剧具体内容如下：

学生 A：哎哟，昨天体测，跑步之后腿突然抽筋，疼得我嗷嗷叫！

学生 B：这是怎么回事呢？是不是跑太快了？

学生 C：体育测试，肯定要尽全力跑呀，难道还能慢悠悠地跟散步似的？

学生 D：我觉得可能是平时锻炼少，导致剧烈运动不适应，平时多锻炼吧。

学生 E：可能是身体缺钙吧？我妈妈体检结果有一项是骨密度偏低呢！

学生 A：我们怎么知道身体是否缺钙呢？是要到医院去做检查吗？

学生 B：应该是的，咱们化学课学过，钙元素是构成人体骨骼和牙齿的重要元素，青少年缺少钙元素会导致佝偻病、抽筋、乏力，老人缺少钙元素会导致骨质疏松呢。

学生 C：是的是的，老师确实讲过，而且我们确实可以到医院检测一下身体中的钙元素含量是否在正常范围内。不过，如果真的是缺钙，怎么能给身体补充钙元素呢？

学生 D：多喝牛奶，喝牛奶可以补钙。

学生 E：多晒太阳，促进身体中钙元素的吸收！

学生 A：还可以吃钙片。

学生 B：钙片主要成分是什么呢？是碳酸钙吗？

学生 C：是的，石灰石的主要成分也是碳酸钙，那么，能否以石灰石为原料做钙片呢？石灰石中含有杂质，咱们如果想办法提纯得到纯净的碳酸钙，是不是就可以做钙片了！

学生 D：好主意，咱们在纯净碳酸钙的基础上加其他物质，还可以制成不同口味的钙片呢！

学生 E：好主意，那咱们现在就设计一下制作步骤吧，如何？

所有人：同意，开工！

（二）探究性对话解决问题，挑战性学习促进学生创新思维发展

本项目研究基于新课标和学情确定挑战性问题"如何以石灰石为原料生产纯净的碳酸钙"，给出相关资料：①石灰石的主要成分为碳酸钙，还含有二氧化硅等杂质，二氧化硅等杂质难溶于水，耐高温，不与酸反应。②碳酸钙高温煅烧分解生成氧化钙和二氧化碳。③氯化钙、氢氧化钙都能与碳酸钠发生复分解反应。

学生提出挑战性问题后，产生很多疑问。学生明确要完成的任务，但是对于如何设计，如何将该实际问题转化为学科问题，如何利用学科的知识和方法解决问题，存在疑问。他们对于石灰石中的杂质如何除去，对于碳酸钙可能会发生什么反应不清楚。于是，一些学生开始研究资料，基于资料中的物质间的化学反应设计碳酸钙能发生的反应。设计的过程中一步几个坎，杂质怎么办？生成物是不是新杂质，溶不

溶于水？如何除去这些杂质？图示应该怎么画，横着还是竖着？加药品写在哪里，过滤操作写在哪里？有的学生一边思考一边简单写写画画，有的学生不敢动笔。静悄悄的课堂中学生们陷入深度思考，约3分钟，有同学开始问同伴问题，有同学开始寻求老师帮助，慢慢地大家进入互相交流研讨阶段，经过约18分钟的协作探究性对话，学生创新生成解决方案。

小组1

学生A：石灰石是混合物，咱们得除去其中的二氧化硅等杂质，如何去除呢？

学生B：资料中显示，二氧化硅等杂质难溶于水，过滤操作可以吧？

学生A：石灰石中的碳酸钙也难溶于水呀，那不就一块儿过滤出去了吗？

学生D：咱们可以加盐酸，盐酸与碳酸钙反应生成氯化钙、水、二氧化碳，然后再过滤。

学生C：氯化钙是什么物质，溶于水吗？如果氯化钙溶于水，那就可以过滤了。

大家都蒙，不清楚，举手问老师，老师回应，氯化钙易溶于水。

学生们：太好啦，咱们开始设计工艺流程图吧！

小组2

学生A：根据资料，煅烧石灰石，分解成氧化钙和二氧化碳，氧化钙加水转化为氢氧化钙，氢氧化钙与二氧化碳反应生成碳酸钙，怎么样，很完美吧！

学生B：确实，思路很清晰，那氧化钙需要与二氧化硅等杂质分离，如何处理呢？

学生A：过滤呀，过滤分离难溶物质和可溶物质。

学生D：挺好，那咱们在流程图上标记出加入的物质和相关的操作，怎么样？

学生C：挺好，咱们把原料和产物框起来，是不是更像流程图！

学生A：看谁设计得美观清晰，逻辑性强，大家加油！

通过上述过程可以看出，真实问题给出后教师没有解读，资料给出后教师没有带领学生一块儿研读学习，而是把这些生长的空间和时间全部留给学生，学生深度思考、组内交流研讨，创新生成解决方案。学力高的学生的方案有1—3种，从单一文字表达到结构流程表达，规范而详细。学力低的学生因兴趣驱动主动思考、主动寻求帮助，能够设计出基本的解决方案。

反思上述基于挑战性问题的探究性对话，学生聚焦问题解决，讨论内容更加丰富、深入，生成更多更完善的解决方案，可见，挑战性学习促进学生创新思维发展。

（三）交流发表、智慧共享，增强成就感，形成解决一类问题的思路方法

学生奇思妙想、作品丰富。在交流展示环节，大家认真倾听互相学习，学生发表观点后同伴补充完善，教师对发表信息进行编制和重组，板书生成重要知识和方法，学生反刍内化、对标补充完善作品，以达到工艺流程清晰、科学准确，同时生成解决生产实际问题的一般思路和方法。

学生分享：

根据资料②，石灰石高温煅烧分解生成二氧化碳和氧化钙，二氧化碳作为气体跑出，氧化钙固体和石灰石中的固体杂质混在一起。接下来加水，氧化钙与水反应后生成氢氧化钙微溶于水，多加些水使氢氧化钙都溶解，然后通过过滤将难溶性杂质除去，滤液就是氢氧化钙的溶液，这时加入二氧化碳就可以生成碳酸钙，再过滤出来，洗涤、烘干就得到了纯净的碳酸钙（图 1）。

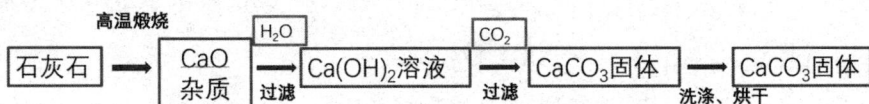

图 1　学生分享图示

学生补充 1：我觉得，高温分解生成的二氧化碳可以重复利用，用于与氢氧化钙反应生成碳酸钙。

学生补充 2：我补充一点，氢氧化钙可以与二氧化碳反应，也可以与碳酸钠反应生成碳酸钙，根据资料③的内容，我可以把复分解反应的方程式写出来。

学生补充 3：我再补充一点，高温煅烧石灰石消耗能源，我们知道碳酸钙与稀盐酸反应生成氯化钙、水、二氧化碳，二氧化碳暂时收集起来另作他用，再基于资料③，氯化钙与碳酸钠发生复分解反应生成碳酸钙，就是整合上面的方案，能够节约能源，我是这样想的（图2）。

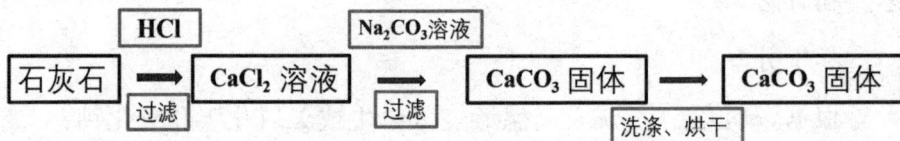

图2 学生分享图示

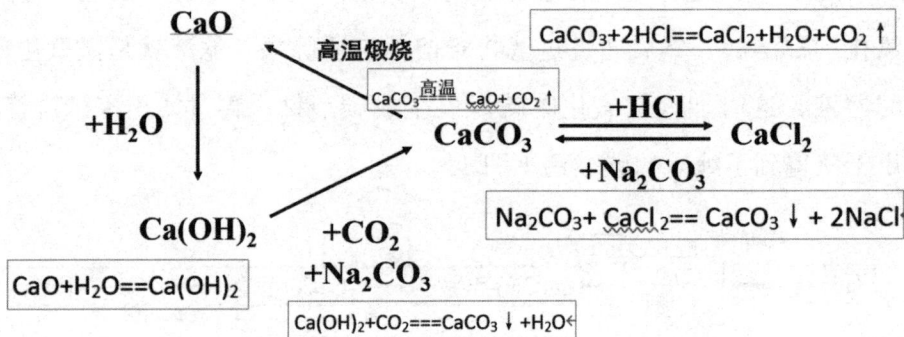

图3 学生分享图示

学生补充4：该同学以流程图的方式展示整个操作过程值得我学习，不过我更愿意用物质的化学式表示物质，一目了然（图3）。我有个疑问，加入的试剂、过滤烘干操作一般写在什么位置呢？箭头上下有什么区别吗？另外加入试剂的量一般是多少呢？

片刻思考后，大家表示写在箭头上下位置都可以，对于加入试剂的量如何控制有想法，但不是很清楚。

教师串联：以上大家共同生成了以石灰石为原料制备纯净碳酸钙的方案，对照评价标准可以达到三星或四星的水平，为大家点赞！对于同学们提出的定量问题、除杂问题，一般加入过量除杂试剂以保证杂质全部除掉，不过若剩余除杂试剂与产品同一状态，过量的除杂试剂就会成为新杂质，所以一般适量。现在，给大家时间完善自己的作品，如有疑问组内可继续交流研讨。

反思交流分享环节，每个学生都自然、真诚地发表观点，生成很多智慧，学生对于生产实际问题的解决思路由点状认知到网状构建，从单一生成到多维生成，由个体生成到全组生成再到全班发表互相学后的滚雪球式的生成。

评价内容	评价任务	要求	评价指标
设计以石灰石为原料生产纯净碳酸钙的工艺流程图	如何以石灰石为原料制备纯净的碳酸钙？	独立思考设计、组内交流研讨、分享展示、互相学习、创新生成作品	★基本流程清晰 ★★基本流程清晰、科学准确 ★★★基本流程清晰、科学准确、实用效果好、美观有创意 ★★★★基本流程清晰、科学准确、实用效果好、美观有创意、表达逻辑性强、引发高阶思维

我们成功地设计出工艺流程图，解决了以石灰石为原料生产碳酸钙的实际问题，接下来，请大家深度思考总结解答生产实际问题的一般思路和方法。学生顺利总结出思路和方法，有效应用于试题练习（图4）。

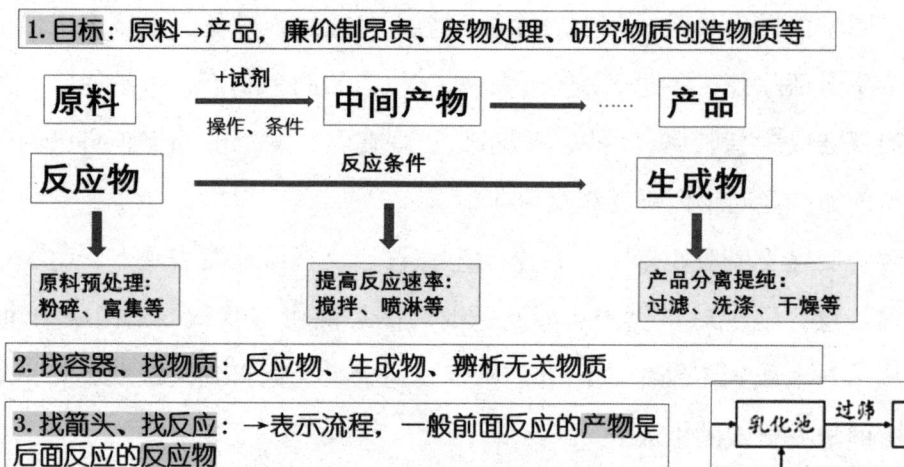

图 4　生产实际问题的解题思路

（四）制作钙片，学以致用，形成技能，提升解决实际问题的能力

第二课时完成制作钙片任务，学生激动兴奋、严谨认真。生产实际题目练习共三类，一是以石灰石为原料生产氯化钙，巩固生产实际问题的解题思路和方法，巩固钙系列物质间的转化关系；二是金属冶炼问题；三是以空气为原料生产尿素。第二类和第三类属于陌生情境、陌生问题的能力迁移，训练学生解决实际问题，形成技能。

三、课例总结

该课例研究充分体现学共体课堂学习优于传统课堂学习的几个方面：真实情境引入，一是学生与真实世界对话，学生对于自身经验和真实世界对接产生的问题兴趣浓厚，解决问题的同时创造经济价值，产生一定的社会效益；二是学生与自己、与同伴深度对话，学生深度思考、同伴之间深度研讨，聚焦挑战性任务，提出自己的疑惑、想法、初步方案，大家互相分享观点、互相学习借鉴、补充完善，直至问题解决，这个过程中学生交流合作能力、分析问题解决问题的能力得到提升；三是产品意识，学共体课堂研究过程中学生总结出解决生产实际问题的一般思路和方法，同时实践自己设计的工艺方案，成功制得钙片，成就感增强。

《热"冰"》教学设计

北京市第十八中学实验学校　段雨欣

一、教学背景分析

　　《热"冰"》属于人教版初中化学九年级下册第九单元《溶液》部分的内容。选材依据是生活中可以见到的一种暖手宝,只需要掰动里面一个悬浮的小铁片,它会立即从无色液体变成白色固体,并散发热量,就好像一块会发热的冰。这种反常的现象引起了学生极大的探索兴趣,我们借此展开了对不饱和溶液、饱和溶液、过饱和溶液以及结晶的认识,并通过不同状态的硝酸钾溶液的转变实验和魔术"点水成冰"来进一步掌握不同溶液状态之间的联系。通过三个不同水平的学习任务,学生逐步认识不同状态的溶液,初步形成"晶体—加热—热饱和溶液—缓慢冷却—过饱和溶液—加入晶种—析出晶体"的闭环思维模型,同时了解溶液在生产、生活中的重要意义。

二、教学目标及重难点

（一）教学目标

1. 区分饱和溶液与不饱和溶液。

2. 通过实验得出饱和溶液、不饱和溶液及晶体之间转变的方法。

3. 了解过饱和溶液的定义与特征。

4. 通过饱和溶液、过饱和溶液与晶体之间的转变感受化学的美，体会化学对生活的指导价值。

（二）教学重点

区分饱和溶液与不饱和溶液；通过实验得出饱和溶液、不饱和溶液及晶体之间转变的方法。

（三）教学难点

设计方案，完成饱和溶液、过饱和溶液与晶体之间的转变。

三、教学过程

板块一：矛盾情境，引发探索

（一）实物体验

天气越来越冷了，还有一周就到冬至了，在二十四节气里，冬至意味着真正的寒冷就要来了，所以今天我要给大家分享一个好东西，在你的桌子上有一包无色透明的液体，里面悬浮着一个金属片，请你来回掰动金属片，观察有什么现象？

这个像冰一样的白色固体居然是热的，这是因为刚才你看到的无色透明液体是一种特殊状态的溶液，今天我们就来一起了解它。

（二）明确学习目标

本节课我们的学习目标是：1.通过实验得出饱和溶液、不饱和溶液与晶体之间的转变方法；2.利用溶液相关知识完成饱和溶液、过饱和溶液与晶体之间的相互转变。

【设计意图】通过矛盾的现象，引发学生的认知冲突，引起探索的欲望，从而主动寻求问题的答案。从身边的物质出发，让学生明白生活中处处有化学。

板块二：动手实验，归纳转变方法

（一）出示基础性任务，小组合作实验

下面进行今天的第一个活动，请大家小组合作进行实验一，完成表格，并在第一课时的基础上，补充饱和溶液、不饱和溶液与晶体之间转变的方法。注意实验安全。

> 仪器与试剂：酒精灯、三脚架、火柴、石棉网、小烧杯、玻璃棒、水槽、水、硝酸钾。
>
> 实验一
>
> 1. 在室温下，向盛有 20mL 水的烧杯中加入 1g 硝酸钾，搅拌至溶解；
>
> 2. 等溶解后，再加 14g 硝酸钾，搅拌约 1 分钟，观察现象；
>
> 3. 加热烧杯一段时间，边加热边搅拌，直至剩余固体完全溶解；
>
> 4. 将溶液在水槽中静置冷却，有什么现象发生？

1. 合作实验。

2. 独立填写。

3. 组内互学。

（二）小组展示，组间交流

1. 展示表格一，组间互学，质疑提升。

步骤	现象	此时溶液状态为（填饱和溶液或不饱和溶液或无法确定）
1		
2		
3		
4		

2. 小组展示不同状态溶液的转变方法，区间质疑归纳。

【设计意图】在第一个环节的活动中，学生小组合作进行实验，完成表格。在这一部分，学生首先需要结合实验现象及饱和溶液、不饱和溶液的定义来对每步中的溶液状态进行区分，再结合实验中所使用的方法，在第 1 课时的基础上，补充饱和溶液、不饱和溶液以及晶体之间的转变方法。在第二个活动中，学生需要阅读资料，找到过饱和溶液加晶种可以形成晶体这一关键信息，完成魔术"点水成冰"，同时了解到过饱和溶液受到振动刺激也可形成晶体，并且这一结晶过程是放热的，这就是暖手宝的原理。

板块三：融会贯通，实践应用

（一）小组协作，勇于挑战

1. 教师解读。

实验一中使用的溶质是硝酸钾，对于像硝酸钾一样的大多数溶质来说，其饱和溶液经过降温可以得到晶体，但对于有些溶质，其饱和溶液经过缓慢降温，可以得到一种处于非常特殊状态的溶液——过饱和溶液，这种暖手宝中的无色液体就是一种醋酸钠过饱和溶液。

2. 出示挑战性任务。

请大家阅读资料，利用醋酸钠过饱和溶液完成魔术"点水成冰"。完成之后可以挑战一下，设计方案，实现这个魔术的循环表演。看有没有组能够挑战成功，注意实验安全！

（二）组间展示，共同成长

挑战成功的小组进行展示，在操作的同时，讲解魔术循环表演的原理，其他小组在倾听的过程中，明白自己未挑战成功的原因，突破难点，挑战自己，完成提升。

（三）归纳总结

1. 回归生活。

通过本节课的学习，我们不难解释这种暖手宝的原理，请同学交流分享。

2. 课后延伸。

将变成结晶的暖手宝复原后带回。

【设计意图】通过小组合作，设计方案，实现这个魔术的循环表演。学生需要阅读资料，提取三个关键信息，并且结合实验一的经验，串联信息，设计方案，再通过实验去验证，实现这个魔术的循环表演，初步形成"晶体—加热—热饱和溶液—缓慢冷却—过饱和溶液—加入晶种—析出晶体"的闭环思维模型。

基于真实情境的协同学习

——以初中生物复习课《人体的生理与 健康——小病菌、大健康》为例

北京市丰台区第八中学　李春美

《义务教育生物学课程标准（2022年版）》要求结合学生生活经验，创设问题情境。将真实情境中问题的解决作为教学的主要方式，能够调动学生的好奇心，帮助学生聚焦探究的问题，协同学习，促进学生生物学核心素养的发展。

一、真实情境

在人体的生理与健康的专题复习中如何创设真实情境呢？结合课程标准和学科育人的要求，我们认为需要以一种威胁人类健康的疾病作为教学情境，引导学生去探究生命系统在与病原体相互作用的过程中，各系统是如何协调配合完成各项生命活动的。本节课的授课日期是5月14日，恰好是全国无"幽"日的前一天。全国无"幽"日设立

的目的是呼吁人们关注幽门螺旋杆菌（简称 Hp）对人体健康的影响，从而降低幽门螺旋杆菌的感染率。所以我们最终选择以幽门螺旋杆菌为真实情境，建立学生生活和社会问题的关系，激发学生学习的兴趣和探究的欲望。

为了让学生更快进入情境，我在课堂中再现了我表妹感染 Hp 的真实经历。"我表妹消化系统出现不适，去医院就医，确诊感染了 Hp。经过半个月的服药治疗转阴，但是医生叮嘱一个月后要再次检查，因为 Hp 的复阳率很高。所以一个月后，她去复查了，结果是复阳了。"

课堂中学生通过教师讲述和文本阅读很容易走进情境，甚至个别同学还能唤起自身和家人感染幽门螺旋杆菌的回忆。在这种情况下学生开展角色扮演或情境模拟，辅助他们解决问题。

二、问题引领

在上述情境的基础上，教师问学生："针对我表妹的就诊经历，你们有什么困惑？"这个环节学生特别活跃，因为上述现象很有可能出现在他们身边或者发生在自己身上，所以学生都提出了自己的困惑。我收集了学生的问题条，大致有以下几个方面：

1. 为什么 Hp 复阳率那么高？

2. 为什么检测是阴性又复阳？

3. Hp 感染的原因？如何预防？

4. 免疫系统为什么不能阻挡 Hp 入侵？

总结学生提出的问题，可以概括为"Hp复阳的原因及避免复阳的措施"。解决这一问题需要用到七年级上册和八年级下册的概念性内容。学生在之前的学习中虽然掌握了人体各个系统的组成和功能，能够说出预防传染病的措施，但是对于人体各系统间协调配合完成各项生命活动的过程比较生疏，无法建立各系统间的联系。在一个新情境中，学生运用已有知识去分析、解决问题的能力相对较弱，不能根据新情境中出现的问题做出合理假设或推理。而上述问题的解决不仅能够复习概念性知识，还能建立传染病及其预防和消化系统、循环系统、呼吸系统之间的联系。

三、协同学习

在课堂开始的5分钟内教师就明确了问题和任务，同学们开始结合已有知识和任务单中的学习资料完成问题。

在巡视小组协同学习的过程中，我发现很多同学都整理出了自己的答案并在任务单中圈画出支持答案的依据。在任务提出3分钟后，学力高的同学通过自我学习至少整理出4条Hp复阳的原因并准确定位支持答案的依据；学力低的同学也能依据文本信息回忆出常识性内容，比如"可能是没有注意个人卫生，饭前便后没有洗手，造成Hp的感染""可能在进食过程中由家人传染"。但是他们写的内容较少，和生物学学科的关联度也较低，在达到自己的认识极限后出现停滞现象。

学生都停止作答后，仍有疑问就会展开讨论，这就是协同学习的开始。在阐述观点的过程中通常是按照学力的高低顺序进行，D同学学力最低，最先发言，其次是C同学和B同学发言，学力最高的A同学最后发言。

下面是我观察的小组发生的一段探究性对话：

D同学：我认为可能是没有注意个人卫生，饭前便后没有洗手，造成Hp的感染。

A同学：你能说出依据吗？

D同学：生活常识，但是为什么不注意个人卫生能引起感染Hp我无法解释。

C同学：我认同D同学的观点，我认为可能是Hp污染了食物或水，而我们的手或者饮食不卫生，会间接将Hp带入体内。

B同学：可是资料中说，"人类是目前唯一被确认的Hp传染源，Hp喜欢寄生在胃部黏膜上皮细胞表面以及细胞间隙，也会少量分布在口腔和小肠"。根据上述内容，我认为Hp只是在人的体内存活，不会污染食物或水。

C同学：我认为可能是我们排出的粪便引起食物或水污染。

A同学：我也接受D同学的观点，并且我认为C同学的解释很合理。但是我想补充一点，人体的消化系统是开放性系统，人体产生的食物残渣会经消化系统排出体外。如果感染者（也就是传染源）排出的粪便有Hp，而且粪便没有杀菌就被用作农家肥浇灌植物，就会引起食物和水源的污染。当我们没有做好个人卫生，就相当于没有切断"污染的水源和食物"这种传播途径，作为易感人群的我们就有可能感染。

B、C、D 三名同学认真倾听并频繁点头，表示赞同。

B同学：那我总结一下，对于 Hp 引起的传染病，我们可以从预防传染病的三种途径入手，只要我们找到传染源、传播途径和易感人群就能做科学的预防。

C同学：对，那我们再把自己的答案梳理一下，从预防传染病角度分析可能感染的原因。

从上述对话可以看到同学们为解决复杂问题而协作学习的过程，他们彼此分享思考的依据，在认真倾听的基础上进行质疑和补充，还能够同别的情节相链接和总结，充分展示出了学生的平等、尊重和求实的态度。学生围绕话题所展开的讨论，能够充分唤醒学生的储备性知识和能力，在交流过程中使学生既有知识可视化、清晰化。

上述过程中 D 同学一直处于认真倾听和记录的状态，对于组内的探论参与度不高。在经过短暂的整理答案后，也就是任务进行 6 分钟左右，D 同学又产生了新的疑问，而这一问题的提出拓展了整组的思考深度。

D同学：为什么治疗后检测是阴性，但是 1 个月后又复阳了呢？如果我是患者，感染过肯定会加强预防的，会不会有其他复阳的原因？

B同学：因为学习资料中说"疗程10—14天，胃部Hp去除率高达85%—94%"，所以我认为可能是幽门螺旋杆菌去除不彻底，但是没检测出来。

D同学：那就多检测几次。

A同学：我同意你俩的观点，但我还有补充，学习资料中提到，"幽门螺旋杆菌喜欢寄生在胃部黏膜上皮细胞表面以及细胞间隙，也会少量分布在口腔和小肠（活性弱）"，所以我认为也有可能是口腔或者小肠中的幽门螺旋杆菌转移到胃中引起了复阳。

B同学：我也认为有这种可能性，口腔中的Hp活性弱，随消化道进入胃中恢复活性就会大量增殖，引起复阳。但是我认为小肠中的幽门螺旋杆菌不会返回胃中。

C同学：我同意B同学，因为消化系统是个开放性系统，食物从口腔进入，顺着消化道进入胃，经过小肠、大肠，最后从肛门排出体外，所以从口腔进入胃部更合理。

D同学：我理解了，但是为什么口腔中的幽门螺旋杆菌检测不出来呢？

B、C同学：我不知道。

A同学：我也没思路，我们再看看。

教师：你们看看检测的原理，分析口服^{13}C标记的尿素试剂是如何检测幽门螺旋杆菌的，看看检测原理能不能解释你们的问题。

　　上述教师所说内容就是学生进行反刍的支架。教师在小组巡视中要及时发现学生的困惑并予以援助。学生通过教师提供的支架梳理 Hp 检测的原理并借助图文信息构建系统间的关联。

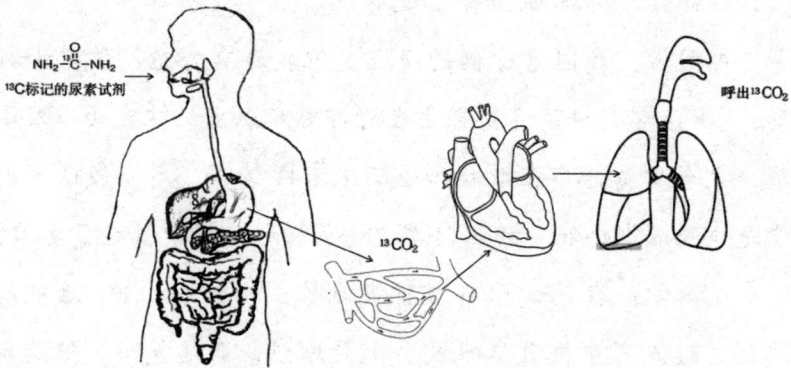

梳理$^{13}CO_2$呼气检测Hp原理并分析复阳的原因？

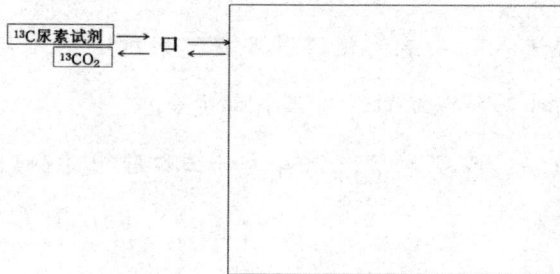

　　D 同学：写什么内容啊？

　　C 同学：怎么检测的，可能两张图有联系。

　　B 同学：左侧图是右侧原理分析的提示。

D 同学：以前的知识忘了，我先看看书。

B、C 同学边看书边梳理答案。

A 同学：整理答案并翻看笔记核对。

D 同学：你们帮我讲讲检测的原理吧，我只看懂了心脏，对于消化系统和肺怎么检测 Hp 不太明白。

B 同学：右侧的图就是在问我们 ^{13}C 尿素试剂是如何变为二氧化碳并呼出体外的？

C 同学：是不是从口到胃，在胃部分解为二氧化碳，再通过呼吸系统排出体外？

D 同学：这些我也写上了，能再讲得详细一些吗？

A 同学：我认为检测过程涉及消化系统和循环系统的关联，我们如果建立了系统间的联系就能复原或者模拟体内发生的过程。

B 同学：你的提示点醒了我，我想梳理一下我的思路。你们看一下我写的过程图，^{13}C 尿素试剂—口—消化道—胃（产生 $^{13}CO_2$）—血液循环—肺部毛细血管—呼吸道—口（呼出 $^{13}CO_2$）。

D 同学：我知道了，是不是因为胃中的 Hp 太少，产生的 $^{13}CO_2$ 少，所以检测不出来？或者在细胞间隙，接触不到检测试剂。

A 同学：我同意你的观点，同时我认为口腔中 Hp 少、活性弱，检测试剂只是从口腔通过，不会分解 $^{13}CO_2$，而胃中的 Hp 通过吃药已经去除，所以检测的结果就是阴性。

C 同学：我觉得这个分析也佐证了咱们前面提到的观点：口腔中的 Hp 随着食物从口腔进入胃，在胃中恢复活性引起复阳。

D 同学：那我们就需要对口腔和胃中的 Hp 同时检测。

上述就是学生展开的有层次的探究性对话过程，从对话中可以看出学力低的 D 同学往往更能提出开放性的问题，比如"为什么治疗后检测是阴性，但是 1 个月后又复阳了呢？如果我是患者，感染过肯定会加强预防的，会不会有其他复阳的原因？"这个问题的解决就需要高阶思维活动。被问的学生在理解了提问学生的困惑后，按照提问学生能够理解的方式进行了解释说明。与之相对，接受了同伴的援助后，不懂的学生也会边听边认真思考。低学力同学通过同伴的帮助进行思考，从而突破只依靠自身能力所能达到的水平的界限，比如讨论的最后，D 同学说，"那我们就需要对口腔和胃中的 Hp 同时检测"，就充分证明他已经能够应用知识解决问题了。高学力的学生也对所学知识进行了深度加工和再构建，并根据再整合的信息进行推理和判断，本节课不同学力的学生都有不同程度的收获。

现实生活中，很多问题不是依靠个人就可以完成的，往往需要多人协作才能完成，所以培养学生的沟通能力和协作能力非常重要。协同学习课堂的实施，不仅能够提升学生协同学习解决实际问题的高阶能力，还能帮助学生从多角度看待问题。

创设探究情境　协同提升素养

——以《法律保障生活》为例

北京市丰台区第八中学　汪梦园

一、课例背景

（一）学习内容分析

《义务教育道德与法治课程标准（2022年版）》中指出，"道德与法治课程要培养的核心素养，主要包括政治认同、道德修养、法治观念、健全人格、责任意识"。其中法治观念指树立宪法法律至上、法律面前人人平等、权利义务相统一的理念，了解以民法典为代表的相关法律法规，使尊法学法守法用法成为共同追求和自觉行为，努力做社会主义法治的忠实崇尚者、自觉遵守者、坚定捍卫者。

《法律保障生活》是人教版《道德与法治》七年级下册第四单元第九课《法律在我们身边》的第二框内容。通过明确法律与其他规范相比的特殊性，进一步感受法律的规范及保护作用，体会法律让生活更美好。

（二）学生情况分析

为充分了解学生情况，在本课设计前，我对学生进行了问卷调查及访谈。通过调查发现，我校十分重视法治教育宣传活动，积极组织相应法律专题讲座，例如预防校园欺凌、未成年人保护法知识讲座等，较为明显地提高了大部分学生的法治意识和观念。但值得关注的是，受生活经验不足、社会阅历较少等一系列因素的影响，我校学生一提起法律，联想更多的可能是威严、强制力、害怕等词汇，忽略了法律对生活尤其是对未成年人的特殊保护，而这一想法不利于法治观念的落实与提升。

为突破以上学情困境，在设计本次课程时，我选取较为丰富的时政素材，结合学生日常生活，构建真实且复杂的探究情境，设置有利于培养高阶思维的问题任务，能够让学生以共同体的形式在体验与感受中、在思考与争辩中、在选择与解决问题中真正实现核心素养的自我培育与提升。

二、课例描述

（一）"生活"＋"时政"＝真实复杂的学习情境

在设计本次课堂的教学情境时，我经历了一些探索：初次设计时，为突破"法律的特征"这一教学难点并保证素材准确度，我原封不动地采用了教材中探究与分享的任务，让学生合作探讨法律与道德、校规校纪有何不同，完成表格（表1）。这一任务是具有较高的挑战性和思维力度的，但在初次试讲的过程中，实施效果却不尽如人意。学生对比分析的主动性较低，并没有结合表格进行类比思考，而是阅读教材，寻找答案。为找到问题的症结，课后我对不同学力的学生进行了二次访谈。

根据以上情境，从产生方式、实施手段、调整对象和范围方面，讨论法律与道德、校纪校规有什么不同。

表1

	产生方式	实施手段	调整对象和范围
法律			
道德			
校纪校规			

师：这个表格你觉得难吗？

生：不难啊，老师，答案在书上正文都写着呢。

师：那你能说一下法律的特征是什么吗？

生：嗯……老师，表格中没有啊。

师：你觉得这个表格跟你的生活有什么关系吗？

生：没有吧，就是为了引出法律的知识。

学生的回答让我醍醐灌顶——完成表格的任务距离学生生活较远而且没有真实的案例背景支撑，过于简单的设计是无法引起学生深入探索的欲望的。想要真正解决这一问题，就需要设计真实且复杂的学习情境，为学生搭设探究与分析的平台。

于是，我对学习情境进行了重新研究与设计：为保证情境的真实性，设计前我发放问卷，调研学生近期最关注的时事热点有哪些。学生们对于这一话题兴趣盎然，分享了诸多具有讨论意义的时政新闻。我在充分汇总并分析学生答案的基础上发现，"仝卓事件"不仅社会讨论度较高，在学生群体内也具有较高的关注度，大部分学生在问卷中提到了这一事件并表达了自己对此事件的简单看法。于是我决定选择这一话题展开情境设计。那如何让情境更加真实呢？我灵机一动，何不让学生成为"专业者"来解决问题呢？在不断推敲下，课堂完整情境设置为"仝卓事件回放＋合理推断＋问题解决"。在情境的基础上，挑战性任务设置为"结合仝卓事件及生活经历，从产生方式、实施手段、调整对象和范围方面，探讨法律与道德、校规校纪有何不同。"（表2、表3）

思考探究：1.“仝卓事件”可能会带来哪些危害？

　　　　　2.你认为应该怎样处理本事件？

表2

危害	处理方式	
	应被处理人员	如何处理

表3

	产生方式	实施手段	调整对象和范围
校规校纪			
道德	社会发展 约定俗成	社会舆论、习惯、 内心信念等	社会成员，但并非 为所有人尊奉
法律			

　　为保证学生思维的严谨性和连续上升性，课堂上还为学生提供了"锦囊包"。锦囊包中包括仝卓事件处理结果、相关法律条文规定等内容供学生按需所取。虽然挑战性任务依旧是完成表格，但由于有了真实的情境和锦囊包的设计，学生在课堂中分析、判断、类比、总结的思维链条是完整且清晰的，学生的思考路线是清晰可视的，学生的高阶思维是逐层提升的。

　　更可贵的是，基于这一真实且复杂情境的创设，学生自主开展分析，从个人危害出发，到引发的社会危害，最后上升至影响教育公平，思维梯度层层递进。不仅通过协同与合作对法律的特征有了更深一步的理解，而且更加充分感悟到法律的特殊性和权威性。

（二）"热情"+"挑战"＝充分调动学习动力

在初步分析情境，突破法律特征这一教学重难点的基础上，我继续带领学生感受情境、剖析材料、调动感知，以此突破"害怕法律而不是崇尚法律"的思维误区。在延续仝卓事件情境的基础上，引领学生继续完成挑战任务："结合仝卓事件处理过程，联系生活实际经历，举例说明法律在你的生活中扮演着怎样的角色？"

对于求知欲望较强的初一学生而言，在了解法律特征的基础上，对于继续深入探究法律的作用是很有热情度的，但又因为相关经历较少，所以准确、规范、真实地体会法律的作用又是十分具有挑战性的。因此，在完成这一任务的过程中，呈现的效果十分热烈，学生不仅自主与同伴进行交流，而且主动翻看环节一所提供的锦囊，与文本进行对话，也有同学主动寻求老师帮助，与教师进行对话。

通过多方合作交流、研讨探究，学生不仅总结出"保护＋规范"这两个核心观点，而且还将法律比作生活中的"保护伞""稳定器""阳光""水源"等。当学生说出"法律一直在保护着我们，所以我们也应该尽己所能保护它"的时候，我认为本节课的重难点已经突破，学生的法治观念已经得到升华，他们真正理解了法律一直在保护我们，让生活更美好。

在这一探究过程中，一位学生在组内提出自己的想法，"通过仝卓这件事儿的处理和刚才咱们的讨论，我发现法律太好用了，简直就是万能的，那以后遇到任何事儿我都想用法律，你们说行不行？"听到这一课堂生成，我立刻将这一观点在班级内进行分享并展开小型辩论活动——"法律是不是万能的？"

同学们对于同伴的这一观点讨论热情度极高，积极踊跃地表达自己的观点与看法，令人惊喜的是，他们不再是自说自话、自我表达，而是开始尝试运用本课的核心知识支撑自己的观点与表达。当学生从"学知识"跨越到"辩知识""用知识"，才真正成为本次课堂的主人。

三、课例反思

从初期的设计到最后的实施，我的设计理念也逐步发生变化：首先，要倾听学生的需求，了解学生的学习兴趣点和困难点并以此为起点进行学习设计。其次，学习设计要给予学生充分自主学习的时间，真正让学生们形成相互协同合作的关系，使学生有充分的思考、交流、试错和订正的机会，在学生遇到困难或探究无法深入时，教师再去点拨、指导。在本次课堂学习单的设计上，我添加了较多的文字材料，并在课堂上给予学生充分的时间阅读、理解、挖掘材料，虽然课堂没有往常热闹，但学生无论是在知识还是思维方面都真正实现更上一层楼。

通过这次课堂的呈现与专家们的指点，我更加清晰地感受到具有挑战性任务的真实情境不仅能缩短课堂与学生的距离，而且可以构建课堂与素养的真实联系。我也将继续探索，让学生在教学浸润中逐步成长为有国家认同、理想担当、责任梦想，能够担当民族复兴大任的时代新人。

《经济体制改革》教学设计

北京市第十八中学　张　涛

一、教学背景分析

（一）指导思想

学习共同体课堂是学校教学改革的有效模式，学习共同体课堂是追求卓越的课堂，在学习过程中教师需要设计充满挑战性的任务，引导学生实现深度学习，培养学生的高阶思维和核心素养。学习共同体课堂上，师生们通过倾听、对话、理解最终实现学习目的，完成课堂任务，在不断的学习和交往中构建民主、和谐的师生关系。

《义务教育历史课程标准（2022年版）》对本课提出要求："知道中共十一届三中全会，了解农村改革、城市改革、经济特区建设、沿海港口城市开放、上海浦东开发开放、加入世界贸易组织等史事，认识邓小平对改革开放所起的重要作用，认识改革开放对中国社会发展的重大意义和对世界的重要影响；了解社会主义市场经济体制的建立与完善。"

（二）教学内容分析

本单元围绕"中国特色社会主义道路"这一主题展开，十一届三中全会开启了中国社会主义现代化建设的新征程，中国共产党确立了解放思想、实事求是的思想路线。在这一思想指导下，中国共产党带领中国人民进行了农村和城市的改革，并坚持对外开放。在实践的过程中，逐渐形成了中国特色社会主义道路。

《经济体制改革》这一课包含了农村和城市的改革。农村的家庭联产承包责任制和城市以增强企业活力为核心的经济体制改革，本质是将原来的计划经济体制改为市场经济体制，同时要坚持社会主义制度，在改革和实践过程中不断加深对社会主义本质的认识。改革的经验成为中国特色社会主义理论体系的重要组成部分。

（三）学生情况分析

中国特色社会主义这一概念内涵丰富，学生理解起来有困难。但学生对历史故事比较感兴趣，愿意尝试讲述历史故事。

我校实行学习共同体课堂，学生们已经具备了小组协同学习的能力，学生可以通过小组协同学习的方式进行资料搜集和整理、完成汇报并进行探讨。

二、教学目标及重难点

（一）教学目标

学生通过小组协同学习搜集资料，讲述"小岗村的改革"和"天桥百货的改革"两个故事，从而对经济体制改革有更形象生动的理解，培养学生搜集和辨析史料的能力。

学生通过小组协同学习，深刻理解经济体制改革的本质，生成对经济体制改革的认识，培养学生分析历史现象的能力，提升学生的历史解释和史料实证的素养。

学生通过协同学习，加深交流，能够更加深刻地认识中国特色社会主义理论，涵养家国情怀。

（二）教学重点

理解经济体制改革的影响。

（三）教学难点

理解经济体制改革的本质。

三、教学过程

（一）导入

教师提供改革开放的相关视频。设问：改革开放前后，我们的社会生活发生了巨大的变化，改革开放到底具有怎样伟大的历史意义呢？让我们来开始今天的学习。

【设计意图】通过视频导入，调动学生积极性，引导学生直观感受改革开放的变化。

（二）讲述经济体制改革历史

1. 学生讲述经济体制改革故事

各小组课前搜集了大量的资料，并对资料进行了总结，形成了两个有代表性的改革案例：天桥百货和小岗村的改革。

学生们依据评价标准（表1）进行讲述、倾听和交流。在倾听的过程中，学生们完成经济体制改革历程表格（表2）。

表 1　改革故事评价标准

	主题	是否符合
史料搜集	史料来源广泛，有历史书籍、网络期刊、网络资源、博物馆等	
	史料类型丰富，包含文献史料、图像史料、实物史料、影像史料等	
内容要求	故事内容丰富，应当包括原因、经过、结果、意义或影响等部分	
	史实和结论对应准确，论从史出	
	引用的史料标明出处，尽量做到两处史料互证	
讲述要求	PPT 制作美观、简洁，字号不得小于24，图文并茂	
	语言连贯，抑扬顿挫，生动、形象、有感染力	

　　第一小组讲述了小岗村改革的原因、经过和结果。其他同学从史料搜集、内容要求和讲述要求等方面进行评价。

　　教师在学生讲解的基础上补充农村经济体制改革的相关史实，强调关键概念"家庭联产承包责任制"的含义，明确此时土地的所有权是国家或者集体的，土地的使用权承包给农民个人。

　　第二小组讲述天桥百货改革的原因、经过和结果。其他同学依据评价量规进行评价。

　　教师在学生讲解的基础上补充和扩展城市企业改革的历程，并对"市场经济"这一核心概念进行解读，梳理出社会主义市场经济体制的内涵：市场在资源配置中起决定作用。

2.落实经济体制改革相关知识

学生先独立思考，再小组协同学习，完成基础性任务：经济体制改革历程。

表2 经济体制改革历程

	农村改革	城市改革
改革原因		
改革做法		
改革结果		

【设计意图】学生通过生生协作、师生交流，学会搜集和整理史料，培养历史解释、史料实证的历史核心素养。学生在倾听的基础上，整理、提取信息，了解农村和城市改革历程，并在此基础上展开讨论。

（三）分析经济体制改革的本质

提供史料，引发学生认知冲突。

马克思、恩格斯认为，随着资本主义私有制的消灭，社会主义公有制的建立。在列宁、斯大林时代，社会主义就是计划经济，这个观念逐渐形成且根深蒂固。

——摘编自王炳林《抉择》

从今天的角度来看，当时中国农村和城市的改革是符合经济发展的客观规律的，为什么会有一些人担心经济体制的改革会改变社会主

义方向呢？请学生依据农村和城市经济体制改革前后变化表（表3），
完成挑战性问题1。

挑战性问题1：经济体制改革有没有违背社会主义方向？

表3　农村和城市经济体制改革前后变化

	农村改革		城市改革	
	所有制	分配制度	所有制	分配制度
改革前				
改革后				

学生通过独立思考、协同学习、合作探究，了解经济体制改革前农村和城市的所有制都是公有制，分配制度是平均分配；而改革后农村和城市的所有制依然是公有制或者以公有制为主体，分配制度是按劳分配。而这个改革就是从计划经济转向了市场经济，本质上是生产关系的变革。

提供中国经济体制改革的发展历程，进一步强调市场经济这一重要概念。同时指出，我国经济体制改革的历程正是中国共产党带领中国人民不断解放思想、实事求是的历程。

【设计意图】学生通过合作、探究理解经济体制改革的本质，认识到我国经济体制改革的目的就是要建立社会主义市场经济体制。引导学生从当时当地情况出发，运用唯物史观看待我国经济体制改革。同时，感受到我国经济体制改革的不易，感受到中国共产党的正确领导，认识到解放思想、实事求是的重要性。

（四）探讨经济体制改革的影响

学生依据史料，探讨经济体制改革带来的影响。

材料一：《国际金融论坛（IFF）中国报告 2018》的全球首份"一带一路"问卷调查显示，92% 的中央银行预计，未来 5 年内，"一带一路"倡议相关项目能够支持国内经济增长，其中大多数受访者认为可带动年增长近 1 个百分点。有 25% 的受访者态度更加乐观，预计带动的年增长将介于 2 到 5 个百分点。

——中国海洋研究发展中心网站：《"一带一路"大数据报告发布》

材料二：改革开放 40 年变化。

	1978 年	2017 年
国内生产总值（万亿元）	0.37	82.7
经济总量世界排名	11	2
城镇化率（%）	17.92	58.52
货物进出口总额（万亿元）	0.02	4.1
外汇储备（亿美元）	1.67	31399
一二三产业占 GDP 比重	第一产业：27.7% 第二产业：47.7% 第三产业：24.6%	第一产业：7.9% 第二产业：40.5% 第三产业：51.6%
农村贫困人口（亿人）	7.7	0.3
全国人均可支配收入（元）	171	25974
高铁里程（万里）	0	2.5
汽车产量（万辆）	14.9	2903

——整理自"伟大的变革——庆祝改革开放 40 周年大型展览"

材料三：邓小平在（中共十二大）开幕词中强调："我们的现代化建设，必须从中国的实际出发。无论是革命还是建设，都要注意学习和借鉴外国经验。但是，照抄照搬别国经验、别国模式，从来不能得到成功，这方面我们有过不少教训。把马克思主义的普遍真理同我国的具体实际结合起来，走自己的道路，建设有中国特色的社会主义，这就是我们总结长期历史经验得出的基本结论。"邓小平提出的关于建设有中国特色的社会主义的思想，是十二大的指导思想，也是整个新的历史时期改革开放和现代化建设的指导思想。我国的改革开放和现代化建设，就是在这个思想指导下取得巨大成功的。

——胡绳《中国共产党的七十年》

材料四：真理越"争"越清楚。股份制姓"公"姓"私"属性问题的争论，使得人们更加清楚地认识到"左"的思想观点及其对进行中国特色社会主义建设的影响，同时也使人们更深刻地理解了股份制。争论的结果是正确的思想得到了解放。

——王炳林《共和国重大思想决策论纪实》

学生通过自我思考、协同探究、交流分享，生成经济体制改革带来的巨大影响：从国内、国际维度，从经济、政治、思想文化、综合国力等多维度去分析影响。

将学生分析的角度进行整理，生成分析历史事件影响的思路和方法：

维度	标准
史论结合	尝试构建改革开放系列史实之间的关系，形成观点，依据史实进行论述
分析历史现象	结合时代背景，辩证地、历史地看待经济体制改革的影响（如对内、对外、对当时、对后世等）

小结：以习近平总书记的讲话作本课的结语："改革开放极大改变了中国的面貌、中华民族的面貌、中国人民的面貌、中国共产党的面貌。中华民族迎来了从站起来、富起来到强起来的伟大飞跃，中国特色社会主义迎来了从创立、发展到完善的伟大飞跃。"

【设计意图】推动学生依据史实分析经济体制改革的影响，丰富学生的历史学习方法，培养学生史料实证和历史解释素养，进一步加强学生对改革这一伟大历史变革的认同，坚定学生的道路自信、理论自信、制度自信、文化自信。

畅游世界玩转地理之——东南亚

北京市第十八中学 张小五

一、案例背景

随着新课程改革的深入，我们的课堂也逐渐发生着变化。《义务教育地理课程标准（2022年版）》中提到，强化课程的综合性和实践性，推动育人方式变革，着力发展学生核心素养。作为一线教师，在教学中应挖掘和利用学生的创新思维，巧妙地将课堂教学引向生活，注重课堂之源——生活。 在中图版八年级下册《东南亚》的教学中，我以教材为载体，让课堂教学贴近于生活，联系实际，引导学生懂得生活、学会生活、改造生活，让生活融入地理，把地理知识融入生活，使得地理学习不再是枯燥的、机械的。赋予课堂以生命和活力，让地理课堂因生活而精彩。

在将要进行的世界区域地理学习中，东南亚地区是第一个区域。在七年级下册中已经有中国地理分区的基础，学生可以借助学习中国地理分区时的学习方法来学习世界地理分区。如果按照原有的方法与过程来分析，虽然学生可以掌握知识点，但也仅限于此，不利于"学习对生活有用的地理"。基于此，我查阅了大量的网络信息，寻找情境。

在查阅的文字及视频资料中，我发现一些国家先后对我国实行旅游免签政策，这为我国游客的出境游带来了方便，同时对于与我国签订协议的国家来说，也增加了旅游收入。疫情结束之后，我国游客对于旅游的热情十分高涨。在 2023 年春节期间，出境游人数较之前两年翻了若干倍。因此，我便有了情境设计的灵感，最终以旅游为线索进行情境设计。旅游对于大多数人来说，是非常受欢迎的一种活动，以学生的兴趣为出发点，更能激发学生的积极性和主动性。

本部分分三课时进行，第二课时在第五届全国共同体大会中进行展示。

二、案例描述

东南亚是距离我国比较近的地区之一，地处热带，自然和人文景观资源丰富。课前我在学生中做了一个问卷调查：

1. 你是否去过东南亚旅游？

2. 2024 年寒假期间你是否去过东南亚旅游？

3. 如果曾经去过或想去东南亚旅游，吸引你的因素是（如：美食、热带风光、海滩等）？

4. 如果去过东南亚旅游，去的是哪些国家？

5. 如果没有去过东南亚旅游，有机会去的话，你最想去的国家是？

6. 你到东南亚旅游，曾经玩过的项目有哪些？

7. 去东南亚旅游之后你最大的感触是？

通过问卷调查，得到了同学的一手资料。同时，从旅游网站查阅了 2024 年春节期间，出境游排在前十的热门国家数据和前往东南亚旅行的酒店预订量，从宏观和微观对比发现，选择东南亚国家旅游的人数占比较大。

对于调查问卷问题的设计，有的学生提出了质疑："老师，如果我出去旅游的目的是看热带风光和海滩，那为什么不去三亚呢？距离更近。"针对学生的这个疑问，我又对其他同学做了一个调查，很多同学也有这个疑问。对此，我又补充了另外几个问题：海南省三亚和东南亚地区比较，1. 热带景观资源的丰富程度？2. 异域风情体验程度？3. 异国特色美食的多样性程度？……

在之后的课程设计中，我根据旅游不同阶段和地理环境的联系进行了课堂设计，并确定了课程的主题：畅游世界玩转地理之——东南亚。课中。由三个任务贯穿整个课堂，任务一：东南亚在哪里？——寻找东南亚。任务二：何时去？——旅行前物品准备。任务三：玩什么？——同类项目找差异。并设计了相应的学案。学案在第一课时中由同学独立思考完成，要求自己独立思考。

三、教学目标及重难点

（一）教学目标

1. 通过读图和资料，能够描述东南亚的地理位置。

2. 通过读图，结合游记，能概括出中南半岛和巴厘岛的地形特征、河流分布、主要气候类型和气候特征等。

（二）教学重点

根据地图，结合游记，概括东南亚的位置、地形、气候、河流等自然环境特征。

（三）教学难点

运用地图和资料，说明各自然地理要素间的相互联系。

四、重难点突破

本课在突破重、难点方面均采用了探究式学习的方法。教师在认真分析课程标准与教材的基础上，针对东南亚的地理环境特征，设计了以旅游为主要情境的教学活动。筛选出东南亚主要旅游国家的自然旅游资源，设计一系列的问题驱动教学活动。学生把对区域自然地理环境的探索建立在一系列问题基础上，提高学生兴趣的同时，突破学习重难点。体现了新课标的目标导向、问题导向、创新导向原则，也体现了人地协调观、综合思维、区域认知和地理实践力的核心素养理念。

五、教学过程

（一）课前

展示课件页面1——"静心""思考""倾听""分享"词汇。

【设置意图】新课导入前的等待页面，加深学生对共同体课堂理念的理解。

（二）导入新课

1. 情境导入

现代社会中，大数据的应用越来越普遍，涉及的领域也越来越广泛。下面我们先来看一组旅游大数据。

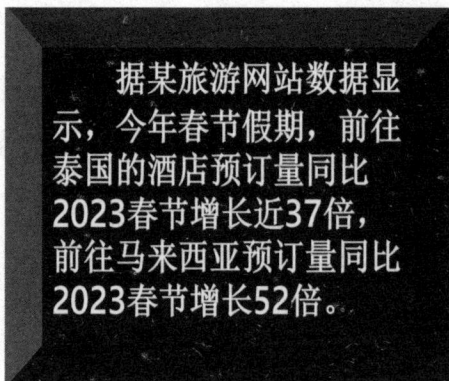

第一组旅游数据

第二组旅游数据

2. 学生活动

学生观察后分析我国游客 2024 年春节期间出境游目的地排在前十位的热门旅游国家和泰国及马来西亚预订量数据。

分析得出：我国游客 2024 年春节期间出境游目的地排在前十位的国家当中，东南亚地区占了 5 个。这些数据充分说明，东南亚已成为最吸引我国游客出境游的热门地区。

【设置意图】了解大数据的广泛应用和现代社会大数据的重要性。提高学生的分析能力，并通过数据分析加深对 2024 年我国游客去东南亚旅游热的认识，感知我国近两年旅游业的发展变化。

3. 引出本节课主题

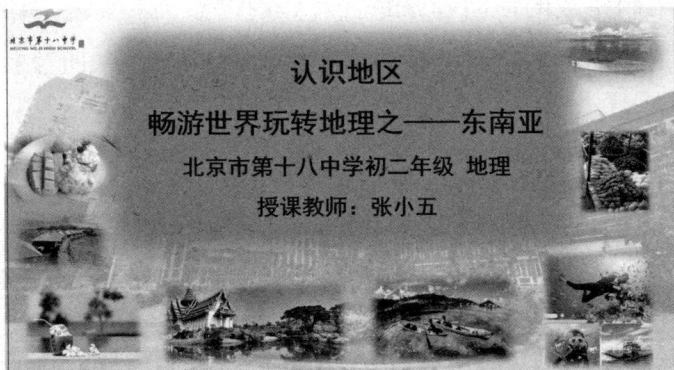

师：这节课我们就以旅游为线索，对旅行的不同阶段，用地理专业知识进行一一解析。

（三）任务分配

1. 播放免签新闻视频

师：今年东南亚部分国家发布对我国游客利好的免签政策，进一步提高了我国游客到东南亚国家旅游的热情。下面我们来看一组在我们同学中调查的旅游小数据。

2. 情境创设

师：咱们年级的茜茜和佩佩在寒假前往泰国和印度尼西亚的巴厘岛旅游，出发前都做了日程安排。茜茜到泰国进行了四日游，佩佩到巴厘岛进行了五日游。两位同学在游玩中有同类项目，也有不同项目，各自的感受也就有所不同。

下面我们就分别对旅行中的不同阶段一起进行分析。

3. 任务分配

任务一：从"小数据"中找出吸引我们去东南亚旅行的三个高频词，并在地图中寻找依据。

任务二：旅行前需要准备哪些物品？并分析原因。

任务三：分析两位同学到达目的地后游玩项目体验不同的原因。

4. 学生活动

观看视频，了解免签政策。师生一起解读调查数据。

课前同学们进行了独自思考，课堂中小组内每位同学进行思考并分享和交流。

【设置意图】了解东南亚成为 2024 年春节期间我国游客出境游热门目的地的原因。为同学们创设真实的旅游情境。充分发挥共同体小组作用，既增强学生团结意识，又培养其区域认知和综合思维的核心素养。

（四）各小组成果分享汇报

成果分享：

小组代表分享组内交流结果。

1. 任务一展示

对课前调查高频词进行解读分析。

学生活动：小组一起到教室前指图分享汇报，其他组对分享小组进行评价。

师：确定目的地之后，出发前应该准备哪些物品呢？请同学们帮助茜茜和佩佩两位同学挑选需要携带的物品并说明原因。

2. 任务二展示

资料1

学生对照东南亚气候类型分布图、气温曲线和降水量柱状图、中南半岛地形图和巴厘岛地形图，分析其气候特征以及植被状况，从而说明所选物品的理由。体现人地协调观以及对学生综合思维的培养，进而提高解决学生解决实际问题的能力。

师：两位同学到达目的地之后按照事先制订的计划游玩，在同类水上项目中的游玩体验有所不同，同学们试着分析原因。

3. 任务三展示

茜茜和佩佩各自体验了不同感受的水上项目，据图分析导致感受不同的原因？ → 完成任务三

茜茜 2月4日　湄南河游船之旅
湄南河是泰国河流中水量最大，长度最长的河流，有泰国"河流之母""东方威尼斯"之称。

佩佩 2月1日　巴厘岛阿勇河漂流之旅
漂流刺激好玩，不虚此行，非常推荐，阿勇河很湍急，有礁石，五个人加一个教练划皮艇。我们的运气很好，上午漂流的时候下着毛毛细雨气氛十足。

学生对照东南亚气候类型分布图、气温曲线和降水量柱状图、中南半岛地形图和巴厘岛地形图，分析河流水量、流速等水文特征与地形和气候的关系，从而解释两位同学参加不同水上项目产生不同体验的原因。

【设计意图】提升学生分析表述能力、小组协作能力、主动思考与判断能力。活动设计图每个学生都有自己的任务，提高每个成员的主动参与度。

（五）进阶分析

师：根据前边的分析思路，请同学们分析茜茜和佩佩在行程中游玩的特色项目所处的地理环境。

特色项目1：丛林飞跃。

特色项目2：参观京打马尼火山。

师：我们在做旅游攻略时，还需要对目的地有可能会发生的自然灾害做一个充分的了解，以保障行程安全。

学生活动：

根据中南半岛地形图（含经纬网）和巴厘岛地形图（含火山分布），学生运用地理知识，分别对茜茜和佩佩所游玩的特色项目的成因进行分析。

【设计意图】结合游玩项目巩固已有知识，把地理知识和生活紧密联系，体现了人地协调观的核心素养。

（六）知识体系构建及小结

本节课我们通过茜茜和佩佩同学在旅游中的不同阶段以及到达目的地后游玩的项目，运用专业的地理知识，进行了逐一分析。

我们经过一系列思考之后，头脑中已经有了一个整体的体系认识，下面我们通过所给的要素词汇进行知识构建。

学生活动：

学生完成学习任务单中的任务。某小组同学到黑板前，把教师提前打印好的要素标签贴在黑板上，用箭头画出要素间的联系并进行解释。

师：在同学们喜欢去东南亚旅游的原因的调查问卷中，除了与自然环境相关的高频词之外，还有与人文环境、风俗习惯、异域风情等相关的高频词，我们下节课继续探讨。

【设计意图】在学生头脑中构建与旅游不同阶段和游玩项目相对应的地理知识，以及相联系的知识体系，增进区域认知，培养综合思维及人地协调观、地理实践力的核心素养。

六、板书设计

畅游世界玩转地理之——东南亚

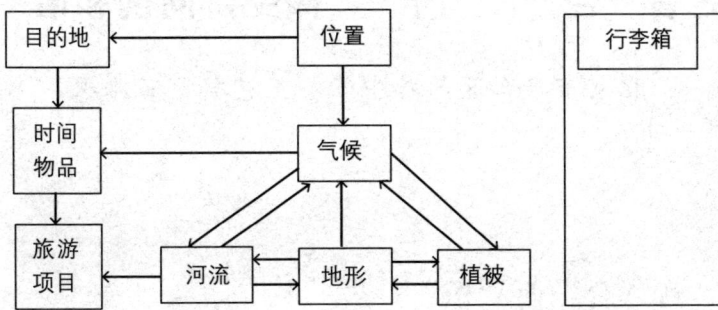

音"合"而"乐"，探究协同创和谐

北京市丰台区第八中学　王艺凝　窦冰馨

一、音"合"而"乐"

在当前的教育环境下，学生们面临着越来越多的挑战，需要具备更强的合作能力和探究精神。为了培养学生的探究协作能力，学校和教师们尝试采用共同体课堂探究协作的教学模式。每个小组都由不同背景和能力的学生组成，他们需要相互合作、交流和协作，以达到共同的目标。通过这种共同体课堂探究协作的教学模式，学生们不仅能够学到知识和技能，还能够培养合作能力、探究精神和创新思维。同时，这种教学模式能够促进学生之间的交流和互动，增强学生的团队意识和社会责任感，在发展学生音乐核心素养方面也具有重要作用。转变是一种新的开始，也是一段新的学习，本课即是在共同体教学模式引领下探寻合作教学的实践和思考。

二、设计班级音乐会，以挑战促探究

（一）众智共议定主题

2024 年 3 月 27 日，第五届学共体大会丰台八中分会场开展"基于学习共同体理念的学校治理化"会议，学校课堂全面开放。在此前提下，组内多次集中备课，对于上什么内容，如何上这节课进行了深入研讨。最终确定项目课题"班级音乐会之西方经典交响"。接下来，对于其中二声部合唱《念故乡》这节课，进行了思路梳理，确立了教学目标，并初步设计教学思路。

（二）整体学习思路

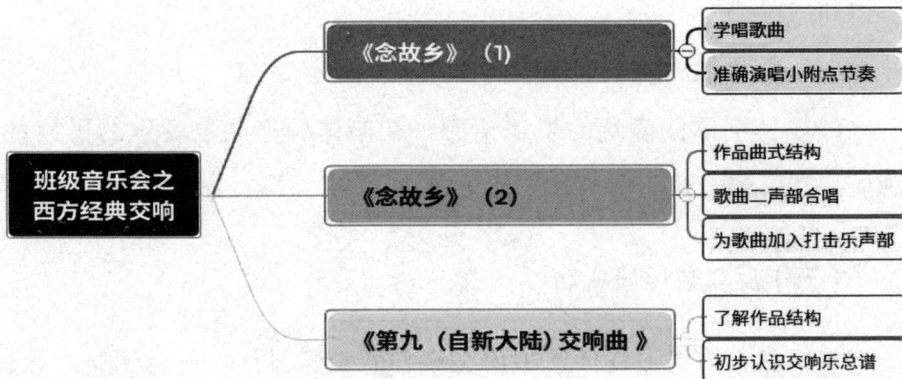

（三）学情分析

本课的学习主体是我校初二年级学生，学生经过两年的初中学习，已经具备了一定的识谱方法和分析音乐的能力，并且在日常生活和学习中接触了多种多样风格的音乐作品。在项目课题的前期准备中，已练唱《彩色的中国》《保卫黄河》《伦敦德里小调》《军民团结一家亲》《彩云追月》《桑塔露琪亚》《本事》《春游》等二声部作品。本课《念故乡》（2）在子项目课题"班级合唱音乐会之西方经典交响"中为第二课时，第一课时已学唱了歌曲单声部，认识了小附点节奏在本曲的应用，学生已了解作品背景，能够基本准确地背唱歌曲。

（四）学习目标

（1）用优美的声音富有感情地演唱《念故乡》，能唱出二声部合唱协和的美感。

（2）能为歌曲加入打击乐声部并合作展示。

（3）体会歌曲表达的思乡情感，初步体验作曲家音乐的民族性，为后一节民族乐派的学习奠定基础。

（五）反复雕琢研内容

根据确立的学习目标，很快完成初版教学设计。进行了第一次试讲后，组内教师提出了一系列问题：学生通过一系列的探究学习，最终想要达成什么？挑战性问题是什么？若在本次课堂中，学生没有探究充分，怎么调整？在这些问题的指引下，最终确立了本课的挑战性问题。

1. 挑战性问题

能为二声部歌曲加入打击乐声部并合作展示。

学生如何才能更充分、深入开展学习探究呢？我们总结，提出问题之后，学生首先进行自主操作，独立完成学习单任务，然后在小组合作中针对不同的观点进行交流讨论。因为在学习共同体内，同学间的关系是平等的，组内同学有问题会向同伴求助，共同进步。同时，本堂课中的学习是自然、和谐发生的，学与教实现翻转，教师注重倾听学生的观点，同学也在倾听他人想法的过程中获得了有效的支持和提示。

根据反馈，迅速调整了本课的教学设计，再进行试讲后，又有教师提出：是否可以把挑战性问题前置，让学生先尝试，提出问题，然后带着问题学习，再尝试？由此，才确立了最终的版本。

2. 学习过程

学习过程	
教师活动	学生活动
教师指挥，学生进行和声练习，为歌曲二声部做铺垫	学生练习和声音程，让身体动起来，声音活起来
【活动意图】 1. 快速进入音乐学习状态，增加趣味性； 2. 通过身体律动体验伴奏低音，为之后准确演唱二声部做铺垫	

续表

1.复习演唱歌曲《念故乡》(单声部)，抛出挑战性问题，尝试为歌曲加入打击乐声部。 2.播放二声部歌曲音频(无歌词)，学生分析乐曲结构及强弱记号。 3.教师播放低声部旋律音频。 4.教师先播放音频，再指挥练习二声部（小组接唱等）	1.学生钢琴伴奏，复习演唱歌曲《念故乡》。学生用自带的生活打击乐器初次尝试，边聆听边研讨加入打击乐时遇到了哪些问题。 2.先请学生分析乐段abc'。学生边聆听，边将ABA'等乐句记号和f、p等力度记号填入乐谱，学生小组讨论并讲解。 3.学生补充记写缺失的低声部旋律。 4.学生小组练唱，跟教师练习合唱
【活动意图】 　　通过复习和分析歌曲，进一步感受、体验歌曲的音乐情绪，在不断地聆听演唱中学唱歌曲二声部。小组研讨培养学生合作学习的能力，通过合作学习，既巩固以前学过的知识，又为准确合作展示做铺垫	
1.引导学生总结归纳打击乐编创的方法和参考要素。 2.播放歌曲音频，每组用自行准备的生活打击乐器再次尝试为歌曲加入打击乐声部。 3.学生展示与评价	1.学生总结课堂中探究的作品结构和强弱规律，是不是编创打击乐声部时考虑的必要因素，并总结编创方法。 2.小组讨论为歌曲加入打击乐声部，小组展示。 3.学生钢琴伴奏、指挥、将打击乐加入诗朗诵，最终以合唱形式呈现
【活动意图】 　　学生在合作学习中编创、演唱，共同实践体验音乐会作品综合艺术展示的过程。学生对合唱、指挥、伴奏、打击乐、朗诵多种艺术形式有了更深刻的认识，同时对如何准备一场音乐会有了进一步了解	

3. 自我评议

首先，课堂氛围活跃，同学们积极性很高。一开始声势律动环节还有部分同学比较拘谨，随着课堂活动的开展，同学们的状态越来越好，最终每位同学都参与其中，完成了歌曲的展演。

其次，活动时间非常充分，内容也很充实。在解决挑战性问题的过程中，很多同学从不同角度思考问题，提出不少新颖的想法，给同学们带来了新的思路，从而进行了更为深入的探究和实践。

最后，同学们的课堂反馈及时有效。在走入各组进行观察指导时，我发现各小组成员都可以勇敢展示个人成果，静心倾听同伴发言，特别是组内成员提出疑问或建议时，可以及时得到对方的回应和解答，有效沟通，不断完善实践内容。

三、回眸与省思

在本次课程研讨中，我收获了许多宝贵的经验，也意识到了一些需要改进的地方。

首先，本次教学的优点在于激发了学生的主动性和创造力。通过合作学习，学生们不再是被动地接受知识，而是积极地参与到音乐会的筹备和表演中。他们在团队中扮演不同的角色，充分发挥自己的特长和能力，这种主动性的激发使得学生们更加投入地学习和探索。

其次，团队合作精神得到了培养。在项目执行过程中，学生们需要相互协作、互相支持，学会了倾听他人的意见，共同解决问题，这对于学生的团队合作和探究学习能力的提升有着重要的意义。

然而，也存在一些不足之处。时间管理对我而言是一个挑战。由于项目的复杂性和个体差异问题，导致某些环节的进展不够顺利。

为了改进教学，我将采取以下措施：一是在课程开始前，更加详细地讲解时间管理的重要性，并提供一些时间管理的方法和工具。二是加强对学生个体差异的关注，根据学生的不同水平，制订个性化的教学计划。

　　另外，在以学生为主体的协同学习环境下，教师的教学姿态要足够柔软，善于引导与提问，不仅从形式上给予学生思考的时间和空间，还要真正地从人格意义上尊重学生。彻底放低教师的姿态，才能倾听到学生真实的想法，与学生进行平等的探讨交流。只有在平等的协同学习环境下，学生才能够进行有效的交流和表达，进行深层次的思考与反思。

　　总之，通过这次教学，我深刻认识到了合作学习实践过程中的优势和不足。在今后的教学中，我将继续发扬优点，改进不足，不断提高教学质量，为学生提供更加丰富、优质的音乐教育。

《合唱节海报设计制作》教学设计

北京市丰台区第八中学　李维芸

一、教学背景分析

随着科学技术的发展，数字图像已广泛运用于科技、设计、艺术和生活中，普通人也能应用数字图像技术交流信息、表达自我。通过本单元的学习，学生能掌握用图像处理软件绘制简单图画、处理图片的方法，能完成简单作品的设计与制作，提升形象表达能力。

本课是北京出版社七年级《信息技术》第五章的综合运用课程。学生根据前期所学结合主题进行自主创作，并在创作中对技术查漏补缺。着重巩固设置图层样式、简单抠图、设置文字变形这三个技能，在挑战性问题引领下，结合主题合理选择素材，进行图文设计。在应用技术的过程中体验新的创意和效果，发展学生创造力，在解决挑战性问题的过程中体验创意设计的快乐。

二、教学目标及重难点

（一）教学目标

1. 能根据挑战性问题梳理问题解决流程。

2. 能根据个人设计和制作需求在网上进行图片资料的搜集。

3. 能选择恰当的方式进行技能的学习和巩固。

4. 能借助评价量规协同学习。

5. 能根据评价量规完善个人作品、合理评价自己和他人的作品。

（二）教学重点

引导学生结合个人情况选择恰当的方式进行技能的学习和巩固。

（三）教学难点

学生结合个人情况选择恰当的方式进行技能的学习和巩固，并依据评价量规完善个人作品。

三、教学过程

课前调研：

结合本项目所需技能对学生掌握情况进行前测。超过 70% 的学生所有技能完全掌握，能直接操作或只需要简单提示。只有11%—25%的同学，技能已经完全忘记，需要重新学习。其中，设置图层样式、简单抠图、设置文字变形这三个技能学生普遍掌握较差，可以进行班级范围的提示，如图1所示。

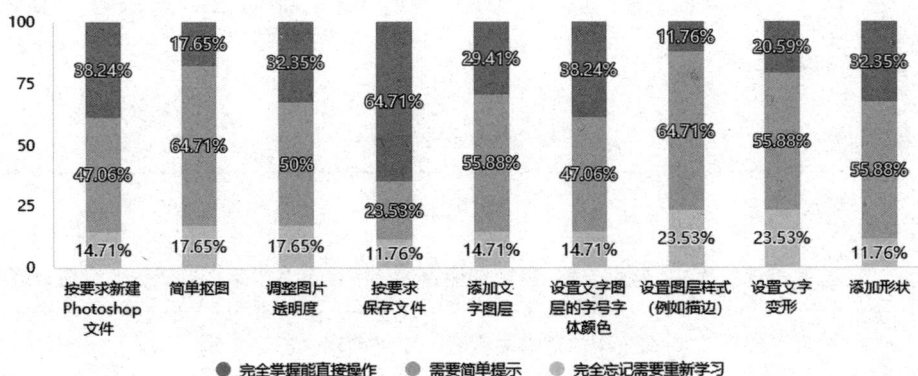

图1 学生技能掌握情况

通过问卷星可知，大部分学生希望通过微视频和步骤提示截图的PPT或步骤提示的动图进行技能的学习，只有不到20%的学生希望进行班级整体讲解，如图2所示。

选项 ⇕	小计 ⇕	比例	
班级整体演示讲解	6		17.65%
步骤演示微视频	18		52.94%
步骤提示截图的PPT	13		38.24%
步骤提示的动图	12		35.29%
本题有效填写人次	34		

图2 学生希望开展技能学习的方式

板块一：引入课堂　明确挑战性问题

（一）挑战性问题

展示合唱节评比要求，引出挑战性问题：如何为班级设计一款艺术节满分海报。

表 1　海报评分标准

海报设计	
艺术美观	排版合理，色彩选择合理，字体有艺术感，抠图技术合理美观
内容呈现	海报中体现选曲内容、班级名称、班级文化
20 分	

（二）项目流程

结合前期学习，明确海报设计制作的流程。1. 明确要求；2. 技能分析与学习；3. 素材搜集准备；4. 初步制作；5. 依据评价量规完善作品；6. 项目评价。

【设计意图】结合真实情境让学生自主提出挑战性问题，明确本节课学习内容、课堂作品要求。通过真实情境激发学生学习、创作的热情。

板块二：明确要求　技能巩固

（一）评分表

教师引导学生细化评分表，形成评价表。学生与教师共同细化评价标准，明确作品具体要求，如表 2 所示。

表 2　评价表

基本要求	文件命名为【班级 姓名】 上交格式为 PSD（.psd）和 JPEG（jpg）的两个文件		2
	海报版面上要有醒目的合唱曲目作为标题		3
技术要求	海报大小：横版，宽 800mm，长 450mm，分辨率 50 像素/英寸		2
	至少 5 个图层，按内容进行图层命名 ·3 个文字图层：曲目名称、班级名称、其他班级文化 ·2 个图片图层：边框、相关元素、背景		3
	至少进行一种抠图操作，抠图效果良好		3
	至少给一个文字图层进行图层样式设计		2
核心素养 要求	艺术美观	排版合理，色彩选择合理，字体有艺术感，抠图合理美观	5
合计			20

（二）教师素材

教师提供素材，引导学生在解决挑战性问题的过程中自主学习、协同学习。教师提供的素材包括班级文化、班级合唱曲目、技术视频素材、技术动图素材、部分图片素材。班级文化包括班名：行知 4 班；班训：高山景行；班花：梅花；班花含义：百折不屈谦虚谨慎；合唱曲目:《春风》。

（三）前期准备

1.图片搜集准备：背景、梅花、音符等。提示学生在图片搜集时注意对"关键词"的设计。

2.技能储备：结合问卷星，通过微视频素材，引导全班复习图层样式、简单抠图的操作方法。

【设计意图】学生结合挑战性问题明确本节课的基本要求、技术要求、核心素养要求。明确文字内容，包括班名、班训、合唱曲目等。教师引导学生了解教师提供素材，便于在解决挑战性问题的过程中协同学习。通过视频学习培养学生倾听材料的能力，提高学生自主学习能力。

板块三：作品创作与完善

（一）作品创作

教师引导学生开始进行作品创作，教师巡视，记录发现的问题，引导学生结合评价量规开展协同学习，对学生的问题进行整合，必要时进行全班性指导。

评价量规如表 3 所示。

表 3　评价量规

基本要求	文件命名为【班级 姓名】上交格式为 PSD（.psd）和 JPEG（jpg）的两个文件	命名正确	0.5
		有 PSD 格式文件	1
		有 JPEG 格式文件	0.5
	海报版面上要有醒目的标题	有标题	1
		标题醒目	2
技术要求	海报大小：横版，宽 800mm，长 450mm，分辨率 50 像素 / 英寸	横板	0.5
		宽 800mm，长 450mm	0.5
		分辨率 50 像素 / 英寸	1
	至少 5 个图层，按内容进行图层命名·3 个文字图层：曲目名称、班级名称、其他班级文化·2 个图片图层：边框、相关元素、背景	文字图层：曲目名称	0.6
		文字图层：班级名称	0.6
		文字图层：其他班级文化	0.6
		图片图层：背景	0.6
		图片图层：边框、相关元素	0.6
	至少进行一种抠图操作，抠图效果良好	有抠图操作	1
		抠图效果良好	2
	至少给一个文字图层进行图层样式设计	有图层样式设计	2
核心素养要求	艺术美观	排版合理，色彩选择合理，字体有艺术感，抠图合理美观	—	5

学生在教师提供的素材中选择恰当方式，巩固技能，进行作品创作；遇到问题时能先求助素材再求助同伴，最后求助教师，协同学习。

（二）作品完善

教师引导学生根据评价量规完善个人作品；组内交流完善作品。

【设计意图】引导学生"倾听材料"，提高学生自主学习能力；引导学生互学互助，协同学习，培养学生深度学习能力；引导学生借助评价量规调整作品，串联所学技术。

板块四：作品分享　优秀作品评选

（一）作品互评

教师引导学生结合挑战性问题和评价量规进行互评，引导学生从不同角度进行作品分析和分享，解决挑战性问题。

同组同学结合项目要求从三个方面进行作品评价：基本要求、技术要求、核心素养要求。

（二）班级优秀作品

结合项目要求，从三个方面进行作品评价：基本要求、技术要求、核心素养要求，先选出组内优秀作品，再进行班级优秀作品评选，选出班级"艺术节满分海报"。

【设计意图】引导学生建立有框架的表达方式；通过评价量规培养学生建立同伴间启发性倾听关系的能力，协同学习。

板块五：课堂总结

（一）课堂自评

教师发布网络评价表，学生进行本课自评，明确适合自己的技术自学方式，反思项目参与度。

（1）你使用了哪种方案进行技术学习（　　）

A. 同伴交流　　　　　B. 自学，教师提供视频素材

C. 自学，教师提供动图素材　　　　D. 教师指导

（2）你是否积极参与项目设计制作（　　）

A. 能积极自学　　　B. 能合理使用关键词进行图片搜集

C. 能积极根据评价量规完善作品

（二）课堂总结

（1）呈现学生自评情况并进行简单总结；

（2）呈现班级优秀作品"艺术节满分海报作品"，交流艺术节满分海报作品特点，解决挑战性问题；

（3）课堂总结，提出技术层面还存在的问题和疑惑；

（4）教师布置课后作业。邀请至少 5 名教师在 5 张最优作品中选出 1 张作品，整合最终结果作为班级"艺术节满分海报"。

【设计意图】引导学生通过自评倾听自我。培养学生反思、总结的能力；培养学生利用所学技术解决生活问题的能力。

四、教学反思

（一）情境整合突出学科特点

艺术节评分中，海报设计描述为"艺术美观、选取内容体现班级文化"，可以看出对美观性和海报内容有一定的要求，但是要求并不具体。所以提出挑战性问题后，师生从学科角度完善了情境要求。

结合真实情境和前期课堂所学，师生将要求细分为基本要求、技术要求、核心素养要求三个方面，将评价表在课堂上呈现，让学生明确技术角度的所有要求。挑战性问题紧扣真实情境，也突出了学科性，让学生更加聚焦技术学习和通过技术解决真实问题，培养了学生的信息素养。

（二）量规明细引导学生发展

协同学习有三个要素，一个是符合学科本质的学习，二是构建相互倾听关系，三是设立挑战性课题，展开高层次的思考与探究。

本课通过清晰明确的评价量规，促进学生开展协同学习，促进学生在信息科技课堂中的自我提升和全面发展。在本次量规中清晰列出需要掌握的知识和技能点，学生可以在作品制作前结合个人情况对课堂成果有期待，从而更专注地进行作品创作。

量规分数细致，使评价标准更具操作性和可比性，学生互评时更客观并突出学科性，学生自评时可以发现自己不足之处，有助于培养学生的自我意识和自我管理能力。

高中篇

《装在套子里的人》教学设计

北京市第十八中学　吴　俊

一、教学背景分析

《装在套子里的人》人教版高中语文必修五第一单元的一篇课文。本单元集中学习了3篇中外优秀小说，要求学生把握小说的文体特点，学习小说的三要素，尤其要学习小说的人物形象和他们的特色语言。要求在对小说文体特点理解的基础上，结合小说的情节和环境描写来综合理解人物形象，分析、理解人物与小说情节和环境的关系。进一步提高品味语言的能力，准确理解各种风格流派的语言特点，能根据具体的语言环境理解语言的含义。

《装在套子里的人》写于1898年。小说主人公别里科夫是一个典型的"套中人"形象。他不光用一切陈规陋习"套"自己，而且还去约束别人。他是沙皇专制统治的产物，又是沙皇专制统治的社会基础；既是令人畏惧的人物，又是弱不禁风的可怜虫。作品问世以来，别里科夫已经成为那些害怕新事物、保护旧事物、反对变革、阻碍社会发展者的代名词。作者用夸张变形的漫画手法和强烈的对比手法，形成的幽默讽刺的效果，有力地鞭挞了反动势力的可厌可憎，无情地嘲笑了他们的极端虚弱。

人物形象的典型意义、个性化的语言描写和幽默讽刺手法的运用是本课教学的难点。学生一般较容易理解"套子"的含义，但是对人物形象的典型意义，对小说语言的讽刺效果则难于全面准确地理解。本课教学，将力求从这些方面入手指导学生阅读。

二、教学目标及重难点

（一）教学目标

1. 认识别里科夫这一人物形象及其典型意义。

2. 了解小说幽默讽刺手法。

3. 认识因循守旧的危害性及勇于改革创新的重要性。

（二）教学重点

1. 了解典型人物的性格特征。

2. 感知夸张讽刺的情节设置。

3. 深入把握小说主题。

（三）教学难点

1.典型人物的性格成因。

2.深入把握小说主题。

三、教学资源

从学情出发，我考虑到高二年级的学生具有较强的逻辑思维能力，他们喜欢语文课上得有深度、有内涵。作为一节小说鉴赏课，既不能热热闹闹没内容，又应力避追求深度而显死板的偏颇。为此，我采用了学习海报式课堂，以教师为主导，充分发挥学生的主体性。以促进形成学习共同体。以学生自主学习为目的，尝试打破常规，力求创新，激发学生深入研读课文的兴趣。为了更好地完成教学任务，还应用了多媒体辅助教学技术。

四、教学过程

板块一：通读全文，概括信息

关联所学，回顾导入。

上节课我们总结了别里科夫的性格和形象（齐答），但小说真正的情节是从别里科夫"差点结了婚"开始的。今天，我们就来看看他的爱情故事。首先，作者给他安排了一位什么样的姑娘？

（预设）一个孤僻、古怪、保守，惧怕任何新事物；而另一个则热情、活泼、爱热闹，爱新事物，爱新生活。

华连卡长得不坏，招人喜欢；华连卡出身较高，有田产；华连卡是第一个待他诚恳而亲热的女人。

【设计意图】本单元是小说单元，尤其要学习小说的人物形象塑造方法。锻炼学生从全文提取信息和概括理解人物形象的能力。

板块二：分析情节，体会手法

（一）制作学习海报，小组互学交流

引导：这样两个性格截然不同，甚至于完全对立的人，能发展成真正的爱情吗？他们会有怎样的爱情故事？

> 学习任务一：
> 《别里科夫 _____ 的爱情故事》
> 规则：
>   1.用一个词语形容别里科夫的爱情故事，结合文本（词、句）说明理由。
>   2.如果他结婚了，能否走出套子？设想几种爱情故事的结局，并说明理由。
>   3.作者安排此情节用意何在？

方法：尝试自学理解、同伴互学补充、班级小组共同制作学习海报。

（二）展示学习海报

1. 讨论六个小组的形容词。推荐一组汇报。

处理重点：

（预设）耐人寻味的、滑稽的、可悲的、可笑的、离奇的、昏了头的、漫画式的、可怜的。

他要结婚的原因：

（1）把结婚当成套子，保护自己。

（2）真实人性的体现，却被他的恐惧疑虑虚伪湮灭。

（3）撮合、怂恿、昏了头。

2. 安排此情节的用意？

（1）夸张变形画丑态。（2）鲜明对照揭破绽。（3）精妙细节表性格。

（三）质疑学习海报

1. 一组在讲台展示海报后，其他组可以展开质疑。

2. 同学们提问很好，老师也想问个问题。在他的爱情发生这几件事情后，别里科夫非常害怕，别里科夫的爱情故事结束的时候，他的生命也走到了尽头。请结合全文，分析他"因何而死"？（是因为爱情吗？）别里科夫怕什么？

（预设）怕：改变、新事物、出乱子、牵连自己、把全城的人套住。

在爱情中，他没能走出自己的套子，反而更加虚弱、疑虑、恐惧起来。在婚事中，他要把华连卡、萨瓦连科，甚至全中学，全城的人都装进套子里。

【设计意图】在理解情节的基础上充分分析人物形象以及作者创作特点。结合小说的情节和环境描写来综合理解人物形象，分析、理解人物与小说情节和环境的关系。进一步提高品味语言的能力，准确理解契诃夫小说荒诞夸张的语言风格，个性化的语言描写和幽默讽刺手法的运用是本环节讨论的重点。

板块三：思考探究，理解主题

（一）引发思考

学习任务二：
如果你是作者，你会给别里科夫安排什么样的结局？

1. 个人自学。
2. 小组互学。

（二）梳理总结

1. "埋葬别里科夫"本是"大快人心的事"，表明人们厌恶他、憎恨他，也表明了人们对自由生活的无限向往，但像别里科夫这样爱打小报告的沙皇政府的鹰犬还大有人在，所以，"一个礼拜还没过完，生活又恢复了旧样子"。人们惧怕的不是别里科夫本人，而是别里科夫深受其毒害而又为之效忠尽力的沙皇专制统治。一个别里科夫死了，还会有另外的别里科夫出现，因为沙皇专制统治的沃土还在。

2.沙皇专制制度的消灭就意味着不再有装在套子里的人了吗？别里科夫之所以能成为典型人物，是因为他跨越了时代，跨越了国家，直指你我的人性弱点。

PPT 展示：

> 世界上没有一个地方像我们俄罗斯这样，人们受到权威的如此压制，俄罗斯人受到世世代代奴性的贬损，害怕自由……我们被奴颜婢膝和虚伪折磨得太惨了。
>
> ——契诃夫

【设计意图】小说中人物对比鲜明，突出主人公形象。此环节重在挖掘人物形象的典型意义，学生一般较容易理解"套子"的含义，但是对人物形象的典型意义，对小说语言的讽刺效果则难于全面准确地理解。

板块四：转换角度，聚焦价值

（一）完成课堂微写作

> 学习任务三：
> 别里科夫死了，他的墓碑上会有一段怎样的《墓志铭》？请你设想一个身份，为别里科夫写《墓志铭》。50字左右。

（二）联系生活，学会运用

你周围是否也有这样那样的"套子"？如果有，你怎样看待这些"套子"？ 注意区别"套子"和"规章制度""规矩"，应当把"套中人"和思想上有"套子"的人区别开来，还要善于抛弃自己思想上的"套子"。

作业：讨论后，把你对"套子"和"套中人"的思考写成文章，400字以上。

（三）总结

今天这节课，通过契诃夫幽默讽刺的笔我们看到了别里科夫可笑又可悲的爱情故事。反躬自省，在舒适安逸的借口下，我们是否也做过套中之人？最后送给大家一句刘慈欣的话：未来像是盛夏的大雨，在我们来不及撑开伞时就已扑面而来。与其躲雨逃避，不如勇敢地抛弃手中的伞，迎接生命新的挑战。

【设计意图】小说情节发展曲折，富有戏剧性。理解人物形象后，带领学生继续探讨典型形象的深刻价值，直击人性弱点。拓展至现实生活中，深化主题，认识社会发展规律：新旧势力斗争，旧势力灭亡，新势力必将胜利。

五、课后自评

（一）教学内容

首先要确定挑战性问题。挑战性问题的设计先要全面理解文本，并抓到它可以成为教学内容的部分。我对《装在套子里的人》的教学重点解读为：了解沙俄专制制度和人性的弱点变态表现。把这个重点转化成教学内容就可以设计为：解读套子、解读情节（爱情故事）、解读小说叙事视角。

（二）教学形式

确定了教学内容，接下来就要选择合适的教学形式。

从学情出发，这是一篇非常有深度的小说，高二学生因缺乏生活历练、人性洞察、时代背景，理解文本有难度。个体学生很难突破自己的局限来感受文本。因此，在教学形式上，我采用了共同体学习模式，希望学生能在共同合作学习和交流中，更深入理解文本。

高二学生的辩证思维发展很快，喜欢语文课上得有深度有内涵，作为一节小说鉴赏课，既不能热热闹闹没有内容，又应力避追求深度而显得死板的偏颇。为了让教学形式兼具形象性和理解的深刻性，在课堂具体形式上我采用了学习海报式课堂。

学习海报式课堂是学习共同体教学的一种形式。在学习海报式课堂中，全班学生按不同性别自由结合成组，课堂学习的中心任务是制作海报。课堂分为任务前测、海报制作、海报展示、海报质疑、任务后测五个环节。每组的四位成员（讲解员 1 名、制作员 1 名、设计员 2 名）既有分工又有合作，每人可以展现自己最擅长的部分。课堂氛围平等、宽松、民主。每个学生都可以根据自己的兴趣和特长选择自己的任务，学生都爱上了这样的课，"没有压力，真有收获"。

（三）教学切入口

共同体学习的特点是学生小组合作学习，所以教学切入口一定要选一个学生都感兴趣的内容。这就需要教师综合把握、平衡学生兴趣和教学目的。因此，我选择了男主人公的"爱情故事"来贯穿整个课堂。

《生活中的优化问题举例》教学设计

北京市第十八中学　吕　槟

一、教学背景分析

（一）教材内容分析

在新一轮的高考改革中，数学学科指导意见明确指出，要重视过程评价，突出素养，提高质量。在数学核心素养的培养中，数学建模成了本次改革的新热点，更是单独成为高中数学课程的四大主线之一。指导意见中还要求把数学探究、数学建模的思想以不同的形式渗透在各模块和专题内容之中，并在高中阶段至少安排较为完整的一次数学探究活动、一次数学建模活动。在这样的背景下，本节创设的问题情境联系生活，体现数学的应用价值。学生通过解决身边的实际问题，增强了数学的应用意识，更重要的是感受新课程下新的学习方式带来的学习数学的乐趣，并从中体会学习导数的必要性与数学建模的思想。

（二）学生情况分析

在本节课之前，学生做过的函数应用题，大多在题目当中直接提供函数解析式，学生无须建模，只需应用数学知识解决数学问题，基本等价于数学题。学生在上两个学期分别经历过一次建模活动，对数学建模的基本流程有了一定的了解，但在前两次活动中，学生对于建模后验模的意识较弱。故在本节课中，尝试让学生体验将生活中的问题抽象为数学问题所遇到的困难，并让学生在小组汇报时，分享交流处理这些困难的想法，并在最终完成建模后，体验验模的过程。进而让学生深入体会数学建模中最难的"建"与"验"的全过程。

二、教学目标及重难点

（一）教学目标

尝试利用导数解决平面几何图形或空间几何体中的优化问题，体会导数在解决实际问题中的作用。

通过探究活动增强学生的数学应用意识，培养其分析和解决实际问题的能力，渗透数学建模思想。

（二）教学重点

引导学生学会如何将生活中的问题转化成数学问题。

（三）教学难点

对探究活动中即时发生的师生或生生交流进行合情合理的点评及处理。

三、教学过程

（一）热身活动：从最大的矩形到最大的纸盒

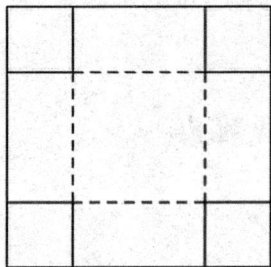

问题一：将一根长为 2 米的铁丝弯成一个矩形，怎么弯才能使矩形的面积最大？

问题二：如何剪裁能将手中的正方形纸片做成无盖纸盒？

问题三：将一张面积为 1 平方米的正方形纸片剪裁为一个无盖的长方体纸盒。如何剪裁能使纸盒的容积最大？最大容积是多少？

【设计意图】第一个问题设计的目的是明确在高中求函数最值的几种常用方法：

1.利用导数求函数最值。

2.利用二次函数求最值。

3.利用均值求函数最值。

第二个和第三个问题设计的目的是简单明确用数学解决生活中的优化问题的基本思路，以及将现实问题抽象为数学问题所需注意的诸如定义域及解题格式等问题。在学生解决问题二及问题三时为学生准备了纸片及简单的测量工具，目的是让学生更快地进入情境，提高课堂效率。

（二）探究活动：铝制易拉罐的尺寸设计对饮料公司制作成本的影响

【设计意图】原本设计的探究问题是海报设计问题，但感觉距离学生生活较远，学生可能不会太感兴趣，没有太多探究的欲望。因为希望能提出学生感兴趣的问题，故最终选定此探究主题。

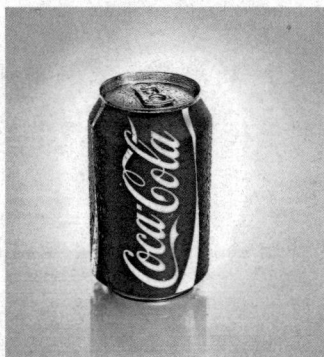

在备课初期，对易拉罐进行测量，发现测量结果与自己的实际运算结果差距较大，这点与原本的预想相差较大，一度想要放弃。

经过几天思考，突然跳出固化思维模式，尝试分析不采取最小值的可能原因，进而猜想半径的大小对表面积影响不是很大，并利用几何画板验证，发现猜想正确。在这一过程中，我经历了从纠结痛苦到豁然开朗的过程，我想这才是数学建模真正的过程，是学生应该在课堂中体验到的。故开始进行设计。

基本的设计是让学生先小组解决问题，以我对学生的了解，学生应该可以得到表面积函数的极小值点，并有小组尝试通过测量验证猜想，但会遇到和我一样的问题，因此让学生提出新问题，再次进入小组讨论，看看学生能否从数学角度解释误差产生的原因。教师适当引导后，明确误差成因，并进一步交流探讨这样设计的现实生活道理，让学生真正学会如何用数学的眼光看待生活中的问题。

下面是这部分的教学片段截取：

师：第二组对这个问题分析处理得很好，有没有小组遇到什么问题？

生：我们小组最终利用导数求得的半径为3.74厘米，但是这和我们实际测量的半径差了0.5厘米，这个差距我们认为过大，不太理解为什么会这样。

师：这个小组提出的问题很好，我在备课时也遇到了这个问题。我刚开始很失望，觉得数学解释不了生活，但后来我想明白了，能解释的那一瞬间我很兴奋，我也想让大家经历这个过程，咱们继续小组交流一下可能的原因。

生1：建模的时候选择的是很标准的圆柱体，但现实中的易拉罐并不是，所以建模的时候会产生误差。

生2：易拉罐是有厚度的，所以所测的数值会有误差，还有可能易拉罐内的体积本身就不到330毫升。

生3：我们组觉得半径的变化引起表面积的变化不是很大，所以半径不选择最小值也可以。

师：刚才大家说得都很好，最后一个组的想法和我在后期备课时候的想法不谋而合，我也利用几何画板做了一下这个表面积函数的图像，大家可以看一下，能不能通过图像看出些什么？

生：半径在2—4厘米之间，表面积的变化很小，所以不必选择极小值。

师：说得很好，那么问题又来了，既然哪个半径都可以，那么为什么偏要做得小一点？小一点有什么好处？

生1：便于携带。

生2：很容易拿握。

师：我在备课时，女儿来到旁边顺手拿起我备课时用的易拉罐，4岁半的小女孩，拿起来很轻松，握得很扎实，不知这是不是可口可乐公司的初衷，但这确实能让受众更多一些。说得很好，还有吗？

生3：半径小可以装更多瓶，这样运输成本就小很多，对于企业来说，运输成本是主要的成本。

师：说得越来越好了，我想这确实应该是半径选择更小的更真实的原因了。那我还有个问题，什么易拉罐偏要设计成圆柱体啊？

生1：圆的面积更大，所以圆柱体的表面积就会更小。

师：说得太好了，这可以很好地解释为什么选择圆柱而不是棱柱，但实际上容积一定的情况下，球的表面积是最小的，那为什么不做成易拉球偏要做成现在这样的易拉罐呢？

生1：不容易放置。

生2：从运输成本来看，球浪费的体积比圆柱浪费的更多。

师：说得很好，做成球，表面积看起来赚了一点点，但是运输成本全赔回去了，企业是不会做这种赔本的买卖的。那么最后我们来小结一下今天的学习，如果要解决生活中的优化问题，要经历哪几步？

生1：将生活中的问题转化为数学问题，之后解决数学问题，再将结果返回到生活中去进行验证。

师：概括得很准确，其实咱们平常做的数学应用题大多已经帮大家将生活中的问题转化为了数学问题，但其实这个"建"的过程本身就是数学建模的一个难点，今天大家也实际经历了这个过程。相对于"建"来说，解模则显得更加简单，但其实更重要的是要有"验"模的意识，要会对计算结果与真实数据之间所产生的误差进行分析，当误差过大且无法解释时我们往往还要重新建模，这才是数学建模的真正过程。今天咱们利用数学建模尝试解释了易拉罐这个问题，数学还可以解释更多生活中的问题，希望大家学会也喜欢这种了解生活的方式。

四、教学反思

在经过一段时间的准备后，我找到了三个比较容易建模的数学问题，但是其中与海报有关的问题感觉离学生的生活还是太远，不太容易调动学生的积极性，因此在经历了一番准备和设计后最终删去，只留下用纸片做纸盒的问题和易拉罐尺寸设计问题。以我对我学生的了解，他们应该对这两个数学问题挺感兴趣的，而且以他们的能力可以处理得差不多。

在进一步准备起始问题的过程中，我提前为每位学生准备了一样的纸片、剪刀和直尺道具，目的有两个，一个是让学生更加快速进入问题状态，另一个是希望实物能真的引起学生研究问题的兴趣。在实际教学中，我感到这样的准备确实提高了课堂效率与学生参与度。

在进一步准备探究问题的过程中，我先把家里的易拉罐拿来进行测量、计算，发现测量结果与计算结果差距略大。这一度让我非常困惑和失望，甚至差点让我放弃采用这个问题的想法。不过在不断的思考中，我开始尝试接受这种误差，并尝试从数学的角度对误差进行解释。在我画出表面积函数的图像后，我得到了一种圆满的解释，我感觉到非常兴奋，我想让学生也收获这种体验，于是我开始尝试把这种误差设计到教学中，希望学生能够发现，并能由此作为课堂中生成的新问题，进行进一步思考，进而使学生了解对数学模型检验的必要性。在实际教学中，这里应该是整节课的亮点，也是我备课时最纠结的地方，我这里的收获是，一节好课中最闪光的部分往往是通过教师精心设计出来的，而并非随意而为的。这些设计往往才是一节课最"折磨"教师，也是最让教师提高的部分，希望以后在备课中，能多经历这种"折磨"，也希望自己能从这种折磨中挺过来，找到解决问题的最优解，而不仅仅是选择回避。

另一些收获是，我的妻子是个会计，在备课过程中，她从专业的角度给我提示到，对于企业来说运输成本要远远比设计成本大，而女儿单手拿易拉罐假装喝的举动也让我发现了半径设计小的另外一种合理解释。这些小惊喜也让我越来越对自己的设计和总结感到自信与满意。

《词汇衔接与语法手段在阅读理解中的应用》教学设计

北京市第十八中学　吴　娜

一、教学背景分析

（一）指导思想和理论依据

《普通高中英语课程标准（2017 年版 2020 年修订）》指出："语篇中各要素之间存在复杂的关系。""句子内部的语法结构、词语搭配、指代关系、句子的信息展开方式等，属于语篇的微观组织结构。""学习语篇知识是发展语言运用能力的基础。语篇知识在语言理解与表达过程中具有重要作用。"

教师要在教学中注意引导学生观察和分析具体语篇的语言特征，即关注语篇的各个组成部分以及语篇所用的语言是如何表达意义的。

语篇通常指一系列连续的语段或句子构成的语言整体。语篇必须合乎语法，并且语义连贯。语篇分析指的是从文章的篇章结构入手，分析句子之间、段落之间的衔接和相关意义及逻辑思维的连贯性，把握全文的主体和中心思想，从而能正确理解文章的细节以及语法难点。语篇特征体现在很多方面，衔接、连贯是语篇特征的重要内容。语篇中的各个成分是连贯的，不是彼此无关的。衔接与连贯理论是语篇分析的基本原理，也是语篇研究的核心。

Halliday & Hasan（1976）在《英语中的衔接》中深入阐述了衔接的概念："衔接指的是篇章的各个组成部分之间的关系，通常是以语法关系和词汇关系来表现的。"他们将衔接方式分为语法手段和词汇手段两种，其中语法手段包括指代、省略、连接和替代，词汇手段分为复现和同现。这些方法为更好地在英语教学中应用衔接创造了良好的条件。

"衔接是语篇特征的重要内容，它体现在语篇的表层结构上。"黄国文（2003）。语篇的衔接是利用具体的连接词使读者领会写作者明晰表达的意思。黄国文将衔接手段分为语法手段、词汇衔接和逻辑关系语，本课将按照这一分类进行语篇衔接手段的分析。

（二）文本分析

本课选用了近年北京高考模拟试题中与身心健康话题相关的语篇作为语篇衔接手段解读的载体。

Text 1（2023 北京西城一模 D 篇）为议论文，介绍了深度阅读和传统阅读方式对人类的重要意义。其中 The human need for this kind of deep reading is too tenacious for any new technology to destroy. 这句话中出现生词 tenacious，题目为 What does the underlined word "tenacious" mean? 在答案依据的文本 In practice, older technologies can coexist with new ones. The Kindle has not killed off the printed book any more than the car killed off the bicycle. We still want to enjoy slowly-formed ideas and carefully chosen words. Even in a fast-moving age，there is time for slow reading 中，older technologies 与 printed book、bicycle，new ones 和 the Kindle、car 为词汇衔接中的复现关系（上下义）；coexist 与 kill off 表明上下两句为转折关系；slowly-formed ideas and carefully chosen words 和本段首句的 deep reading 是比较照应关系。通过以上分析可知，无论科技如何进步，人类仍然想要深度阅读。因此 tenacious 在句子中应该理解为 determined。

Text 2（2023 北京东城二模 D 篇）也是一篇议论文，介绍了真实性 authenticity 对于个人和团队的积极影响。题目为画出句中错误的部分并解释原因：Authentic workers feel safe by being themselves at work，so authenticity boosts their teammates. 本句在文中对应的部分是 This allows those they work with to feel safe while being themselves. 其中出现多个代词。从语篇衔接角度分析后可知，this 与上文的 recognize the interests of both themselves and others 是指示照应，those 与前文中 teammates、they 和上文 authentic teammates 为人称照应，themselves 和 authentic teammates 也是人称照应。找到指代内容后，这句话可以理解为 authentic teammates allow their teammates to feel safe while being themselves. 因此题目句子应改为 Authentic workers' teammates feel safe by being themselves at work, so authenticity boosts their teammates.

Text 3（2019 高考英语 全国 I 卷 七选五）这则说明文主要讲述了自然环境对人的疗愈作用。题目要求学生找出 Hospital patients who see tree branches out their window are likely to recover at a faster rate than patients who see buildings or sky instead.It gives us a great feeling of peace. 两句之间的合适的句子。因此，首先，通过语篇分析发现，C 选项中 being in nature 与前一句中 see tree branches 是词汇衔接的复现上下义关系，refresh 和 recover 是复现近义词。而后文的 It 与上文 being in nature 为指示照应。因此，所缺的句子为 Being in nature refreshes us.

二、教学目标

本节课结束时，学生能够：

1.理解词汇衔接与语法手段的意义与类型。

2.通过阅读与讨论，分析词汇衔接与语法手段在文本中的应用。

3.运用词汇衔接与语法手段对阅读文本进行解析并解答题目，提升文本分析与解读能力。

三、教学过程

（一）理解词汇衔接与语法手段的意义与类型

【设计意图】通过近期考试试题引入话题，让学生思考文本中衔接与连贯的作用。

Step 1: Lead in 5'.

Ss review a test question of their latest exam and think about the reasons for the correct option.

Q:

1.Why is the answer G?

2.What are cohesion and coherence?

3.What are different kinds of cohesion and coherence?

【设计意图】学生阅读并分析表格中的例句，在教师的提示下归纳和总结不同语篇的链接手段和类型。

Step 2: Read sentences and complete the form 5'.

Ss read the sentences and summarize the types of different connectivity.

联结手段	具体类型	例句
语法手段	**照应**	**人称** *My wife and I* are leaving for Beijing next Monday. *We* have booked the tickets already. **指示**(前照应) Mary *had a bad cold* yesterday. *That* was why she didn't go to the meeting. **比较** Tom gets *ten dollars* a week for pocket money. Bob receives a *similar* amount.
	替代	**名词** Jane needs *a new bicycle*. She decided to buy *one*. **动词** John *smokes a lot*. Does his father *do so*? **分句** Do you think John will *win the match*? 　　　　Yes, I think *so*.
词汇衔接	**复现**	**原词** The two men at *the counter* read the menu. From the other end of *the counter* Nick Adams watched them. **同近义词** He got a lot of *presents* from his friends. All the *gifts* were wrapped in colored paper. **上下义** You can get some *tools* with you. You can get *a hammer*, *a saw* and *a screwdriver*.
	同现	**反义** Jane is *a good teacher*, but she is *a bad wife*. **互补** Discrimination is undoubtedly practised against *women* in the field of scientific research. We don't find *men* complaining that they are not being interviewed for positions that they are clearly qualified to fill.
逻辑衔接	转折、举例、解释、结果、原因、替换、转题、总结、增补……	

Q: How can lexical cohesion, grammatical device and logical connector help us in reading and understanding?

（二）通过阅读与讨论，分析词汇衔接与语法手段在文本中的应用和作用

【设计意图】通过回答三段语篇后的问题，分析词汇衔接与语法手段在文本中的应用和作用，帮助学生对语言内容与衔接连贯手段建立联系，内化知识，提高分析和理解文本的能力。

Step 3：Read and analyze 18'.

Help better understand new words

Text 1

To a slow reader. a piece of writing can only be fully understood by immersing oneself in the words and their slow comprehension of a line of thought. The slow reader is like a swimmer who stops counting the number of pool laps he has done and just enjoys how his body feels and moves in water.

The human need for this kind of deep reading is too tenacious for any new technology to destroy. We often assume that technological change can't be stopped and happens in one direction, so that older media like "dead-tree" books are kicked out by newer, more virtual forms. In practice, older technologies can coexist with new ones. The Kindle has not killed off the printed book any more than the car killed off the bicycle. We still want to enjoy slowly-formed ideas and carefully chosen words. Even in a fast-moving age, there is time for slow reading.（2023 北京西城一模 D）

What does the underlined word "tenacious" in Paragraph 6 probably mean?

A. Comprehensive   B. Complicated

C. Determined   D. Apparent

1. Ss read the text and underline the related information to answer the

question.

2.Analyze the lexical cohesion and grammatical device in these sentences.

	Related information in the text	衔接类型
older technologies		
new ones		
coexist		
slowly-formed ideas and carefully chosen words		
a fast-moving age		

3.Make the answer and summarize the function of connectivity in this text.

4.Summarize the tips in analyzing with lexical cohesion and grammatical device.

Tip 1：Highlight the key information.

Tip 2：Read back and forth to find connectivity.

Tip 3：Draw lines, arrows to show connectivity clearer.

Help better understand a sentence

Text 2

For many of us, authenticity, or behaving as one's true self in daily life, is quite challenging. Yet the advantage of authenticity is evident.… Can being ourselves not only help us work better, but those who work around them? The truth is, it can.

Why does authenticity boost our teammates? This is because authentic teammates do not prioritize protecting themselves at the cost of their work or relationships.Instead，they recognize the interests of both themselves and others when making decisions.This allows those they work with to feel safe while being themselves at work. By focusing less on appearing hard-working in hopes of getting ahead—and more on trying to be better all-around individuals—authentic teammates can make a great impact on their work environment.（2023 北京东城二模）

Decide which part of the following statement is wrong. Underline it and explain why.

Authentic workers feel safe by being themselves at work，so authenticity boosts their teammates.

1.Ss read the text and underline the related information to answer the question.

2.Analyze the lexical cohesion and grammatical device in these sentences.

	Related information in the text	衔接类型
This		
those		
they		
themselves		

3.Make the answer and summarize the function of connectivity in this text.

4.Summarize the tips in analyzing with lexical cohesion and grammatical device.

Tip 4: Make clear of the sentence components.

Help better understand the relationship between sentences

Text 3

Recently, people have begun studying the connections between the natural world and healing（治愈）All across the country, recovery centers have begun building Healing Gardens. In these places patients can go to be near nature during their recovery. It turns out that just looking at green, growing things can reduce stress, lower blood pressure, and put people into a better mood. Greenery is good for us. Hospital patients who see tree branches out their window are likely to recover at a faster rate than patients who see buildings or sky instead. _____ It gives us a great feeling of peace.

C. Being in nature refreshes us.

D. Another side benefit of getting fresh air is sunlight.

E. But is fresh air really as good for you as your mother always said?

1.Ss read the text and underline the related information to answer the question.

2.Analyze the lexical cohesion and grammatical device in these sentences.

3.Make the answer and summarize the function of connectivity in this text.

（三）运用词汇衔接与语法手段进行阅读文本解析并解答题目，提高文本分析能力

【设计意图】学生完成阅读任务并运用本节课所学词汇衔接与语法手段分析其在文本中的具体运用。

Step 4：Practice 10'.

1.Ss read and fill in the blanks, then analyze lexical cohesion, grammatical device.

| special equipment | long-distance running | do |
| it | running shoes | exercise | keep it up |

Hi Jeremy,

Thanks for your question. As people often say, any_____is better than none, but_____in particular has a lot of benefits.

_____is a great sport for beginners. You do not need a gym membership or any_____. Just a pair of good_____will_____. Then, _____. There is also no better way to know yourself and to see what you are capable of.

...

2.Ss discuss in groups to check answer and improve their analysis.

3.Ss share in class about their analysis by using lexical cohesion, grammatical device.

（四）回顾总结

【设计意图】学生回顾本节课所学，再次明确词汇衔接和语法手段在阅读理解中的作用。

Ss summarize the usage and functions of lexical cohesion, grammatical device.

Q：

1.What are the lexical cohesion, grammatical device we have learned today?

2.How can they help us in reading and understanding?

（五）板书设计

Connectivity in reading comprehension

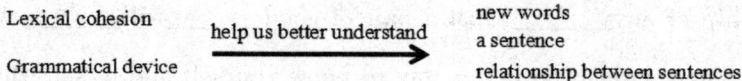

Lexical cohesion

Grammatical device　　help us better understand　⟶　new words
a sentence
relationship between sentences

The last leaf 教学设计

北京市第十八中学　宋红靖

一、教学背景分析

（一）文本分析

1. What

本单元话题为 Literature，属于"人与社会"主题语境。《最后一片叶子》是美国作家欧·亨利的最著名的短篇小说之一，讲述了贫困潦倒、前途渺茫的青年画家 Johnsy 在寒冷的十一月患了严重的肺炎后，将自己比作窗外飘零的藤叶，丧失了生的意愿。她的朋友 Sue 精心照顾她、鼓励她，却无济于事。当邻居老画家 Mr. Behrman 得知此事后，为了挽救 Johnsy，在一个风雨交加的夜晚，他画了最后一片藤叶——他这一生唯一的杰作，给了 Johnsy 生的希望，但自己却为此献出了生命。

2．Why

作者通过描述身处艰难困苦环境中的小人物在生活的重压下，仍能对他人表现出真诚的友爱，做出难能可贵的牺牲，讴歌了人性的真、善、美，也促使读者从作品的意蕴美中获得积极的人生态度和价值观启示。最后一片叶子象征了生的希望和信念的力量，也体现了人们之间的关爱、友谊。

3．How

文体结构：

本文是欧·亨利最著名的短篇小说之一，符合故事类的写作特点，按时间顺序展开，包含了小说的主要元素。

第一段交代了故事的背景和主要人物 Johnsy 和 Sue。

第二段至第八段是故事的开端和发展。Johnsy 得了严重的肺炎，失去了生的意愿。她把自己比作藤叶，认为当最后一片叶子落下时，她也将死去。

第九段至第十二段是故事的高潮。当 Johnsy 看到最后一片叶子（其实是 Mr. Behrman 画的）在历经风雨后还坚挺在藤上时，重拾了活下去的意志。

第十三段是故事的结局。Johnsy 有一半的概率活下来，而 Mr. Behrman 先生却为了给 Johnsy 生的希望而死于了肺炎。

语言特征：

（1）Surprise ending 是欧·亨利的写作特点，意料之外但情理之中、笑中带泪的结尾让读者倍感震撼的同时又能更好地品味故事的主旨。

（2）作者运用了多种文学修辞手法，比如情境讽刺（the surprise ending）、拟人（a cold unseen stranger, Mr. Pneumonia, icy finger）、明喻 & 拟人（sailing down just like one of those poor, tired leaves）、暗喻（with good nursing, you will win）、夸张（It's a crime to want to die）等来生动形象地创建情感基调、烘托喜剧的悲剧气氛、塑造人物的形象和命运、拓展曲折的情节、突出故事主旨。

（二）学情分析

1. 学生普遍特点

本节课的授课对象为北京市示范校高二直升班的 41 名学生，整体英语基础较好，但学生间差距较大，而且在（中、英）阅读方面长期存在两个凸显的问题：一是对文章的理解仅浮于表面信息、缺乏深度理解和主题观念。这也导致了第二个问题，即高阶思维能力欠缺，比如分析、综合、评价。学生总是根据自己的感觉而非文本信息进行主观臆断。在考试中，则体现在记叙文的主旨归纳和情感推断题上出现失误。

2. 已有基础及存在问题

因在语文考试中有文学鉴赏一题，学生对"文学"这一话题在语文课中有较多的了解，但并不系统。对于美国作家欧·亨利及如何鉴赏英语文学作品知之甚少，其中文学修辞的专业术语，如 simile, metaphor, irony, personification, exaggeration 等，是鉴赏时的主要障碍。

3. 解决措施

教师利用 Topic talk，Lesson 2 Poems 的学习，帮助学生获得了对文学的定义、类型及其特点、要素、文学修辞手法等初步的了解和语言支持。教师通过活动设计，要求学生基于文本做出合理的推断，旨在解决学生主观臆断的问题。

二、教学目标及重难点

（一）教学目标

在本课时结束时，学生能够：

（1）根据欧·亨利的写作风格预测故事的结局。

（2）探究标题的象征意义和主题思想。

（3）从 Johnsy、Sue 或 Mr.Behrman 的角度讲故事。

（4）赏析语言和文学手法并应用到续写中。

（二）教学重点

在理解文意的基础上，根据欧·亨利的写作特点预测故事的结局，体会其鲜明的写作风格。从作品中人物的角度讲述故事，深度理解故事的寓意。

（三）教学难点

通过赏析语言和文学手法，进一步探究标题的象征意义和主题思想，深刻感悟作者通过故事传达出的人性的真、善、美。

三、教学过程

（一）课前

学习起点调研任务：口头调查学生对欧·亨利及其著作和写作风格的了解。

学生访谈问题：

（1）What is O. Henry?

（2）Where is he from?

（3）What is he most famous for?

（4）What are his well-known works?

（5）What is his writing style?

（二）Step 1: Warming up

Activity 1: Review, share and read.

（1）Ss talk about the writing styles of the two poets, Robert Frost and William Wordsworth.

（2）Ss share what they know about O. Henry.

（3）Ss read a profile of O. Henry to know his typical writing features.

【设计意图】激活已知，激发兴趣，了解欧·亨利的写作特点。

（三）Step 2：Reading

Activity 2：Recall，read，predict and check.

（1）Ss recall the basic elements of a story.

（2）Ss read the first 8 paragraphs to get the information about the basic elements. Then Ss share their ideas in groups.

（3）Ss predict the ending of the story based on O. Henry's writing style.

（4）Ss read the rest of the story to identify the climax and check their prediction.

Activity 3：Read and explore.

（1）Ss read the story again to explore the symbolic meaning and theme（s）of the story with the help of the following questions.

Q1. Why did Johnsy lose the will to live after getting pneumonia?

Q2. Why did she regain the will to live when seeing the last leaf was still on the vine?

Q3. Why didn't she notice the last leaf was not real?

Q4. What might the last leaf mean to Johnsy and what is/are the theme（s）of this story?

（2）Ss share their ideas in groups and then in class.

【设计意图】通过阅读故事的第一部分（前八段）获取和理解小说的要素：背景、人物、开端、发展等，并基于此进行故事结局预测。通过读故事的第二部分（九至十三段），获取故事的高潮和结局，检验预测并体会作家鲜明的写作风格。再读文本，通过问题链探究标题的象征意义和主题思想并进行有理有据的表达。

（四）Step 3： Post-reading

Activity 4: Internalize and retell.

Ss tell the story from Johnsy's or Sue's or Mr Behrman's point of view and then evaluate their peers' retelling according to the criteria.

Evaluation Criteria	√	×
1. Setting		
2. Development		
3. Climax		
4. Ending		
5. Feelings		
Comments on completeness, logic, emotion expressions, fluency…		

Activity 5: Appreciate and interpret.

Ss share their feelings about the story and tell what / what literary device（s）make（s）them feel so.

【设计意图】从作品中人物的角度讲述故事，在深度理解故事寓意的同时内化语言。赏析并阐述体现象征意义和主题的语言及写作手法。深刻感悟作者通过故事传达出的人性的真、善、美。

（五）Step 4：Homework

Activity 6：Practice / Homework.

Write a continuation of the story in about 100 words，using at least one literary device. Think about the following questions before you write.

Q1：What is Mr Behrman's dream?

Q2：When Johnsy knew what had happened，how would she feel and what would she say and do then?

【设计意图】创造性地将体现象征意义和主题的语言及写作手法运用到续写中。

《动能和动能定理》教学设计

北京市第十八中学　李亮芝

一、教学背景分析

《动能定理》是人教版高中物理必修二第八章第三节的内容，是在学习完运动与相互作用后，进行能量的探讨中学习到的一个重要物理规律，也是体现力在空间上的积累效果的一个物理规律，建立了力与运动及动能之间的相互关系。动能定理是学生综合理解和应用运动与相互作用以及能量观点解决问题的一个重要方法。

学生在初中已经建立了动能的基本概念，但是并没有接触定量计算的公式。同时对于功是能量转化的量度的理解还有待加强。在学情调研中，学生普遍提出动能计算式的推导是个难点，特别是为什么由水平方面的推导能够确定动能表达式。因此，在本节教学中要给学生多个方向或维度的思考范例，慢慢引导学生建立动能的概念，再次理解功是能量转化的量度。

二、教学目标及重难点

（一）教学目标

1. 通过力对物体做功的分析确定动能的表达式。

2. 能够从功的表达式、牛顿第二定律与运动学公式推导出动能定理。

3. 理解动能定理，并用动能定理解释生产生活中的现象或者解决实际问题。

（二）教学重点

1. 确定动能的表达式。

2. 推导动能定理。

（三）教学难点

1. 推导出动能定理。

2. 用动能定理解决实际问题。

三、教学过程

学习活动一：观看子弹射穿玻璃视频，提出物理问题

子弹打穿玻璃后速度多大？加速度多大？玻璃受到多大的力？子弹的动能有多大？……

【设计意图】从生活中的事例引入课题，提升学生的兴趣。培养学生从现实事例中提出物理问题的能力以及建立物理模型的能力。

学习活动二：推导动能表达式

尝试依据以下三种运动情景，从功的表达式、牛顿第二定律与运动学公式推导动能表达式。

1. 质量为 m 的某物体在光滑水平面上运动，在与运动方向相同的恒力 F 的作用下发生一段位移，速度由 v_1 增加到 v_2。

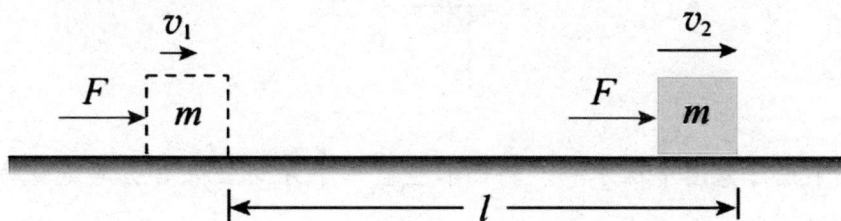

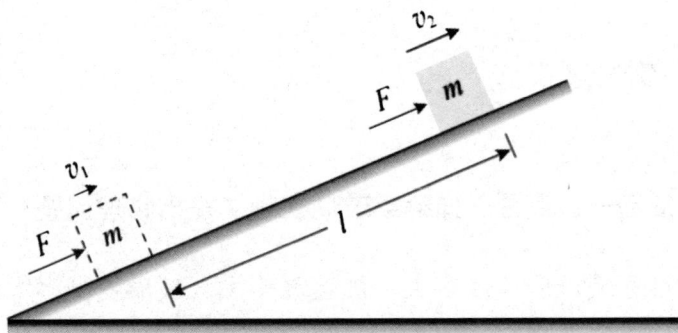

2. 质量为 m 的某物体沿倾角为 θ 的光滑斜面向上运动，受到恒力 F 的作用，发生一段位移，速度由 v_1 增加到 v_2。

3. 质量为 m 的某物体下落，过程中受恒定阻力，速度由 v_1 增加到 v_2。

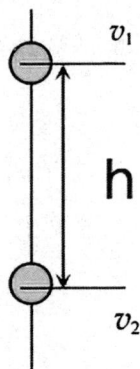

【设计意图】从水平、斜面和竖直三个方向上根据功是能量转化的量度推导动能定理，分别讨论没有阻力 F 为合力且做正功、有阻力 F 不为合力还是做正功和合力做负功的情况。多种情况得到的结论是

一致的，为学生综合归纳得出动能的一般性表达式奠定事实基础。再引导学生理解功是能量转化的量度，进而结合初中学习过的动能概念，确定动能的表达式。

学习活动三：动能定理及应用

$W = E_{k2} - E_{k1}$，其中 W 为合力做的功。这个关系表明，合力在一个过程中对物体做的功，等于物体在这个过程中动能的变化量。这个结论叫作动能定理。

动能定理中的力对物体做的功 W 即为合力做的功，它等于各个力做功的总和。当物体受变力作用，或做曲线运动时，我们可以把整个过程分成许多小段，认为物体在每小段运动中受到的是恒力，运动的轨迹是直线，把这些小段中力做的功相加，也能得到动能定理。

【设计意图】对推导过程中的概念和规律再次明确，提升为公式表达和文字表达，并利用微元法理解曲线运动也是适用动能定理的。

【例1】一人用力踢质量为 1kg 的皮球，使球由静止到以 10m/s 的速度飞出，假定人踢球瞬间对球平均作用力是 200N，球在水平方向运动了 20m 停止，求人对球所做的功？

【设计意图】给出一个利用动能求解做功的事例，且突出了对功是能量转化的量度的理解。让学生认识到动能定理是由牛顿运动与运动学公式推导而来，但是相比还是有很大的优势。

【例2】已知9mm子弹约重12g，玻璃厚度为3mm，从视频中可以得到在某块玻璃前的速度为50m/s，射穿后的速度为22m/s。试求解：

（1）子弹受到的平均阻力是多大？

（2）若从枪口出来的子弹速度为306m/s，可以射穿多少块玻璃？

【设计意图】回扣课前的视频内容，对观看视频后提出的问题做一个回应，并引导学生建立动能定理使用的基本程度，为后续更好地利用动能定理解决更多实际问题做好准备。

《用单摆测量重力加速度》教学设计

北京市第十八中学　许洪星

一、教学目标及重难点

（一）教学目标

1. 会依据单摆周期公式确定实验思路。

2. 能设计实验方案，会正确安装实验装置并进行实验操作。

3. 能正确使用刻度尺测量单摆的摆长，能正确使用停表测量单摆的振动周期。

4. 能正确处理数据，测出当地的重力加速度。

5. 能从多个角度进行实验数据误差分析。

（二）教学重难点

掌握实验原理，能够进行数据处理、误差分析、拓展延伸。

二、教学过程

活动一：实验方案设计

请设计测量重力加速度 g 的实验方案（至少三种）并说出实验方案的原理。

活动二：实验操作

1. 做单摆。

（1）摆球有何要求？

（2）摆线有何要求？

（3）摆角有何要求？

2. 如何测摆长？

3. 测周期。

（1）停表从哪个位置开始计时？为什么？

（2）测量一次全振动的时间，作为单摆的周期 T 合理吗？应该怎么做？

活动三：数据处理

1. 平均值法：每改变一次摆长，将相应的 L 和 T，代入公式 $g = \dfrac{4\pi^2 L}{T^2}$ 中求出 g 值，最后求出 g 的平均值。设计如下所示实验表格：

次数		1	2	3
摆长	L（m）			
周期	T（s）			
周期的平方	T^2（s^2）			
加速度	g（m/s^2）			
g 平均值				

2. 图像法：

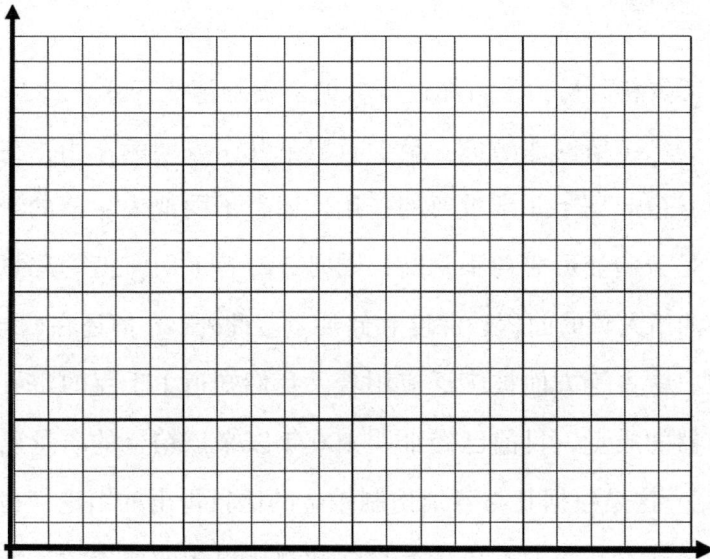

（1）如何选取坐标轴？依据是什么？

（2）g = _____ m/s^2

活动四：误差分析

1. 列举产生的系统误差有哪些？对实验结果有何影响？

2. 列举产生的偶然误差有哪些？

活动五：拓展延伸

1. 请评价该实验有何优点和不足？

2. 如何改进？

三、深度思考

1. 查阅资料分析：重力加速度 g 的精确测量及其意义。

阅读提示：精确地测量 g 至少有以下几个方面的作用：在油田的勘探方面 g 值起到了非常重要的作用。通过不同地表 g 值的测量，将对地底下是否储油形成初步判断；同时，对各地层 g 值的测量，可以估算一个油田大致的面积、深度和储油量。此外，g 值还在 GPS 导航、深水定位、考古等方面被广泛应用着。我们知道 1 千克的定义是巴黎的铂金原器的质量，目前已经证明 100 年以来该铂金的质量已经减少了 50 微克。这是根据其与各地仿制铂金的比较得出的结论，也就是说各地的铂金样本几乎没有质量差异，却都比巴黎的原器大了 50 微克。当然，按照定义，并不是原器小了，而是这些仿制品的质量大了；但是显然我们将来是需要对质量这个基本物理量做一个物理上定量的定义的，而这个工作将会仰仗非常精确的重力加速度 g 的测量。

2. 阅读下列表格，怎样认识"摆角足够小"的条件？

角度值（度）	正弦值	弧度值（弧度）	相对误差
1	0.0174524	0.01744444	
2	00.034899	0.0348889	
3	0.05233596	0.0523333	
4	0.0697565	0.06977778	
5	0.0871557	0.08722222	0.00048
6	0.1045285	0.1046667	
7	0.1218693	0.122111111	
8	0.1391731	0.13955556	
9	0.1564345	0.157	
10	0.1736482	0.1744444	0.00190
11	0.190809	0.191888	
12	0.207912	0.2093333	
13	0.224951	0.2267778	
14	0.241922	0.2442222	
15	0.258819	0.2616666	0.00430
16	0.2756374	0.2791111	
17	0.29237	0.296555	
18	0.3090	0.314	
19	0.32557	0.3314444	
20	0.342020	0.348888	

四、多维度评价

学习共同体在点评单摆测重力加速度实验时，可以从以下几个维度进行清晰、分点的归纳和点评：

（一）课前观察

1. 实验目标明确：学习共同体能够清晰地确定实验目标，即测量重力加速度。

2. 实验器材准备充分：确保摆线、小球、计时器、米尺、游标卡尺等器材齐全且状态良好。

（二）课中观察

1. 实验步骤规划合理：从测量摆长、确定摆角、计时测量周期到数据处理，步骤规划合理，确保实验顺利进行。

2. 操作规范：学习共同体成员在操作过程中遵循实验规范，如保持摆线竖直、控制摆角大小、准确计时等。

3. 数据记录准确：实验数据记录准确，包括摆长、周期等关键数据，为后续数据分析奠定基础。

4. 团队合作紧密：成员之间在实验中保持紧密合作，相互协助，确保实验过程顺利进行。

5. 数据处理方法得当：采用正确的公式 $T = 2\pi\sqrt{\dfrac{L}{g}}$ 和计算方法处理数据，计算得到重力加速度。

6. 误差分析全面：对实验结果进行误差分析，考虑摆角、空气阻力、人为误差等因素对实验结果的影响。

7. 结论合理：根据实验数据和误差分析，得出合理结论，并与已知值进行比较。

（三）课后反思

1. 反思实验过程：对实验过程进行反思，找出可能存在的问题和不足。

2. 提出改进方案：针对实验过程中存在的问题和不足，提出具体的改进方案，如改进实验装置、优化实验步骤等。

（四）展望未来应用

展望学习共同体在类似实验或研究中的应用，如探索更多测量重力加速度的方法、研究不同环境下的重力加速度变化等。

（五）多元评价

1. 评价主体多元：教师、学生、家长等多元主体参与评价，确保评价的全面性和客观性。

2. 评价内容丰富：不仅关注实验结果和数据处理能力，还关注实验设计、团队合作、问题解决能力等方面。

3.促进学习共同体发展：通过多元评价，发现学习共同体成员的优势和不足，促进成员之间的互相学习和共同进步。

综上所述，学习共同体在点评单摆测重力加速度实验时，可以从实验设计与准备、实验过程与操作、数据处理与分析、反思与改进以及多元评价与学习共同体发展等多个维度进行清晰、分点的归纳和点评。这有助于促进学习共同体成员之间的互相学习和共同进步，提高实验教学的效果和质量。

《元素周期表的应用——研究卤族元素的性质》教学设计

北京市第十八中学　段鸿洋

一、教学背景分析

（一）指导思想与理论依据

《普通高中化学课程标准（2017 年版 2020 年修订）》中对本节课的内容要求：

1. 以卤族元素为例，了解同周期和主族元素性质的递变规律。

2. 体会元素周期律（表）在学习元素化合物知识与科学研究中的重要作用。

对本节课的学业要求：

1. 能利用元素在元素周期表中的位置和原子结构，分析、预测、比较元素及其化合物的性质。

2.能用原子结构解释元素性质及递变规律，并能结合实验及事实进行说明。

（二）教材分析

本课时主要研究同主族元素性质的递变规律。

1.本节课教材的编排，是在学生学习了原子结构、元素周期律、元素周期表、大量元素化合物和氧化还原反应的知识之后，而且在本节的第一课时，教材通过分析第3周期元素性质及递变规律，在前两节建构了"位—构—性"模型的基础上，初步介绍了在元素周期律和元素周期表的指导下探究、解决问题的思路方法。

2.本节课通过探究和验证卤族元素性质的相似性和递变性，引导学生学习同主族元素性质的递变规律，同时形成元素与物质性质相似性的视角，进一步发展元素性质与物质性质之间的关联。体会化学对个人生活和社会发展的贡献，提升将化学知识应用于生产、生活实践的意识。

（三）学情分析

1.在第一节《原子结构与元素性质》中，学生构建了"构—性"模型，在第二节《元素周期表和元素周期律》中，学生理解了元素周期律，并运用"位—构—性"模型对元素周期律进行了论证，在本节课的第一课时《研究同周期元素的性质》中，学生初步建构了"位—构—性"及"元素—物质"模型。

2.学生经过必修一中大量元素及其化合物知识的学习，知道氯气具有氧化性，碘化钾具有还原性，而且能够利用氧化还原反应的概念对常见的氧化还原反应进行分析说明。

3.虽然在本节内容的第一课时里，学生研究了第3周期元素性质及递变规律，初步建构了"位—构—性"及"元素—物质"模型，但是对这个模型的应用并不熟练。

4.学生通过这节课的学习，继续运用"位—构—性"及"元素—物质"模型解决问题，并且通过寻找实验事实、设计实验方案等论证卤族元素性质及递变规律的活动，进一步对模型精致和提升。

5.学生通过本课时的学习，可以更完整地认识同周期、同主族元素性质及递变规律，更好地理解元素周期律和元素周期表，为今后预测、研究元素性质及物质性质打下坚实的基础。

二、教学目标及重难点

（一）教学目标

1.以卤族元素为例，了解同主族元素性质的递变规律。

2.能利用元素在周期表中的位置和原子结构，分析、比较、解释卤族元素性质及其递变规律。培养学生"宏观辨识与微观探析"的化学学科核心素养。

3.知道如何利用物质性质验证卤族元素性质。能够设计合理的实验方案，并且结合实验及事实进行说明。培养学生"科学探究与创新意识"的化学学科核心素养。

4.能够应用"位—构—性"及"元素—物质"模型分析、解决问题，并将模型进一步完善，使学生体会到元素周期表的价值与意义。培养学生"证据推理与模型认知""科学态度与社会责任"的化学学科核心素养。

5.通过从原子结构角度分析卤族元素性质递变规律的活动，诊断学生利用"位—构—性"认识模型分析解释、推论预测、解决问题的能力。

6.通过设计实验方案、运用实验事实论证卤族元素性质递变规律的活动，诊断并发展学生关联元素性质与物质性质的能力。

（二）教学重难点

通过设计实验方案、运用实验事实论证卤族元素性质及递变规律。

三、教学过程

（一）新课引入

师：为了探究元素周期表的奥秘，我们不仅要研究同一周期的元素性质递变规律，还要研究同一族的元素性质。今天我们选取的代表族是 VIIA 族，即卤族元素。

介绍"卤"字的来源。

展示卤素单质的实物和图片，氯化银的实物和图片。

师：能不能归纳它们的物理性质相似性和递变性？

生：卤素单质颜色越来越深、熔沸点越来越高。卤化银都难溶，溶解度逐渐减小。

【设计意图】通过运用实验事实论证卤族元素性质递变规律的任务，诊断并发展学生关联元素性质和物质性质的能力。

（二）交流研讨

活动1：梳理研究同主族元素性质的一般思路

布置任务：梳理研究卤族性质的思路。

学生活动：小组讨论、整理思路、组员汇报、同学补充，表达出"确定元素位置、分析原子结构、预测元素性质、通过物质性质进行验证"这几个关键词，同时将关键词磁条贴在黑板上。

小结：要先确定元素位置，然后分析原子结构，在此基础上预测元素的性质，最后通过物质性质加以验证。

【设计意图】探查学生"位—构—性"模型建构水平，根据学情，强化其中某些要素。

活动2：填写表格，预测卤族元素的性质

布置任务：填写表格，预测卤族元素性质的变化规律，并思考如何从原子结构角度进行解释论证。

学生活动：填写表格、小组讨论、组员展示：最外层电子数都是7，最高正价（除F）都是 +7 价，最低负价都是 –1 价。卤族元素从上到下，电子层数逐渐增大，原子半径逐渐增大，得电子能力逐渐减弱。同时将原子结构、元素性质包含的内容的磁条贴在黑板上。

师：现在已经预测出了同主族元素性质的变化规律。那接下来我们应该做什么呢？

生：需要通过物质性质进行验证。

【设计意图】通过从原子结构角度论证卤族元素性质递变规律的任务，诊断学生利用"位—构—性"模型分析解释、推论预测、解决问题的能力。

活动3：寻找证据，通过物质性质验证预测

师：结合研究同周期元素递变规律的经验，特别是对于非金属元素，我们可以通过寻找哪些物质性质来验证我们对于元素性质的预测呢？

生：单质与氢气化合的难易程度、气态氢化物的稳定性、最高价氧化物对应水化物的酸性。

师：这些物质性质与元素性质有怎样的对应关系呢？

生：单质与氢气化合越容易，所生成的气态氢化物越稳定；最高价氧化物对应水化物的酸性越强，元素的得电子能力越强。

师：为什么单质与氢气化合的难易程度可以用来比较得电子能力呢？

生：因为它们与氢气的反应中卤素单质都做氧化剂，反应越容易说明氧化性越强，越容易得电子。

总结："单质与氢气化合的难易程度、气态氢化物的稳定性、最高价氧化物对应水化物的酸性"的实验事实，印证了对于卤素元素性质的预测。

师：这些都是借助资料获得的证据，我们能不能通过亲自动手实验来验证我们的预测呢？

【设计意图】通过运用实验事实论证卤族元素性质递变规律的任务，诊断并发展学生关联元素性质和物质性质的能力。

（三）活动探究

师：请利用给出的实验试剂设计并完成实验，来验证预测。

学生活动1：小组讨论实验方案、根据方案实施实验、利用手机记录实验结果。

学生活动2：各小组汇报实验成果，互相质疑、互相补充。

【设计意图】通过实验探究卤族元素性质的相似性和递变性，完善"位—构—性""元素—物质"模型。通过设计合理的实验方案、结合实验及事实进行说明论证的过程，培养学生"科学探究与创新意识"的化学学科核心素养。

（四）评价反思

布置任务：完善并完成评价量表。

师：那除了以上内容外，你觉得在预测元素性质这方面，还应该具备怎样的一种能力呢？

生：我能够根据原子结构的相似性和递变性解释和论证元素性质的相似性和递变性。

师：那在"能够通过实验事实验证元素性质"方面，第三个空缺的能力是什么？

生：我知道物质性质和元素性质的对应关系：例如单质的氧化性越强，单质与氢气越容易化合，元素得电子能力越强。

【设计意图】通过师生共同输出评价量表的内容以及自我评价，诊断学生应用"位—构—性"和"元素—物质"模型的能力。

（五）总结提升

元素性质和物质性质是一致的，所以我们可以依据已知元素的知识，结合元素周期表，预测和分析未知元素及其物质的性质。

【设计意图】进一步感受元素周期表的价值，培养学生"科学态度与社会责任"的化学学科核心素养。

（六）应用实践

布置任务：

1. 预测溴及其化合物的性质。

2. 查阅化学史，了解镓元素的前世今生——镓的预言、发现、应用。

【设计意图】通过课后作业，使学生进一步应用"位—构—性"模型和"元素—物质"模型，提升创新思维和解决问题的能力。

四、教学创新点

1. 课前通过播放研究第 3 周期元素性质的教学过程，帮助学生梳理研究元素性质递变规律的一般思路，有助于学生在上课时迅速建构和应用"位—构—性"模型。

2. 通过介绍卤族的来源，以及展示卤族元素单质及化合物的实物，引起大家的研究兴趣。

3. 通过贴磁条的活动，外显学生对"位—构—性"模型的掌握情况，判断学生从原子结构角度解释和论证元素性质变化规律的能力。

4. 每一个活动及过渡，都会回扣和调用"位—构—性"模型和"元素—物质"模型，时刻关注学生运用模型完整表述研究卤族元素性质递变规律的逻辑分析过程，时刻根据学生表述情况及时强化关键构成要素及其关联。

5. 设计开展多种学生活动，例如小组讨论、个人展示、小组实验、小组展示、用手机记录并展示实验过程等，外显学生思维过程，促进学生深度学习。

6. 通过师生共同输出评价量表，帮助学生自主梳理思路方法，以及明晰自身对本节课关键的掌握情况。

7. 通过课后作业：预测溴及其化合物的性质，使学生初步尝试结合"价—类"二维图、"位—构—性"模型和"元素—物质"模型，预测陌生元素的性质。

8. 通过课后作业：查阅化学史，了解镓元素的前世今生——镓的预言、发现、应用，使学生进一步感受元素周期表的价值，体会化学学科的意义。

五、板书设计

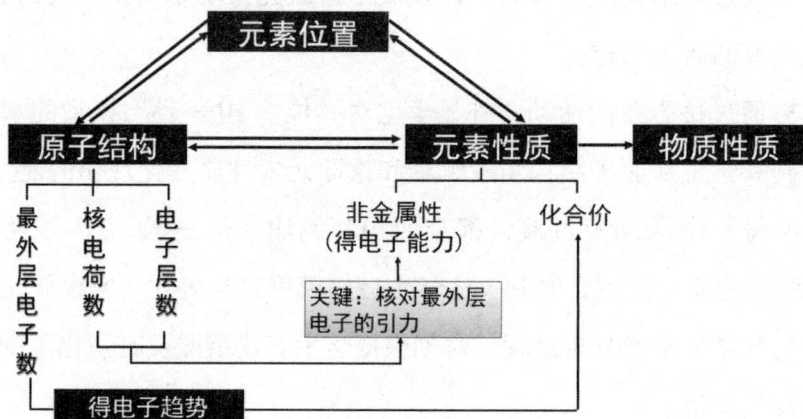

《三国两晋南北朝的民族交融与隋唐统一多民族封建国家的发展》教学设计

北京市第十八中学　李　远

一、课标要求

通过了解三国两晋南北朝政权更迭的历史脉络，隋唐时期封建社会的高度繁荣，认识三国两晋南北朝至隋唐时期的制度变化与创新、民族交融、区域开发和思想文化领域的新成就。

二、教学目标及重难点

（一）教学目标

1. 了解三国两晋南北朝政权更迭的历史脉络，知道三国两晋南北朝时期政权更迭频繁、国家分裂、社会动荡的特点及与隋唐的大一统的关系。

2.能够通过对历史地图的识别以及文献资料的解读，知道东晋南朝的南方开发与民族交融，知道十六国与北朝的民族交融的特点。

3.能够感受并认识魏晋南北朝时期的文化成就及特点，理解文化发展与时代政治经济发展的关系。

（二）教学重点

了解三国两晋南北朝时期政权更迭频繁、国家分裂、社会动荡的时代特点，理解这一时代下国家统一、民族交融、经济发展、文化进步的发展大趋势。

（三）教学难点

认识三国两晋南北朝时期民族交融、区域开发等方面对统一多民族隋唐国家发展的影响。

三、课时安排

（一）学习评价活动设计

要求学生完成学习活动后能在评价活动中做到自我评价。

1.课前：自主阅读，基础梳理，成果评价（主要形式：填空与时间轴的绘制）。

2.课后：课堂探究问题深化理解，成果评价（主要形式：评价量规）。

（二）学习活动设计

1.在问题引导下学生自主阅读教材，完成基础知识梳理，同时完成自主学习评价。

2.创设情境，师生共同开展课堂探究，理解大概念，提升学生素养。

（三）教学过程

教学基本信息			
学科	历史	年级	高二
授课教师	北京市第十八中学　李远		
授课内容	人民教育出版社《中外历史纲要（上）》第二单元复习课		
教学环节	教师活动	学生活动	设计意图
导入新课	同学们，请看下面一段文字，判断其所处的时代。（出示幻灯片） "李唐一族之所以崛兴，盖取塞外野蛮精悍之血，注入中原文化颓废之躯，旧染既除，新机重启，扩大恢张，遂能创空前之世局。" ——陈寅恪 同学们回答得真的很不错，陈寅恪先生所讲的其实就是今天我们所要集中复习的内容。（出示幻灯片） 第二单元 《三国两晋南北朝的民族交融与隋唐统一多民族封建国家的发展》 相信通过本课的学习，同学们一定能对李唐创空前之世局有更加全面的认识和理解	回答所处时代	时空观念训练

课标解读	同学们，课程标准是教师教和学生学的依据，是晴雨表和指挥棒，让我们通过学习课标，对标我们的所学。（出示幻灯片） 通过了解三国两晋南北朝政权更迭的历史脉络，隋唐时期封建社会的高度繁荣，认识三国两晋南北朝至隋唐时期的制度变化与创新、民族交融。区域开发和思想文化领域的新成就。 通过课标可以看出，我们既要纵向把握历史发展的基本脉络，又要打开思路，横向探讨这一时期制度、民族、经济、思想文化与隋唐繁荣之间的关系，相信通过学习，我们一定会对这一时期的历史有着更加深入的理解	了解识记	课标意识
政权更迭	同学们请看大屏幕，老师出示了中国历史上不同朝代的形势图，请仔细观察，回答以下两个问题。（出示幻灯片） 1. 根据图一说出①—⑥朝代名称，并用序号进行排序 2. 结合政权更迭示意图谈谈这一时期政治局势的特点 温馨提示：同学们，第一个问题主要是根据不同朝代的统辖范围及区域特点进行辨识和推断；第二个问题需要同学们在分析历史问题时全面、多角度	回答问题	时空观念 史料实证 历史解释

续表

| 制度创新 | 创新是一个国家和民族发展和进步的不竭动力，请根据老师提供的材料信息，并结合所学知识，完成以下问题的学习和解答。（出示幻灯片）
汉至隋唐的选官制度表格
三省六部制度的发展演进
隋唐赋税制度的变化发展
政治制度创新与文明进步关系

同学们，经过探讨，我们可以得出以下主要结论：
1.科举制度有利于治国人才的选拔。
2.三省六部制有利于加强中央集权，提升决策的科学性。
3.赋税制度的演变适应了社会经济的变迁趋势。
总之：政治制度的创新推动文明的进步发展。（出示幻灯片） | 根据表格概括发展趋势探讨科举制度的作用说出图制度名称及演进的特点回答关系的内涵 | 基础回顾历史解释 |
| 民族交融 | 在这一时期，民族关系取得了进一步的发展，请阅读以下材料（政权民族表、民族政权的祖宗观、北魏孝文帝改革内容表格、北民南迁地图），看看可以得出哪些认识。

教师出示幻灯片，最后根据学生作答情况展示参考答案。（出示幻灯片）
东晋十六国华夏认同、祖先认同、文化认同。
北魏汉化政策和南方地区民族交融。
隋唐更加广阔更深层次的民族交融 | 根据图分别说出其历史时期概括这一时期民族关系的发展趋势及特点 | 时空观念历史解释家国情怀 |

续表

经济发展	请同学们观察以下几组图片（经济地图、表格人口数据、新农业工具、杜甫的诗歌），我们可以得出什么结论？（出示幻灯片） 同学们，我们不难看出从魏晋到隋唐，经济有了长足的进步和发展	结合所学，回答问题	时空观念 史论结合 论从史出
魏晋至隋唐文化	请同学们复习魏晋至隋唐时期的思想文化新成就，思考其特点和与时代的关系。（出示幻灯片） 思想、文学艺术、科学成就统计表	回答问题：概括从魏晋到隋唐在思想文化上的特点 思想文化是政治、经济的反映，根据材料和所学举例说明	史论结合 论从史出 家国情怀
总结	同学们，我们最后回顾一下上课伊始的主题材料，请大家思考以下问题： 请提炼陈寅恪的观点，结合所学，从政权更迭、制度演变、民族关系、区域发展、思想文化的角度进行说明。 要求：观点明确、逻辑清晰、史实准确、史论结合	学生听取老师的任务布置，开始阅读、思考和作答（自评、互评、小组评表格附后）	共同体学习 挑战性问题 应试方法训练 串联本课内容

评价表

等级评价	观点	内容	表达
一	准确	全面且准确	自然流畅
二	较准确	较全面较准确	较流畅
三	不准确或没有	有漏项不准确	不连贯有卡顿

四、板书设计

第二单元《三国两晋南北朝的民族交融与隋唐统一多民族封建国家的发展》

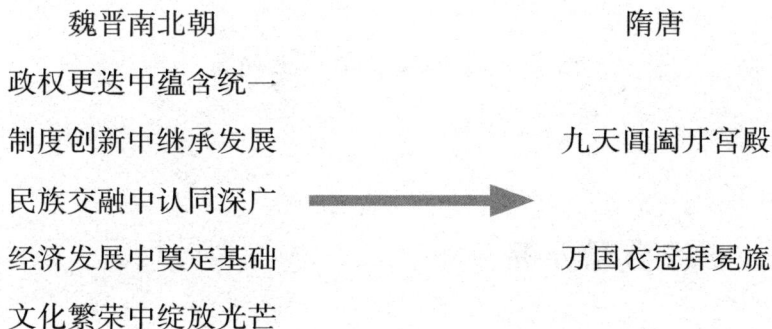

魏晋南北朝 隋唐

政权更迭中蕴含统一

制度创新中继承发展 九天阊阖开宫殿

民族交融中认同深广 ⟶

经济发展中奠定基础 万国衣冠拜冕旒

文化繁荣中绽放光芒

《踏雪寻梅》教学设计

北京市第十八中学　王婧美

一、教学背景分析

（一）指导思想

本课以"参与—体验"理论为指导思想组织教学资源，设计教学活动，丰富学生的音乐经验与音乐语言，感受合唱的美感，提高合唱能力，提升学生音乐核心素养，达成提升学生音乐学科核心素养的长远目标。

（二）理论依据

《普通高中音乐课程标准（2017 年版 2020 年修订）》中提道："在合唱中，能够倾听其他声部的声音，在音准、音量及音色等方面保持声部间的和谐与均衡。理解作品的艺术内涵和表现要求。能对指挥的行初步分析，并对自己、他人或集体的演唱做出较为客观的评价。"

（三）学生情况分析

1. 学生为普通高中一年级学生，本学期已积累5首歌唱作品，没有接触过完整的三声部合唱作品，多声部合唱歌曲缺乏听觉经验。

2. 学生基本识读简谱，五线谱识读反应较慢，视谱歌唱能力较弱，尤其是小二度以及四度以上大跳。

3. 学生初步了解大调音阶以及主属功能。

4. 学生嗓音音色控制能力较弱，但对良好的音色具有辨识度，能够对表演者的演唱进行初步的客观评价。

5. 本单元第一课时学生欣赏了不同版本的《踏雪寻梅》，了解了歌曲的创作背景、艺术价值以及合唱的种类，分析了作品的结构，学唱了引子和第一部分。

（四）教学内容分析

1. 本课是人民音乐出版社高中《歌唱》教材第三单元《芳菲田野》的教学内容。本单元设计为三课时，本课是第二课时。

2. 《踏雪寻梅》创作于1933年初，由我国著名作曲家、教育家黄自作曲，他的学生刘雪庵填词。1934年首次发表在音乐杂志上。作曲家黄自是中国专业音乐教育领域的一代宗师。他为中国儿童歌曲的创作作出了巨大贡献，比如《西风的话》《本事》。《踏雪寻梅》是一首描写冬天自然美景的歌曲，歌词活泼灵动，充满童趣而不失雅致。抒发了人们赏梅时兴奋、愉悦的心情。合唱是以骑驴赏梅、铃儿响叮当的声音为意境来编配的。

3.《踏雪寻梅》这首歌曲为 $\frac{2}{4}$ 拍，原谱为 E 大调，学生用谱为 C 大调。

4. 乐曲共分为三个部分，即歌词呈现三次，每次伴唱声部采用不同织体进行变化。曲式结构为：

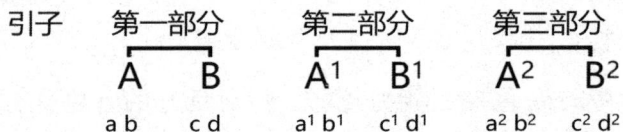

（1）引子第 1、2 乐句主旋律在低声部，中高声部三六度叠加呼应，采用伴唱音型编配加以映衬，体现北方冬天清晨打开窗户，天气晴朗的景象；第 3 乐句主旋律在高声部，中声部采用同节奏织体以陪衬，表现银色世界的美丽；第 4 乐句跳跃的齐唱表现出孩子们一起外出赏梅的美好心情。

（2）第一部分主旋律在高声部，a、b、c句齐唱，d句采用同节奏织体编配手法，突出歌曲结尾句音响的立体感。

（3）第二部分 A^1 段主旋律在低声部，a^1 句高、中声部用伴唱音型模仿驴铃的声音。

B¹ 段 c¹ 句主旋律转到中声部，低声部同节奏和声织体陪衬，主要和声是主属。高声部采用长音型加以抒情。d 句与第一部分结尾相同。

（4）第三部分 A^2 段，主旋律在中声部，高、中声部以伴唱型织体为主，以三声部齐唱合尾，突出歌曲欢快愉悦的情绪。

B^2 段 c^2 句高声部与中低声部相差一拍卡农，低声部运用节奏卡农，形成和声型旋律衬托，使音乐越来越热烈，d^2 句速度力度的变化加上高声部翻高八度的结尾，使出作品呈现出非常欢乐愉悦跳跃的结尾。

（五）前期教学状况、问题与对策

问题一：学生歌唱的音准能力良莠不齐，歌唱发声技巧较弱。

对策一：采用小组学习，同学之间相互带动。并且教师在日常教学中，重视规范歌唱姿势、歌唱状态、发声的位置等，促进学生养成良好的歌唱习惯。

问题二：学生对多声部听觉经验较少，多声部演唱时较难唱准和聆听。

对策二：在演唱中，强调声部间相互聆听，教师用钢琴提示、录制声部范唱音频的方式，帮助学生提高学唱效率，巩固音准。

二、教学目标及重难点

1. 学唱《踏雪寻梅》，初步感受三声部间的和谐与均衡，积累多声部听觉经验。

2.在歌唱中学习咬字、吐字的歌唱方法，表现出歌曲愉悦活泼的情绪。

3.初步了解《踏雪寻梅》的合唱基本编配手法。（伴唱音型、同节奏音型、长音型）

三、教学过程

（一）导入

1. 练声。

（1）全体演唱练声一和练声二。

练声一：

练声二：

（2）演唱练声三，女生演唱高声部，男生演唱低声部。

练声三：

叮　　　叮　　　铛

叮　　　叮　　　铛

2. 复习引子部分。

（1）集体演唱引子低声部 1、2 乐句。

（2）加入中声部演唱，教师手势提示。

（3）加入高声部。

（4）完整演唱引子部分。

3. 复习歌曲引子加第一部分。

【设计意图】在复习引子部分的过程中，加强主题旋律的记忆和音准，同时也作为本课的练声，训练歌曲中的长音、连音和跳音，为后面的多声部学唱做准备。

（二）新授

1. 学习第二部分 A^1 段。

（1）男生演唱低声部，女生拍出中、高声部节奏。

（2）学唱中、高声部旋律。

（3）小组合作学唱，教师巡视指导。

分组：男生声部4人与女高声部5人合作学习；男生声部5人与女中声部5人合作学习。（在分组学习中，教师提供中高声部、中低声部、三声部学生范唱音频）

（4）分组学习展示、评价。

①女高声部与男生声部合唱。

②女中声部与男生声部合唱。

（5）三声部合唱。

（6）对比谱例，初步了解伴唱音型编配手法。

①小组讨论，对比两段音乐要素的相同与不同。

②了解编配手法。

第一部分A段

第二部分A'段

【设计意图】在拍打中、高声部节奏，分小组学唱的自主学习中，发挥学生主动参与、相互学习的主体作用；教师提供学生范唱音频，熟悉声部旋律，加强音准训练；培养学生多声部倾听的能力；对比乐谱，了解伴唱音型织体的编配手法。

2. 学习第二部分 B^1 段。

（1）出示 B^1 段谱例，听教师弹奏钢琴三声部，感受音响效果的不同。

（2）小组合作学唱，教师巡视指导。

（3）小组展示。

（4）三声部合唱。

①中声部与高声部。

②中声部与低声部。

③三声部合唱。

（5）小组讨论主旋律与其他两个声部音乐要素相同与不同的关系。

（6）了解本段编配手法，同节奏音型、长音型织体。

提示：高声部强调声音连贯，中低声部强调吐字清晰。

【设计意图】使学生在小组学唱、展示中，了解同节奏音型、长音型织体的编配手法。通过演唱低声部、视唱中声部、学唱高声部，由二声部到三声部，由易到难，循序渐进层层深入。

3. 演唱引子加一、二部分。

（三）作业

1. 预习第三部分。

2. 聆听《夜空中最亮的星》，分辨合唱编创的手法。

【设计意图】在欣赏中检验学生对合唱织体编创手法的掌握情况，同时也为学生提供更多的优秀作品。

《智能环保水杯设计》教学设计

北京市第十八中学　安冬芳

一、课例背景

《智能环保水杯设计》是信息技术学科和美术学科素养导向下的跨学科双师课主题学习，围绕信息素养和美术核心素养的培养，通过项目教学和学习共同体学习，培养学生信息技术创新能力。以美育人，引导学生通过合作探究方式学习。

项目内容属于高中信息技术必修二《信息系统与社会》第 3 章以及高中美术选择性必修设计第三单元《融合功能与审美的产品设计》。智能环保水杯所处的教学阶段是高一年级。2023 年，《生活饮用水卫生标准》（GB 5749-2022）发布，规定了生活饮用水水质要求、生活饮用水水源水质要求、水质检验等内容。水质的好坏与人的健康、环境保护息息相关，因此设计智能环保水杯项目课程，将高中信息技术和美术应用到环境保护中。

学生用改锥、螺柱、螺母把行空板、各种传感器固定到亚克力板上，完成硬件搭建，编写 Python 程序，把程序上传到行空板，完成检测水中溶解性固体含量、水温等智能功能。

二、学科任务

（一）信息技术学科任务

信息技术教师在多媒体教室向学生展示不同款式的智能环保水杯，学生观察外观，体会功能和技术特点。教师引导学生分析智能环保水杯的实际需求、设计理念和环保意义，同时介绍相关的信息技术知识，如传感器技术、物联网等，引导学生按智能环保水杯预设的功能修改程序代码和硬件连接。

（二）美术学科任务

美术教师介绍美术设计基本原则、技巧，如色彩搭配、纸质选择、形状设计等，并引导学生思考如何将美术元素融入智能环保水杯的设计中。学生以学习共同体小组的形式合作学习讨论，提出本组设计理念和方案，绘制草图。

三、双师协作与互动

教师根据学生设计的方案，利用多媒体教室展示相关设计软件和工具，并引导学生实际操作。学生以学习共同体小组的形式合作学习。教师通过腾讯会议解答学生学习共同体小组在技术、程序、绘图、模型等方面遇到的问题。学生共同展示本组设计，展现学习共同体的学习成果，信息技术教师和美术教师进行评价和指导，提出改进意见。

（一）课前准备阶段

1.教学设计共享：信息技术教师和美术教师共同商讨并设计课程、教学目标和教学内容。美术教师提供关于水杯设计原理、形状构造、色彩搭配等美术方面的知识。信息技术教师分享智能环保水杯的技术要点、程序功能设计、行空板的使用、传感器的连接、物联网应用等信息技术知识。

2.资源整合：两位教师共同搜集、整理相关教学资源，如教学视频、图片、文档、案例等，确保学生在课堂上接触到全面丰富的信息。

（二）课中实施阶段

教师介绍本次课程的主题——智能环保水杯的设计，并强调作品在当前社会中的环保意义及实用价值。

信息技术教师详细解释智能环保水杯的技术特点、实现方式。美术教师介绍设计理念、美学原则。通过这种授课方式，学生能更好地理解智能环保水杯的跨学科性质。

教师选取典型的智能环保水杯案例，学生分析设计亮点和技术应用，以便设计具有本组特色的产品。

四、总结与反思

教师总结协同课堂主要内容和收获，强调信息技术和美术学科在智能环保水杯设计中的重要作用。教师鼓励学生继续探索、创新和实践，将所学知识应用于实际生活，为环保事业作出贡献。

学生进行自我评价及反思，总结自己在本次课程中的收获和不足，并提出改进建议。